Latein

Training für das Latinum

Frank Callies

ZEBRABUCH

Latein - Training für das Latinum

von Frank Callies

Dieses Werk entspricht der aktuellen amtlichen Regelung der deutschen Rechtschreibung vom 1. August 2006.

Mit freundlicher Unterstützung durch Martin Schmid und www.latein.at

Redaktion Sabine Karstens

Umschlaggestaltung Ute Knüsting

Cover-Foto © Jupiter Images

Druck und Bindung BOD

ISBN: 9783864270451

www.zebrabuch.de

INHALTSVERZEICHNIS

EINFÜHRUNG

Worum geht es?

Latein kann eine Menge Spaß machen. Voraussetzung dafür ist das Beherrschen der Grundlagen, auf denen jeder lateinische Text basiert. Wer sich die Mühe macht, diese Grundlagen einmal zu durchdringen, profitiert zukünftig immens davon. Wer die Grundlagen beherrscht, kann sich danach entspannt zurücklehnen. Es lohnt sich also sehr, am Anfang durchzuhalten um später die Früchte der eigenen Arbeit genießen zu können. Alles, was dazu notwendig ist, finden Sie in diesem Buch:

1. Vokabeln

Am Vokabellernen führt kein Weg vorbei. Wer lateinische Texte übersetzen will, muss zumindest die Vokabeln des Grundwortschatzes aus dem Effeff beherrschen. In diesem Buch finden Sie deshalb den kompletten Wortschatz, der alle lateinischen Texte abdeckt, die üblicherweise in Schule und Studium Verwendung finden. Und damit das Vokabellernen auch etwas bringt, haben wir eine Anleitung hinzugefügt, wie man Vokabeln möglichst effektiv und erfolgreich lernt.

2. Grammatik

Vokabelkenntnisse bilden die Grundlage jeder Übersetzung. Doch erst das Erkennen von grammatischen Formen und Satzstellungen ermöglicht es dem Lernenden, die einzelnen Wörter korrekt zu identifizieren und in den richtigen Zusammenhang zu stellen.

Das Gute daran: Wer die lateinische Grammatik versteht, kommt auch mit der Grammatik im Deutschen, Englischen oder Französischen problemlos zurecht. Der Aufwand des Lernens lohnt sich also gleich mehrfach. Das Erlernen von Fremdsprachen fällt Lateinschülern deutlich leichter als anderen!

3. Geschichte, Philosophie und mehr ...

Um einen lateinischen Text korrekt übersetzen zu können, reichen Vokabel- und Grammatikkenntnisse manchmal nicht aus. Wer keine Vorstellung von Geschichte, Philosophie oder Religion der alten Römer hat, kommt beim Übersetzen oft ins Straucheln. Deshalb finden Sie in diesem Buch auch einen kompakten Überblick über Geschichte, Gottheiten und Persönlichkeiten, die im alten Rom eine wichtige Rolle spielten.

4. Übersetzen lernt man durch übersetzen ...

Grau ist alle Theorie ... wusste schon Johann Wolfgang von Goethe zu beklagen. Und so ist es auch beim Übersetzen von lateinischen Texten. Wer Vokabeln und Grammatik beherrscht, hat die grundlegenden Werkzeuge in der Hand. Übung und Routine entstehen aber vor allem beim Übersetzen selbst.

In diesem Buch finden Sie 40 repräsentative lateinische Texte, wie sie typischerweise auch in Schule und Studium vorkommen. Die Inhalte reichen von lateinischen Originaltexten bis hin zu Texten, die speziell für den Unterricht entwickelt wurden. Behandelt werden typische Themen wie der Krieg gegen Troja, Caesars Erlebnisse in Gallien oder die Geschichte von Orpheus und Euridike.

Zu jedem Text gibt es eine komplette Musterübersetzung sowie viele einzelne Übersetzungshilfen und Erläuterungen zu im Text vorkommenden Personen, Göttern oder Situationen.

So, jetzt aber genug der Vorrede. Auf geht's.

Ich wünsche Ihnen viel Erfolg!

Ihr

Frank Callies

Lerntipps Latein

Das Lernen oder schlicht Pauken von Vokabeln gehört zu den lästigen, aber unbedingt notwendigen Aufgaben beim Erlernen einer Fremdsprache. Dies trifft auch und in besonderem Maße auf Latein zu. Ohne intensives Vokabeltraining bleibt jeder Versuch, lateinische Texte zu übersetzen und zu verstehen hoffnungslos.

Trotz dieser elementaren Bedeutung des Vokabellernens mangelt es in den entsprechenden Lehrbüchern und im Unterricht oft an Anleitungen, wie Vokabeln wirklich effektiv gelernt werden können. So quälen sich Generationen von Lateinschülern damit, Vokabeln nach dem sehr uneffektiven Verfahren des Abdeckens und linearen Durcharbeitens von endlosen Vokabellisten zu pauken.

Dies ist umso erstaunlicher, als es bereits seit langer Zeit ausgeklügelte Lern- und Trainingsmethoden gibt, mit denen sich Vokabeln wesentlich systematischer und mit deutlich besseren Lernerfolgen erarbeiten lassen.

Lernen durch Wiederholung, aber richtig!

Das Lernen durch Wiederholung ist eine unter Pädagogen und Lernpsychologen anerkannte Methode, um Lerninhalte aus dem Kurzzeitgedächtnis in das Langzeitgedächtnis zu übertragen. Nur wenn die Lerninhalte im Langzeitgedächtnis gespeichert sind, können Sie ohne Probleme zu einem späteren Zeitpunkt wieder hervorgeholt und eingesetzt werden.

Leider wird diese Methode häufig so verstanden, dass man den gewünschten Lernstoff einfach immer und immer wieder auswendig lernt, was der Methode auch den negativen Namen *Pauken* verleiht.

Beim sturen Pauken ohne Differenzierung von bereits Erlerntem und noch zu Lernendem werden mit hohem Zeitaufwand aber nur sehr schlechte Lernergebnisse erzielt. Durch das sinnlose, permanente Wiederholen des immer gleichen Lernstoffs prägt sich dieser zwar auch irgendwann ein, der Aufwand dafür steht aber in keiner vernünftigen Relation zum Ergebnis.

Richtiger ist es also, den Lernprozess so zu systematisieren, dass automatisch die Lerninhalte, die noch nicht ins Langzeitgedächtnis gelangt sind, häufiger gelernt werden als solche, die bereits im Langzeitgedächtnis gespeichert sind, also schon gelernt wurden.

Eine Methode, mit der genau dieser Anspruch realisiert wird, ist die von Sebastian Leitner entwickelte Methode der Lernkartei, über die Sie im Folgenden mehr erfahren.

Lernen mit Karteikarten

Ein sehr einfaches, aber dennoch äußerst effektives Lernverfahren ist das Lernen mit Karteikarten im DIN A6 oder DIN A7 Format. Hierbei wird auf die Vorderseite jeder Karte eine lateinische Vokabel geschrieben. Auf der Rückseite wird die deutsche Übersetzung notiert. Wer möchte, kann die Einträge auch durch weitere Informationen z. B. zur Grammatik ergänzen.

Richtig spannend und erfolgreich wird das Lernen mit den Karteikarten dann, wenn es systematisch durchgeführt wird. Das heißt, wenn nicht wie beim herkömmlichen Vokabellernen alle Vokabeln – auch die, die schon gelernt wurden – immer wieder neu gepaukt werden, sondern wenn gezielt die Vokabeln gelernt werden, die noch Probleme bereiten.

Dieses systematische Lernen mit Karteikarten lässt sich ganz leicht mit Hilfe eines Lernkarteikastens realisieren. Ein solcher Kasten sollte genügend Platz für mindestens 100 Vokabelkarten bieten.

Der Kasten selbst wird durch Pappkärtchen oder im Handel erhältliche Unterteiler in 4 Fächer unterteilt.

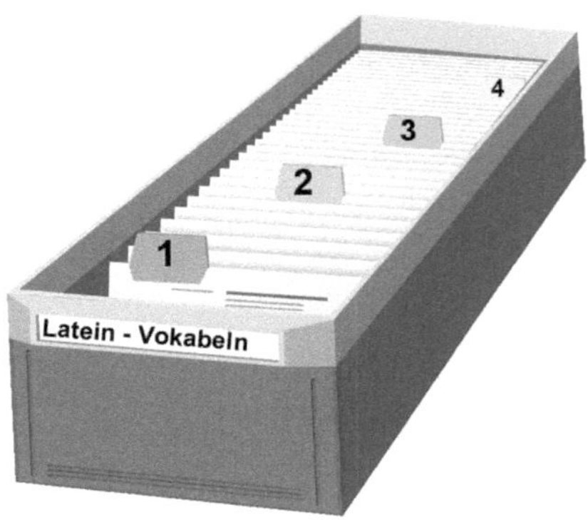

Beispiel: Latein-Karteikasten

Gestartet wird mit einer überschaubaren Menge von Vokabelkarten, also ca. 30 bis 50 Karten.

Zu Beginn des Lernvorgangs befinden sich alle zu erlernenden Vokabeln in Fach 1.

Nun entnimmt der Lernende die erste Karte aus dem Fach 1 und überprüft, ob er die darauf enthaltene Vokabel fehlerfrei übersetzen kann. Die Kontrolle erfolgt durch das Wenden der Karte, denn auf der Rückseite steht die korrekte Antwort.

Hat er die Vokabel korrekt übersetzt, wird die Karte in Fach 2 gesteckt. Sollten sich in diesem Fach bereits Karten befinden, so wird die neue Karte an letzter Stelle hinter die bereits vorhandenen Karten gesteckt.

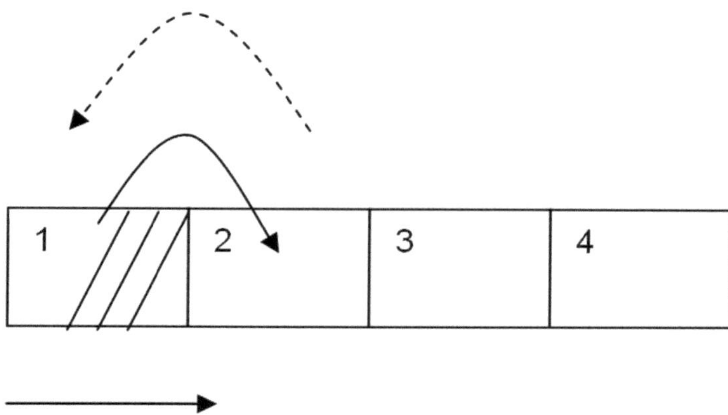

Richtige Antwort: Die Karte wandert in das nächste Fach

Falsche Antwort: Die Karte wandert in das Fach 1

Karteikastensystem

Stellt der Lernende fest, dass seine Antwort nicht korrekt war, steckt er die Karte wieder in das Fach 1 und zwar ebenfalls an die letzte Stelle, hinter alle anderen Karten.

Auf diese Art und Weise werden nun alle Karten in Fach 1 so lange durchgearbeitet, bis sie sich alle Karten in Fach 2 befinden.

Nun beginnt ein neuer Lerndurchgang, diesmal mit den Karten in Fach 2. Auch hier dürfen die richtig beantworteten Karten in das nächste Fach (Fach 3) wandern. Die nicht korrekt beantworteten Karten kommen wieder in das Fach 1.

Das Ganze wird mit den Karten in Fach 3 wiederholt. Die korrekt beantworteten Karten aus diesem Fach werden in das letzte Fach (4) gesteckt. Nicht gewusste Karten kommen wieder in Fach 1.

So lange sich noch Karten im Fach 1 befinden, beginnt der jeweils nächste Lerndurchgang hier.

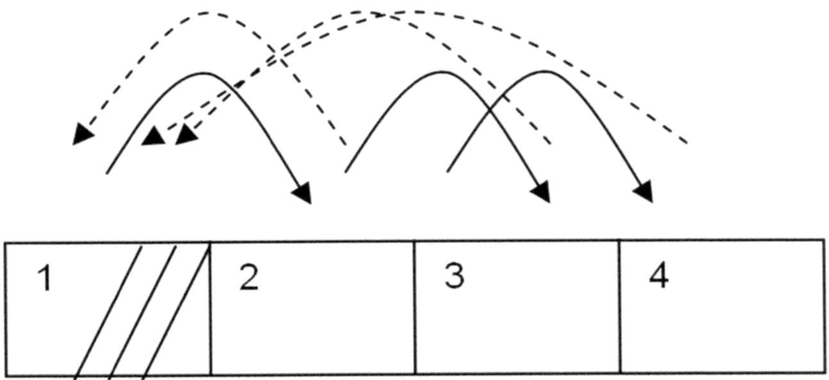

Schematische Darstellung: „Wandern" der Karten durch den Lernkarteikasten

Das Ganze wird so lange wiederholt, bis sich alle Karten im letzten Fach (4) befinden. Wird eine Karte aus dem letzte Fach gelernt und korrekt beantwortet, wird sie aus dem Karteikasten herausgenommen.

Erst wenn auf diese Weise alle Karten erlernt (also aus dem Kasten entnommen wurden) ist der Lerndurchgang beendet.

Befindet sich eine größere Zahl von Karteikarten im Kasten, die nicht in einem Durchgang gelernt werden können, empfiehlt es sich folgendermaßen vorzugehen.

- Fach 1: Karten werden täglich bearbeitet
- Fach 2: Karten werden jeden 2. Tag bearbeitet
- Fach 3: Karten werden jeden 3. Tag bearbeitet
- Fach 4: Karten werden jeden 4. Tag bearbeitet

Auf diese Weise werden automatisch die bisher am schlechtesten beherrschten Vokabeln (in Fach 1) am häufigsten gelernt. Die Vokabeln, die bereits gelernt wurden, werden entsprechend seltener wiederholt.

Um das Lernergebnis noch weiter zu verfestigen, empfiehlt es sich den erlernten Kartenstapel von Zeit zu Zeit noch einmal erneut zu bearbeiten.

LATEINISCHE ABKÜRZUNGEN

Lateinische Abkürzungen werden häufig verwendet. Man findet sie in wissenschaftlichen Werken, im Universitätsjargon oder im Zusammenhang mit juristischen Angelegenheiten. Natürlich spielen sie auch beim Übersetzen von lateinischen Texten eine wichtige Rolle. Ganz nebenbei macht es auch häufig einen guten Eindruck, wenn man eine dieser Abkürzungen in einem Text verwendet.

Es lohnt sich also in jedem Fall, die wichtigsten lateinischen Abkürzungen zu kennen.

Abkürzung	**Bedeutung**
A.D.	(anno Domini), Jahr des Herrn
a.m.	(ante meridiem), Vormittag, vor Mittag
ca.	(circa), ungefähr
cf.	(conferre), laut/gemäß/zufolge
CV	(curriculum vitae), Lebenslauf

Abkürzung	Bedeutung
D G oder DEI GRA	(Dei Gratia), durch die Gnade Gottes (häufig auf Münzen)
d.v.	(deo volente), So Gott will
e.g.	(exempli gratia), (zum Beispiel)
et al.	(et alii), u.a. (und andere) **Personen**! NICHT: „und anderes"!
etc.	(et cetera), (und so weiter)
et seq. / et seqq.	(et sequens): f./ff., und folgende/folgender/folgendes; und folgende (Plural)
F D oder FID DEF	(Fidei Defensor), Verteidiger des Glaubens (häufig auf britischen Münzen)
ibid. or id.	(ibidem), Ebd. (ebendort/ebenda)
i.e.	(id est), d.h. (das heißt)
M.O.	(modus operandi), Art des Handelns, Art der Durchführung

Abkürzung	Bedeutung
N.B.	(nota bene), wohlgemerkt
N.N.	(nomen nescio), Ich kenne den Namen nicht, ohne Namen
nem. con.	(nemine contradicente), ohne Widerspruch, ohne Gegenstimme
op. cit.	(opere citato), im zitierten Werk
p.a.	(per annum), jährlich
per pro.	(per procurationem), im Namen und in Vollmacht von
p.m.	(post meridiem), Nachmittag, nach Mittag
p.p.	(per procura), durch den Stellvertreter, Verwalter oder Geschäftsführer
PRN	(Pro re nata), wie benötigt
P.S.	(post scriptum), nach dem Geschriebenen (Anmerkung/Zusatz nach der Unterschrift)
Q.D.	(quaque die), täglich, jeden Tag

Abkürzung	Bedeutung
Q.E.D.	(quod erat demonstrandum), Was zu beweisen war
Q.E.F.	(quod erat faciendum), Was zu tun war
q.v.	(quod vide), siehe dies
REG	(Regina), Königin
R.I.P.	(requiescat in pace), Ruhe in Frieden
sc.	(scilicet), das heißt, nämlich
v.i.	(vide infra), s. u., siehe unten
viz.	(videlicet), namentlich
v.s.	(vide supra), s.o., siehe oben
vs. oder v.	(versus), gegen

ÜBERSETZUNGEN

In Folgenden finden Sie 40 lateinische Texte unterschiedlicher Länge und Schwierigkeitsgrade. Zu jedem Text gibt es eine vollständige Musterübersetzung. Einigen Texten geht eine kurze Erläuterung der im Text beschriebenen Situation voraus. Die mit Hochzahlen versehenen Vokabeln sind in den Hilfen unter dem Text übersetzt und können dort ohne Benutzung eines zusätzlichen Wörterbuchs schnell nachgeschlagen werden.

Mithilfe der unter jedem Text angegebenen Wortzahl kann einfach der Fehlerquotient und damit die erreichte Note errechnet werden. Ein Anleitung dazu finden Sie im Kapitel *Berechnung von Fehlerquotienten und Noten*.

Unbekannte Vokabeln können außerdem im Vokabelverzeichnis am Ende des Buchs nachgeschlagen werden.

Und nie vergessen: Exercitatio artem parat! (Übung macht den Meister!)

1. Ein Spaziergang mit Freunden

Am Forum gibt es viel zu tun – nicht nur für ehrliche Römer.

Senatores e domiciliis[1] in curiam[2] properant, domini cum hospitibus[3] ambulant. Mercatores[4] negotia agere[5] in animo habent. Etiam senes[6] in foro laborant. Virgo Vestalis[7] cum lictoribus[8] ad templum deae ascendere[9] debet.

Voces[10] virorum audimus et de diligentia[11] stupemus[12]. Servi et vinum et frumentum[13] in curiam[2] et in basilicam[14] portant. In basilica[14] mercatores[4] iam laborant. Matronae fruges[15] probant neque pretium quaerere[16] dubitant. Praetor cum comitibus accedit[17] et amicae miracula emit.

Subito clam fur[18] appropinquat. Statim custodes[19] furem[18] e basilica[14] pellunt[20] et fugant[21]. Lictor[8] furem[18] comprehendit et retinet. Ita mercatores[4] a fraude[22] servat.

(90 Wörter)

Hilfen: 1 domicilium – Wohnung | 2 curia – Rathaus | 3 hospes – Freund | 4 mercator – Händler | 5 negotia agere – Geschäfte tätigen | 6 senex – alter Mann | 7 Virgo Vestalis – Vestalische Jungfrau (Priesterin der Vesta) | 8 lictor – Leibwächter | 9 ascendere = hinaufgehen | 10 vox – Stime | 11 diligentia – Sorgfalt | 12 stupere – staunen | 13 frumentum – Getreide | 14 basilica – Markthalle | 15 fruges – Früchte | 16 quaerere – fragen | 17 accedere – sich nähern | 18 fur – Dieb | 19 custos – Wächter | 20 pellere – prügeln | 21 fugare – vertreiben | 22 fraus – Betrug

Übersetzung

Senatoren eilen aus ihren Wohnungen ins Rathaus, Herren gehen mit ihren Freunden spazieren. Händler haben im Sinn, Geschäfte zu tätigen. Auch alte Männer arbeiten auf dem Forum. Die Jungfrau der Vesta muss mit ihren Leibwächtern zum Tempel der Göttin hinaufgehen.

Wir hören Stimmen von Männern und staunen über ihre Sorgfalt. Sklaven tragen sowohl Wein als auch Getreide ins Rathaus und in die Markthalle.

In der Markthalle arbeiten schon die Händler. Frauen prüfen die Früchte und zögern nicht, nach dem Preis zu fragen. Der Prätor kommt mit seinen Begleitern näher und kauft für seine Freundin wunderbare Dinge.

Plötzlich nähert sich heimlich ein Dieb. Sofort prügeln Wächter den Dieb aus der Markthalle und vertreiben ihn. Ein Leibwächter ergreift den Dieb und hält ihn fest. So bewahrt er die Händler vor Betrug.

2. Nachrichten für Aeneas

Nach seiner Flucht aus Troja gelangte Aeneas nach Afrika, wo Dido, die Königin von Karthago, ihn freundlich aufnahm. Doch eines Tages besuchte ihn Merkur, um ihm eine wichtige Nachricht von Jupiter zu überbringen:

Ave, Aeneas!

Te ignarum[1] cum regina uxore[2] felicissima habitare nos dei videmus. Tuos[3] im Africa regnum ingens[4] aedificaturos[5] esse speras[6]. Sic non erit.

Aliam[7] terram invenies[8], ubi certaminibus[9] novum imperium tibi parabis[10]. Postquam domicilium[11] penatibus[12] condideris[13], gloriam gentis tuae augebis[14]. Mos[15] tuus erit nomen Romanum[16] aliis gentibus imperare[17].

Tandem posteris[18] pacem parans gentibus[19] victis parces[20]. Tyranni superbi non falso timebunt[21] vires adulescentium[22] caput orbis terrarum habitantium. Denique[23] civibus imperii Romani leges[24] dans omnia alia imperia, quae erunt, superabis[25].

Dis semper pare! Vale!

(82 Wörter)

Hilfen: 1 ignarus - unwissend| 2 uxor – Gattin | 3 tui – deine Leute | 4 ingens – riesig | 5 aedificare – bauen, errichten | 6 sperare – hoffen | 7 alius – anders | 8 invenire – finden | 9 certamen – Streit, Kampf | 10 parare – schaffen | 11 domicilium – Unterkunft | 12 penates – Hausgötter | 13 condideris = condidisti; condere – gründen | 14 augere – vergrößern | 15 mos – Sitte | 16 nomen Romanum – Römertum | 17 imperare – herrschen | 18 posteri – Nachfahren | 19 gens – Volk | 20 parcere – schonen | 21 timere – fürchten | 22 adulescentes – junge Männer | 23 denique – zuletzt | 24 lex – Gesetz | 25 superare – besiegen

Übersetzung

Sei gegrüßt, Aeneas!

Wir Götter sehen, dass du als Unwissender mit deiner königlichen Gattin sehr glücklich lebst. Du hoffst, dass deine Leute in Afrika ein gewaltiges

Reich errichten werden. So wird es nicht sein.

Du wirst ein anderes Land finden, wo du dir durch Kämpfe ein neues Reich schaffen wirst. Nachdem du für deine Hausgötter eine neue Unterkunft gegründet hast, wirst du den Ruhm deines Volkes vergrößern. Deine Sitte wird es sein, dass das Römertum über die anderen Völker herrscht.

Schließlich wirst du für deine Nachfahren Frieden schaffen und die besiegten Völker schonen. Übermütige Tyrannen werden nicht zu Unrecht die Kräfte der jungen Männer fürchten, welche die Hauptstadt der Welt bewohnen werden. Zuletzt wirst du den Bürgern des Römischen Reiches Gesetze geben und alle anderen Reiche, die es geben wird, besiegen. Gehorche immer den Göttern. Leb wohl!

3. Ein Palast für Caesar

Asterix und Obelix sind Bewohner eines Dorfes, das den Truppen Caesars ständig Widerstand leistet. Inzwischen sind sie überall berühmt, sogar in Ägypten. Daher werden sie vom Baumeister, der innerhalb von drei Monaten einen Palast errichten soll, zu Hilfe gerufen.

Multis rebus gestis dignitas[1] nullius gentis[2] tanta erat quam civitatis[3] Gallorum, in qua Asterix et Obelix paucis copiis[4] Romanos oppugnabant[5]. Postquam[6] Galli invicti[7] a Caesare subacti[8] non sunt, Aegyptii[9] quidem non nesciverunt[10] tales[11] viros non vi[12] sed consilio[13] in Africa quoque res similes[14] gesturos esse.

Caesar enim Aegyptios[9] inferiores[15] esse considerans[16] Cleopatrae reginae civitates[3] ignobiles[17] aliquibus mensibus[18] regiam aedificare[19] non posse[20] dixerat. Architectus[21] quidem Gallos omnibus notos[22] Alexandriam traduxit[23]. Caesare resistente[24] iuraverunt[25] se ad eam rem accessuros[26] esse.

(78 Wörter)

Hilfen: 1 dignitas – Würde | 2 gens – Volk | 3 civitas – Stamm | 4 copiae – Truppen | 5 oppugnare – bekämpfen | 6 postquam – nachdem | 7 invictus – unbesiegbar | 8 subigere – unterwerfen | 9 Aegyptii – Ägypter | 10 nescire – nicht wissen | 11 talis – solch | 12 vis – Gewalt | 13 consilium – Plan | 14 similis – ähnlich | 15 inferior – unterlegen | 16 considerare – einschätzen | 17 ignobilis – unbekannt | 18 mensis – Monat | 19 aedificare – errichten | 20 posse – können | 21 architectus – Baumeister | 22 notus – bekannt | 23 traducere – hinüberführen | 24 resistere – Widerstand leisten | 25 iurare – schwören | 26 ad rem accedere – sich einer Sache annehmen

Übersetzung

Nachdem sie viele Taten vollbracht hatten, war die Würde keines Volkes so groß wie die des Stammes der Gallier, in dem Asterix und Obelix mit wenigen Truppen gegen die Römer kämpften. Nachdem die unbesiegbaren Gallier von Caesar nicht besiegt worden sind, wussten die Ägypter freilich nicht, dass solche Männer nicht mit Gewalt sondern mit Plan(ung) auch in Afrika ähnliche Dinge tun würden.

Denn Caesar schätzte die Ägypter als unterlegen ein und hatte Königin Kleopatra gesagt, dass ihre unbekannten Stämme in einigen Monaten keinen Königspalast errichten könnten. Der Baumeister aber brachte die allen bekannten Gallier nach Alexandria. Obwohl Caesar Widerstand leistete, schworen sie, dass sie sich der Sache annehmen würden.

4. Der Sieg über Marcus Antonius

Nachdem Marcus Antonius nach Ägypten gezogen ist, um die Parther zu bekämpfen, kippt in Rom die Stimmung dank der Intrigen Octavians zu seinen Gunsten.

Marco Antonio[1] cum Cleopatra in Aegypto vivente[2] factum est[3], ut Romae[4] senatores Octavianum Antonio praeferrent[5]. Qui etiam testamentum e templo sublatum[6] recitavit[7], ne quis Antonium virum vere Romanum esse affirmaret[8]. Cum deis iniuriam inferens[9] mores[10] neglegeret, se pium[11] praebuit. Verbis testamenti Antonii auditis senatores Octaviano imperaverunt[12], ut milites[13] in Aegyptum mitteret[14].

Cum Octavianus se Cleopatram clade affecturum[15] esse promitteret, Antonio et Cleopatra superatis[16] dictator factus non est, sed cum Maecenate[17] et Agrippa[18] amicis principis[19] nomine Romae[4] rerum potitus est[20]. Octavianus non solum magnitudinem imperii Romani auxit[21], sed etiam templa et aram[22] pacis Augustae confecit[23]. Omni populo Romano pacem tulit.

(99 Wörter)

Hilfen: 1 Antonius – Marcus Antonius, Feldherr Caesars, Mitglied des 2. Triumvirats | 2 vivere – leben | 3 fieri – geschehen | 4 Romae – in Rom | 5 praeferre – vorziehen | 6 sublatus – entwenden | 7 recitare – vorlesen | 8 affirmare – behaupten | 9 iniuriam inferre – Unrecht zufügen | 10 mos – Sitte, Brauch | 11 pius – fromm | 12 imperare – befehlen | 13 miles – Soldat | 14 mittere – schicken | 15 clade afficere – besiegen | 16 superare – besiegen | 17 Maecenas – Maecenas, Freund und Architekt Octavians | 18 Agrippa – Freund und Feldherr Octavians | 19 princeps – führender Mann | 20 rerum potire – die Macht ergreifen | 21 augere – vergrößern | 22 ara – Altar | 23 conficere – vollenden

Übersetzung

Als Markus Antonius mit Kleopatra in Ägypten lebte, geschah es, dass in Rom die Senatoren Octavian Antonius den Vorzug gaben. Dieser las sogar ein aus einem Tempel entwendetes Testament vor, damit niemand behauptete, Antonius sei ein echter Römer. Obwohl er dadurch den Göttern Unrecht zufügte und die Sitten vernachlässigte, zeigte er sich als fromm. Nachdem die Senatoren die Worte des Testaments des Antonius gehört hatten, befahlen sie Octavian, Soldaten nach Ägypten zu schicken.

Als er versprach, dass er Kleopatra besiegen werde, wurde er nach dem Sieg über Antonius und Kleopatra nicht Diktator, sondern erlangte mit seinen Freunden Maecenas und Agrippa unter der Bezeichnung des „führenden Mannes“ die Macht in Rom. Octavian vergrößerte nicht nur die Größe des Römischen Reiches, sondern vollendete auch Tempel und den Altar des augustäischen Friedens. Dem ganzen Volk brachte er den Frieden.

5. Eine Schlacht mit den Helvetiern

Caesar verfolgt die vor ihm fliehenden Helvetier.

Postero die[1] castra[2] ex eo loco movent[3]. Idem facit Caesar equitatumque omnem (ad numerum quattuor milium[4]), quem ex omni provincia et Haeduis[5] atque eorum sociis[6] coactum[7] habebat, praemittit, qui videant[8], quas in partes[9] hostes[10] iter faciant[11].

Qui alieno[12] loco cum equitatu[13] Helvetiorum[14] proelium committunt[15], et pauci de nostris cadunt. Quo proelio sublati[16] Helvetii[14], quod quingentis[17] equitibus[18] tantam[19] multitudinem equitorum[18] (pro)pulerant[20], proelio[22] nostros lacessere[21] coeperunt.

Caesar suos a proelio[22] continebat ac satis habebat in praesentia[23] hostem rapinis[24] populationibusque[25] prohibere[26].

(78 Wörter)

Hilfen: 1 dies - Tag| 2 castra – Lager | 3 movere – bewegen, verlegen | 4 quattuor milium – 4000 | 5 Haedui – Häduer, ein mit Caesar verbündeter gallischer Stamm | 6 socii – Bundesgenossen | 7 coactus – zusammengezogen | 8 videre – darauf achten (finaler Relativsatz) | 9 pars – Richtung | 10 hostis – Feind | 11 iter facere – marschieren | 12 alienus – ungünstig | 13 equitatus – Reiterei | 14 Helvetii – Helvetier, ein Caesar gegenüber feindlicher gallischer Stamm | 15 proelium committere – eine Schlacht beginnen | 16 sublatus – überheblich gemacht | 17 quingentis – 500 | 18 eques – Reiter | 19 tantus – so groß | 20 propellere – schlagen | 21 lacessere – reizen | 22 proelium – Schlacht | 23 in praesentia – für den Augenblick | 24 rapina – Raub | 25 populatio – Verwüstung | 26 prohibere - abhalten

Übersetzung

Am nächsten Tag verlegten sie ihre Lager von diesem Ort. Caesar tat dasselbe und schickte seine gesamte Reiterei (an Zahl ungefähr 4.000), die er aus der ganzen Provinz und von den Häduern sowie deren Bundesgenossen zusammengezogen hatte, voraus, die darauf achten sollte, in welche Richtung der Feind marschierte.

Diese begannen an einem ungünstigen Ort mit der Reiterei der Helvetier eine Schlacht, und wenige von unseren Leuten fielen. Durch diese Schlacht überheblich gemacht, weil sie mit 500 Reitern eine so große Zahl von Reitern geschlagen hatten, begannen die Helvetier unsere Leute zur Schlacht zu reizen.

Caesar hielt seine Leute von der Schlacht fern und hielt es für den Augenblick für ausreichend, den Feind an Raubzügen und Verwüstungen zu hindern.

6. Caesar verfolgt die Helvetier

Caesar nahm die Verfolgung der Helvetier wieder auf, nachdem er sich zuvor mit innenpolitischen Problemen der Häduer beschäftigt hatte.

Caesar ab exploratoribus[1] certior factus (est) hostes[2] sub monte[3] consedisse[4]. Qualis esset natura[5] montis et qualis in circuitu[6] ascensus[7], qui cognoscerent[8], misit.

Renuntiatum[9] est facilem esse. De tertia vigilia[10] T. Labienum legatum[11] cum duabus legionibus et iis ducibus[12], qui iter cognoverant[8], summum iugum[13] montis ascendere[14] iubet. Quid sui consilii sit, ostendit[15].

Ipse de quarta vigilia[16] ad eos contendit; equitatumque[17] omnem ante se mittit. P. Considius, qui rei militaris peritissimus[18] habebatur et in exercitu[19] L. Sullae fuerat, cum exploratoribus[1] praemittitur[21].

(79 Wörter)

Hilfen: 1 explorator – Kundschafter | 2 hostis – Feind | 3 sub monte – am Fuß des Berges | 4 consedere – sich niederlassen | 5 natura – Beschaffenheit | 6 circuitus – Umgebung | 7 ascensus – Aufstieg | 8 cognoscere – in Erfahrung bringen | 9 renuntiare – berichten | 10 tertia vigilia – dritte Nachtwache (nach Mitternacht) | 11 legatus – Unterfeldherr | 12 dux – Anführer | 13 iugum – Bergrücken | 14 ascendere – besteigen | 15 ostendere – darlegen | 16 quarta vigilia – vierte Nachtwache (kurz vor Sonnenaufgang) | 17 equitatus – Reiterei | 18 peritus – erfahren | 19 exercitus – Heer | 20 praemittere - vorausschicken

Übersetzung

Caesar wurde von seinen Kundschaftern benachrichtigt, dass die Feinde sich am Fuß des Berges niedergelassen hatten. Er schickte Leute, die in Erfahrung bringen sollten, wie die Beschaffenheit des Berges war und wie der Aufstieg in dessen Umgebung.

Es wurde ihm berichtet, dass er (der Aufstieg) leicht sei. Um die dritte Nachtwache ließ er den Unterfeldherrn Titus Labienus mit zwei Legionen und den Anführern, die den Weg kannten, den Bergrücken besteigen. Er legte ihnen dar, was sein Plan war.

Er selbst eilte um die vierte Nachtwache zu ihnen; die ganze Reiterei schickte er voraus. Publis Considius, der für am erfahrensten in militärischen Angelegenheiten gehalten wurde und im Heer des Lucius Sulla gewesen war, wurde mit Kundschaftern vorausgeschickt

7. Pyramus und Thisbe

Einige Frauen sitzen bei den Webstühlen zusammen und plaudern mit einander. Eine erzählt eine Liebesgeschichte über zwei Jugendliche, getrennt durch die Wand ihrer Häuser und den Hass ihrer Väter.

Pyramus1 et Thisbe2, iuvenum3 pulcherrimus alter4

altera4, quas oriens5 habuit, praelata6 puellis,

contiguas7 tenuere domos, ubi dicitur altam

coctilibus8 muris cinxisse Semiramis9 urbem.

Tempore crevit amor taedae10 quoque iure coissent11,

sed vetuere12 patres. Quod non potuere13 vetare12:

Conscio14 absente omni nutu15 signisque loquuntur,

quōque magis tegitur16, tectus16 magis aestuat17 ignis.

Invide18", dicebant, paries19, quid amantibus obstas20?

Quantum erat21, ut sineres22 toto nos corpore iungi23?"

Sub noctem24 dixere Vale!", partique25 dedere

oscula26 quisque27 suae non pervenientia contra28.

(76 Wörter)

Hilfen: 1 Pyramus – Pyramus, ein junger Mann aus Theben | 2 Thisbe – Thisbe, eine junge Frau aus Theben | 3 iuvenis – junger Mann | 4 alter - altera – der eine - die andere| 5 oriens – der Osten | 6 praelatus – ausgezeichnet | 7 contiguus – benachbart | 8 coctilis – aus Ziegeln | 9 Semiramis – Semiramis, sagenhafte Gründerin Thebens | 10 taeda – Hochzeitsfackel | 11 coire – zusammenkommen | 12 vetare – verbieten | 13 posse – können | 14 conscius – Mitwisser, Zeuge | 15 nutus – Nicken | 16 tegere – bedecken | 17 aestuare – lodern | 18 invidus – neidisch | 19 paries – Mauer | 20 obstare – im Weg stehen | 21 quantum erat – was wäre schon dabei | 22 sinere – zulassen | 23 iungere – verbinden | 24 sub noctem – bei Einbruch der Nacht | 25 pars – Seite | 26 osculum – Kuss | 27 quisque – jeder | 28 contra pervenire – auf die andere Seite gelangen

Übersetzung

Pyramus und Thisbe, der eine der schönste der jungen Männer, die andere ausgezeichnet unter den jungen Mädchen, die der Osten besaß, bewohnten benachbarte Häuser, wo man sagt, dass Semiramis die Stadt mit hohen Mauern aus Ziegeln umgeben haben soll. Mit der Zeit wuchs die Liebe und die Hochzeitsfackeln wären auch zurecht zusammen gekommen, aber die Väter verboten es. Was sie nicht verbieten konnten: In Abwesenheit jeglicher Zeugen sprachen sie durch Nicken und Zeichen, und je mehr das Feuer (der Liebe) bedeckt wurde, desto mehr brannte es verdeckt. Sie sagten: „Neidische Mauer, warum stehst du uns Liebenden im Weg? Was wäre schon dabei, wenn du zuließest, dass wir uns mit ganzem Körper verbinden?“ Bei Einbruch der Nacht sagten sie einander Lebewohl und jeder gab seinem Teil der Mauer Küsse, die nicht auf die andere Seite gelangten.

8. Wann/wen man betrügen darf

Ovid gibt in seinem Lehrgedicht über die Liebeskunst auch Ratschläge in Bezug auf Treue und Ehrlichkeit, die bei Augustus wohl auf geringes Verständnis stießen.

Nec timide[1] promitte: trahunt[2] promissa[3] puellas;

pollicito[4] testes[5] quoslibet[6] adde deos.

Iuppiter[0] ex alto periuria[7] ridet amantum

et iubet Aeolios[8] inrita[9] ferre Notos[8].

Per Styga[10] Iunoni[11] falsum iurare solebat

Iuppiter: exemplo nunc favet[12] ipse suo.

Expedit[13] esse deos et, ut[14] expedit[13], esse putemus!

Dentur in antiquos tura[15] merumque[16] focos.

Nec secura[17] quies illos similisque sopori[18]

detinet: innocue[19] vivite, numen adest.

Reddite depositum[20]. Pietas sua foedera servet.

Fraus[21] absit. Vacuas[22] caedis[23] habete manus.

Ludite[24], si sapitis[25], solas impune[26] puellas:

Hac magis est una fraude pudenda[27] fides.

(85 Wörter)

Hilfen: 0 Iuppiter – Jupiter, oberste Gottheit der Römer (die Schreibung mit „pp" ist korrekt!) | 1 timidus – ängstlich | 2 trahere – mitreißen | 3 promissum – Versprechen | 4 pollicitum – Versprechen | 5 testis – Zeuge | 6 quilibet – jeder beliebige | 7 periurium – Meineid | 8 Aeolii Noti – die Winde des Äolus | 9 inritus – ungültig | 10 Styx – Styx, Fluss der Unterwelt | 11 Iuno – Juno, Gattin Juppiters | 12 favere – Wohlwollen zeigen | 13 expedire – nützen | 14 ut – weil | 15 tus – Weihrauch | 16 merum – unvermischter Wein | 17 securus – sorglos | 18 sopor - Schlaf| 19 innocuus – unschuldig | 20 depositum – anvertrautes Eigentum | 21 fraus – Betrug | 22 vacuus – rein von | 23 caedes – Mord | 24 ludere – ein Spiel treiben | 25 sapere – klug sein | 26 impunus – straflos | 27 pudenda – schändlich

Übersetzung

Versprich nicht ängstlich: Versprechen reißen die Mädchen mit. Füge als Zeugen für dein Versprechen beliebige Götter hinzu. Jupiter lacht vom Himmel über die Meineide der Liebenden und befiehlt, dass die Äolischen Winde sie ungültig machen. Bei der Styx pflegte Jupiter Juno falsch zu schwören: Jetzt zeigt er Wohlwollen gegenüber seinem Vorbild. Es nützt, dass es Götter gibt, und weil es nützt, lasst uns daran glauben! Es sollen Weihrauch und unvermischter Wein auf die alten Feuerstellen gegeben werden. Ein unsicherer Schlaf wird jene fernhalten und was einem Schlaf ähnlich ist: Lebt unschuldig, und die Gottheit steht euch bei.

Gebt anvertrautes Eigentum zurück. Die Frömmigkeit soll ihre Abmachungen bewahren. Betrug sei fern. Haltet eure Hände rein von Mord. Treibt euer Spiel, wenn ihr klug seid, nur mit den Mädchen: Dabei allein ist Treue schändlicher als Betrug.

9. Die Ermordung von Pompeius

Als Pompeius sich weigert, Caesars Bedingungen vor dessen Rückkehr nach Rom zu erfüllen, kommt es zum Konflikt. Pompeius wird in die Defensive gedrängt und muss über Griechenland bis nach Ägypten fliehen.

Quibus cognitis[1] rebus Pompeius[2] duobus milibus[3] hominum armatis[4], quos ex suis ad hanc rem idoneos[5] existimabat, Pelusium[6] pervenit. Ibi casu[7] rex erat Ptolomaeus[8], puer aetate, magnis copiis[9] cum sorore[10] Cleopatra bellum gerens, quam paucis[11] ante mensibus regno expulerat[12]; castraque Cleopatrae non longo spatio ab eius castris distabant[13].

Ad eum Pompeius misit, ut pro hospitio[14] atque amicitia patris Alexandriae[15] reciperetur[16] atque tegeretur[17]. His tum cognitis[1] rebus amici regis Achillam, praefectum regium, et L. Septimium, tribunum militum, ad interficiendum[18] Pompeium miserunt.

(79 Wörter)

Hilfen: 1 cognoscere – erfahren | 2 Pompeius – Pompeius Magnus, römischer Feldherr und Gegner Caesars im Bürgerkrieg | 3 duo milia – 2000 | 4 armatus – bewaffnet | 5 idoneus – geeignet | 6 Pelusium – Pelusium, Stadt in Ägypten | 7 casu – zufällig, zu diesem Zeitpunkt | 8 Ptolemaeus – Ptolemaios, ägyptischer Pharao | 9 copiae – Truppen | 10 soror – Schwester | 11 pauci – wenige | 12 regno expellere – aus der Herrschaft/dem Reich vertreiben | 13 distare – entfernt sein | 14 hospitium – Gastrecht | 15 Alexandriae – in Alexandria | 16 recipere – aufnehmen | 17 tegere – schützen | 18 interficere - töten

Übersetzung

Nachdem er dies erkannt hatte, kam Pompeius mit 2.000 bewaffneten Männern, die er von seinen Leuten für am geeignetsten für diese Aufgabe hielt, nach Pelisium. Dort war gerade Ptolemaios König, im Knabenalter, der mit großen Truppen mit seiner Schwester Kleopatra Krieg führte, die er wenige Monate zuvor aus der Herrschaft vertrieben hatte; das Lager Kleopatras war nicht weit von seinem Lager entfernt.

Zu ihm schickte Pompeius Gesandte, damit er im Namen des Gastrechtes und der Freundschaft mit dessen Vater in Alexandria aufgenommen und beschützt werde. Als sie diese Dinge erkannt hatten, schickten die Freunde des Königs Achillas, den Präfekten der königlichen Garde, und Lucius Septimius, einen Militärtribunen, um Pompeius zu töten

10. Ehre oder Nutzen?

Die Römer kämpften mit dem König Pyrrhus von Epirus einen fast aussichtslosen Kampf. Alle Schlachten, die sie gegen ihn schlugen, verloren die Römer, und es schien nur eine Frage der Zeit zu sein, bis sie mit ihm würden Frieden schließen müssen. Cicero will zeigen, dass die Senatoren in dieser Situation zwischen dem Nutzen und der Ehre zu wählen hatten.

Satis[1] persuasum esse debet nihil esse utile[2], quod non honestum[3] sit. Id quidem cum[4] saepe alias[5] tum[4] Pyrrhi[6] bello a C. Fabricio consule iterum[7] et a senatu nostro iudicatum est[8].

Cum enim rex Pyrrhus[6] populo Romano bellum intulisset[9] cumque de imperio[10] certamen esset cum rege generoso[11] ac potenti, perfuga[12] ab eo venit in castra[13] Fabricii eique est pollicitus[14], si praemium sibi proposuisset[15], se, ut clam[16] venisset, sic clam[16] in Pyrrhi[6] castra rediturum et eum veneno[17] necaturum esse.

Hunc Fabricius reducendum curavit[18] ad Pyrrhum[6], idque eius factum laudatum a senatu est. Atqui, si speciem[19] utilitatis opinionemque[20] quaerimus, magnum illud bellum perfuga[12] unus et gravem[21] adversarium imperii sustulisset, sed magnum dedecus[22] et flagitium[23], quocum laudis certamen fuisset, eum non virtute sed scelere[24] superavisse.

(121 Wörter)

Hilfen: 1 satis – genug, ausreichend | 2 utilis – nützlich | 3 honestus – ehrenhaft | 4 cum - tum – sowohl - als auch (besonders) | 5 alias – sonst | 6 Pyrrhus – Pyrrhus, König von Epirus und Feind der Römer | 7 consul iterum – zum zweiten Mail Konsul | 8 iudicare – urteilen | 9 bellum inferre – den Krieg erklären | 10 imperium – Herrschaft | 11 generosus – vornehm | 12 perfuga – Überläufer | 13 castra – Lager | 14 polloceri – versprechen | 15 proponere – geben | 16 clam – heimlich | 17 venenum – Gift | 18 curare – sorgen für | 19 species – Anschein | 20 opinio – Eindruck | 21 gravis – schwer(wiegend) | 22 dedecus – Schande | 23 flagitium – Niedertracht | 24 scelus - Verbrechen

Übersetzung

Es muss ausreichend überzeugend sein, dass nichts nützlich ist, das nicht ehrenhaft ist. Das wurde freilich oft zu anderen Gelegenheiten, besonders aber im Krieg gegen Pyrrhus von Gaius Fabricius, der zum zweiten Mal Konsul war, und von unserem Senat entschieden. Als nämlich König Pyrrhus dem römischen Volk den Krieg erklärt hatte und man mit diesem vornehmen und mächtigen König kämpfen musste, kam ein Überläufer von ihm ins Lager des Fabricius und versprach ihm, dass er, wenn man ihm eine Belohnung gegeben habe, so heimlich, wie er gekommen sei, ins Lager des Pyrrhus zurückkehren und diesen mit Gift töten werde.

Fabricius sorgte dafür, dass er zu Pyrrhus zurückgeführt wurde, und dessen Tat wurde vom Senat gelobt. Und sogar, wenn wir nur den Anschein und den Eindruck des Nutzens suchen, hätte ein Überläufer jenen gewaltigen Krieg und den schweren Gegner unserer Herrschaft beseitigt, aber große Schande und Niederträchtigkeit bedeutet, womit ein Wettstreit des Ruhms bestanden hätte, dass er ihn nicht durch Tüchtigkeit sondern durch ein Verbrechen besiegt hätte.

11. Rechtfertigung der Philosophie

Für viele Römer galt nur eine Beschäftigung dem, was in den Bereichen der Politik, der Wirtschaft oder des Krieges anwendbar waren, als sinnvoll. Cicero hingegen wandte sich immer mehr philosophischen Themen zu.

Quamquam[1] enim libri nostri complures[2] non modo ad legendi sed etiam ad scribendi studium excitaverunt[3], tamen interdum[4] vereor, ne quibusdam[5] bonis viris philosophiae nomen sit invisum[6] mirenturque in ea me tantum operae[7] et temporis ponere[8].

Ego autem, quamdiu[9] res publica per eos gerebatur, quibus se ipsa commiserat[10], omnes meas curas cogitationesque[11] in eam conferebam.

Cum autem dominatu[12] unius omnia tenerentur neque esset usquam[13] consilio aut auctoritati locus, socios denique tuendae[14] rei publicae – summos viros – amisissem, nec me angoribus[15] dedidi, quibus essem confectus[16], nisi iis restitissem[17] indignis homine docto voluptatibus.

Cum enim res publica, in qua omnes meas curas, cogitationes[11], operam ponere solebam, nulla esset omnino, illae scilicet[18] litterae conticuerunt forenses[20] et senatoriae.

(112 Wörter)

Hilfen: 1 quamquam – obwohl | 2 complures – mehrere | 3 excitare – auffordern | 4 interdum – manchmal | 5 quidam – einige | 6 invisus – verhasst | 7 opera – Mühe | 8 ponere in + Akk. – in etwas investieren | 9 quamdiu – wie lange | 10 committere – anvertrauen | 11 cogitatio – Überlegung | 12 dominatus – Herrschaft | 13 usquam – irgendwo | 14 tueri – beschützen | 15 angor – Furcht | 16 confectus – fertig gemacht, vernichtet | 17 resistere – Widerstand leisten | 18 scilicet – freilich | 19 forensis – Gerichts-

Übersetzung

Obwohl mehrere unserer Bücher nämlich nicht nur zum Studium des Lesens sondern auch des Schreibens aufgefordert haben, fürchte ich mitunter dennoch, dass einigen rechtschaffenen Männern der Name der

Philosophie verhasst ist und sie sich darüber wundern, dass ich darin so viel Mühe und Zeit investiere.

Auch ich richtete alle meine Sorgen und Gedanken auf den Staat, solange er durch jene geführt wurde, denen er sich selbst anvertraut hatte.

Als aber durch die Herrschaft eines einzelnen alles beherrscht wurde und nirgends ein Platz war für Beratung und Ansehen, hätte ich zuletzt die Freunde zum Schutz des Staates – die bedeutendsten Männer – verloren, und mich der Furcht ergeben, von der ich verzehrt worden wäre, wenn ich nicht diesen Gelüsten widerstanden hätte, die eines gelehrten Mannes nicht würdig sind.

Denn als der Staat, auf den ich allein alle meine Sorgen, Gedanken und Mühe richtete, gar nicht mehr existierte, da verstummten freilich jene Schriften des Gerichts und des Senats.

12. Widersprüche bei der Behandlung von Christen

Tertullian stellt die Frage, warum man Christen zwar anklagt und verurteilt, der Kaiser selbst aber ihre Verfolgung (und sogar anonyme Anzeigen) verhindert.

Si certum est denique[1] nos nocentissimos[2] esse, cur a vobis ipsis aliter[3] tractamur[4] quam pares nostri, id est ceteri nocentes[2]? Quodcumque[5] dicimur, cum alii dicuntur, et proprio[6] ore et mercennaria[7] advocatione[8] utuntur ad innocentiae suae commendationem; respondendi facultas patet, quando nec liceat indefensos[9] et inauditos[10] omnino damnari.

Sed Christianis solis nihil permittitur loqui[11], quod causam purget[12], quod veritatem defendat, quod iudicem non faciat iniustum. Sed illud solum exspectatur[13], quod odio[14] publico necessarium est: confessio nominis, non examinatio[15] criminis.

Plinius enim Secundus[16], cum provinciam regeret, ipsa tamen multitudine Christianorum perturbatus[17], quid ageret, consuluit[18] tunc Traianum imperatorem. Tunc Traianus rescripsit hoc genus inquirendum[19] quidem non esse, oblatos[20] vero puniri oportere. Si damnas, cur non et inquiris[19]? Si non inquiris[19], cur non et absolvis[21]?

(121 Wörter)

Hilfen: 1 denique – schließlich | 2 nocens – schuldig | 3 aliter – anders | 4 tractare – behandeln | 5 quodcumque – was auch immer | 6 proprius – eigen | 7 mercennarius – gekauft, bezahlt | 8 advocatio – Rechtsvertretung, Anwalt | 9 indefensus – ohne Verteidigung | 10 inauditus – ohne gehört worden zu sein | 11 loqui – sprechen | 12 purgare – reinigen | 13 exspectare – erwarten | 14 odium – Hass | 15 examinatio – Untersuchung | 16 Plinius Secundus – Plinius der Jüngere, Statthalter unter Trajan | 17 perturbatus – verwirrt | 18 consulere – um Rat fragen | 19 inquirere – ausforschen, untersuchen | 20 oblatus – angezeigt | 21 absolvere - freisprechen

Übersetzung

Wenn schließlich sicher ist, dass wir ganz und gar schuldig sind, warum werden wir von euch anders behandelt als die, die uns gleich sind, das heißt (anders als) andere Schuldige? Wenn andere das genannt werden, was auch immer wir genannt werden, verwenden sie sowohl die eigene Stimme als auch gekauften Rechtsbeistand, um ihre Unschuld zu beteuern. Es steht die Möglichkeit offen zu antworten, da es überhaupt nicht erlaubt ist, dass Menschen verurteilt werden, die sich nicht verteidigen konnten und die nicht angehört wurden.

Aber einzig den Christen ist es nicht erlaubt zu sagen, was ihren Fall reinigen könnte, was die Wahrheit verteidigt, was den Richter nicht voreingenommen macht. Aber nur von uns wird erwartet, was für den Hass der Öffentlichkeit notwendig ist: Das Bekenntnis der Bezeichnung, nicht die Untersuchung eines Verbrechens.

Denn Plinius Secundus befragte, als er seine Provinz verwaltete, weil er selbst durch die Vielzahl von Christen verwirrt war, damals Kaiser Trajan, was er tun solle. Damals schrieb ihm Trajan zurück, dass diese Art nicht ausgeforscht werden dürfe, dass Angezeigte aber bestraft werden müssten. Wenn du sie verurteilst, warum suchst du nicht auch nach ihnen? Wenn du aber nicht nach ihnen suchst, warum sprichst du sie dann nicht auch frei?

13. Das Leben in der Stadt

Plinius beschreibt einem Freund, wie sehr er in der Stadt mit Aufgaben und Verpflichtungen beschäftigt ist.

C. Plinius Genitori suo salutem dicit.

Torqueor[1], quod discipulum optimae spei amisisti. Cuius et valetudine[2] et morte impedita[3] esse studia tua, quidni[4] sciam? Nam es omnium officiorum observantissimus[5], et omnes, quos probas, effusissime[6] diligis.

Me huc[7] quoque urbana negotia persequuntur[8]; non desunt enim, qui me iudicem aut arbitrum[9] faciant. Accedunt querelae[10] rusticorum, qui auribus[11] meis post longum tempus suo iure[12] abutuntur. Instat et necessitas[13] agrorum locandorum[14], perquam molesta: adeo rarum est invenire idoneos conductores[15].

Quibus ex causis precario[16] studeo, studeo tamen. Nam et scribo aliquid et lego; sed cum lego, ex comparatione[17] sentio quam male scribam, licet tu mihi bonum animum facias, qui libellos[18] meos de ultione[19] Helvidi orationi Demosthenis contra Meidium confers. Cum componerem illos, habui in manibus, non ut aemularer[20] sed tamen imitarer[21] et sequerer, quantum aut diversitas[22] ingeniorum maximi et minimi, aut causae dissimilitudo[23] pateretur.

Vale.

(139 Wörter)

Hilfen: 1 torqueri – sich quälen | 2 valetudo – Gesundheit, Krankheit | 3 impeditus – behindert | 4 quidni – wie nicht | 5 observans – gewissenhaft | 6 efusus – maßlos | 7 huc – hierher | 8 persequi – verfolgen | 9 arbiter – Schiedsrichter | 10 querela – Streit | 11 auris – Ohr | 12 suo iure – zurecht | 13 necessitas – Notwendigkeit | 14 locare – verpachten | 15 conductor – Pächter | 16 precario – auf Widerruf | 17 comparatio – Vergleich | 18 libellus – kleines Buch | 19 ultio – Rache | 20 aemulari – nacheifern | 21 imitari – nachahmen | 22 diversitas – Verschiedenheit | 23 dissimilitudo - Unähnlichkeit

Übersetzung

Gaius Plinius grüßt seinen (Freund) Genitor.

Mich quält, dass du deinen hoffnungsvollsten Schüler verloren hast. Wie könnte ich nicht wissen, dass deine Studien sowohl durch seine schlechte Gesundheit als auch durch seinen Tod behindert wurden? Denn du bist am gewissenhaftesten bei allen Verpflichtungen und schätzt alle, welchen du zustimmst, in sehr großzügiger Weise.

Mich verfolgen auch bis hierher die Geschäfte der Stadt; denn es fehlt nicht an solchen, die mich zum Richter oder Vermittler machen wollen. Dazu kommen Streitigkeiten der Bauern, die meine Ohren nach langer Zeit zurecht in Anspruch nehmen. Dazu kommt auch die Notwendigkeit die Äcker zu verpachten, eine überaus lästige: So selten ist es, geeignete Pächter zu finden.

Aus diesen Gründen studiere ich auf Widerruf, aber ich studiere. Denn ich schreibe und lese auch; aber wenn ich lese, bemerke ich aus dem Vergleich, wie schlecht ich schreibe, magst du mir auch Mut machen, der du meine Büchlein über die Rache des Helvidus mit der Rede des Demosthenes gegen Meidias vergleichst. Um jene zu vergleichen, hatte ich sie in Händen, nicht um nachzueifern sondern um dennoch nachzuahmen und zu folgen, soweit entweder die Verschiedenheit der Begabungen, der größten und der kleinsten, oder die Verschiedenheit der Sache es zulassen.

Lebe wohl.

14. Die Landung in Latium

Nach der Ankunft der Trojaner abends in Latium erkennt Aeneas, dass ihre Reise endlich zu Ende ist. Erfreut muntert er auch seine Kameraden auf.

Quare agite[1] et primo laeti cum lumine[2] solis, quae loca quive habeant homines ubi moenia[3] gentis, vestigemus[4] et a portu[5] diversa[6] petamus!“ (22 Wörter)

Am nächsten Tag ist es dann so weit.

Tum satus Anchisā[7] delectos ordine[8] ab omni centum oratores augusta[9] ad moenia regis ire iubet ramis[10] velatos Palladis[11] omnes donaque ferre viro pacemque exposcere[12] Teucris[13].

(25 Wörter)

Sofort brechen die Männer auf und nähern sich der Stadt:

Iamque iter emensi[14] turres ac tecta Latinorum[15] ardua cernebant[16] iuvenes muroque subibant[17]. Nuntius[18] ingentes ignota in veste reportat advenisse viros. Ille intra tecta vocari imperat et solio[19] medius consedit avito[20].

(30 Wörter)

Sobald König Latinus von ihrer Ankunft erfahren hat, lässt er sie vor seinen Thron holen und spricht sie an:

Dicite, Dardanidae[21] (nĕque enim nescimus et urbem): Quid petitis? Quae causa rates[22] aut cuius egentes[23] litus ad Ausonium[24] tot per vada caerula[25] vexit?“

(23 Wörter)

Hilfen: 1 agite – los! | 2 lumen – Strahl | 3 moenia – Stadtmauern | 4 vestigare – erforschen | 5 portus – Hafen | 6 diversa (via) – auf unterschiedlichem Weg | 7 satus Anchisa – Sohn des Anchises (d. h. Aeneas) | 8 ordo – Stand, Rang | 9 augustus – erhaben | 10 rama – Zweig | 11 Pallas – Athene | 12 exposcere – fordern| 13 Teucri – Teukrer (Aeneas und seine Männer) | 14 emetiri – zurücklegen | 15 Latini – Latiner | 16 cernere – sehen | 17 subire – herangehen | 18 nuntius – Bote | 19 solium – Thron | 20 avitus – des Großvaters| 21 Dardanida – Dardanide (Grieche) | 22 ratis – Schiff | 23 egere – entbehren | 24 Ausonius - italisch | 25 caerulus - blau

Übersetzung

Daher los und lasst uns frohen Mutes beim ersten Sonnenstrahl erforschen, welche Gegend das ist, welche Menschen hier wohnen und wo sie ihre Mauern haben, und in verschiedene Richtungen vom Hafen weggehen.

Dann lässt der Sohn des Anchises 100 aus jedem Rang auserwählte Redner zu den erhabenen Mauern des Königs gehen, alle gehüllt in Zweige der Pallas, Geschenke zu bringen und von dem Mann Frieden zu fordern für die Teukrer.

Und schon sahen die jungen Männer, als sie sich auf dem Weg befanden, die Türme und Häuser der Latiner und gingen unter die Mauer. Ein Bote berichtet, dass stattliche Männer in unbekannter Kleidung angekommen seien. Jener lässt sie in die Stadt rufen und setzt sich mitten auf den großväterlichen Thron.

Sagt, Dardaner (denn wir kennen auch die Stadt nicht): „Was wollt ihr? Welcher Grund oder welcher Mangel führte eure Schiffe durch so weite Wogen an die Küste Ausoniens?“

15. Wer zufrieden ist, ist reich

Im 1. Buch der Satiren stellt Horaz die Frage, warum so viele Menschen mit ihrem Leben unzufrieden sind.

Qui[1] fit, Maecenas[2], ut nemo, quam sibi sortem[3] seu ratio dederit seu fors obiecerit, illa contentus[4] vivat laudet diversa[5] sequentes? O fortunati mercatores[6]", gravis annis miles ait, multo iam fractus[7] membra labore. Contra mercator navim iactantibus Austris[8]: Militia[9] est potior[10]. Quid enim? Concurritur: horae momento[11] cita mors venit aut victoria laeta." Agricolam laudat iuris legumque peritus[12], sub galli[13] cantum consultor[14] ubi ostia[15] pulsat. Ille, datis vadibus[16] qui rure extractus in urbem est, solos felices viventes clamat in urbe. Quo rem deducam[17]? Si quis deus En ego", dicat iam faciam, quod voltis[18]: eris tu, qui modo miles, mercator; tu, consultus[19] modo, rusticus: hinc vos, vos hinc mutatis discedite partibus[20]. Eia!" Inde fit, ut raro, qui se vixisse beatum dicat et exacto[21] contentus4 tempore vita cedat uti conviva satur22, reperire queamus.

(129 Wörter)

Hilfen: 1 qui – wie | 2 Maecenas – Freund Octavians | 3 sors – Schicksal | 4 contentus – zufrieden | 5 diversus – unterschiedlich | 6 mercator – Händler | 7 frangere – brechen | 8 Auster – Südwind | 9 militia – Kriegsdienst | 10 potior = melior | 11 mementum – Zeitraum | 12 peritus + Gen. – erfahren, kundig | 13 gallus – Hahn | 14 consultor – Klient | 15 ostia – Tür | 16 datis vadibus – wegen eines gegebenen Pfandes | 17 deducere – weiterführen | 18 voltis = vultis | 19 consultus – Anwalt | 20 pars – Richtung | 21 exigere – durchführen | 22 satur - satt

Übersetzung

Wie kommt es, Maecenas, dass niemand zufrieden mit dem, was ihm ein Los oder eine Berechnung gegeben hat oder der Zufall hingeworfen hat, lebt und die lobt, die einem anderen Lebensweg folgen? „O glücklich sind die Kaufleute", sagt der durch die Jahre beschwerte Soldat, dessen Glieder vom vielen Kriegsdienst gebrochen sind. Hingegen sagt der Händler, dessen Schiff die Südwinde herumwerfen: „Der Kriegsdienst ist besser.

Was denn? Man strömt zusammen: Im Zeitraum einer Stunde kommen ein schneller Tod oder ein glücklicher Sieg.“ Den Bauern lobt derjenige, der sich auf Recht und Gesetze versteht, wenn noch vor dem ersten Hahnenschrei ein Klient an seine Tür klopft. Jener, der, weil ihm eine Frist gesetzt wurde, in die Stadt gezwungen ist, ruft, dass nur die glücklich sind, die in der Stadt leben. Wohin soll ich die Sache fortführen? Wenn ein Gott sagte: „Ich will schon machen, was ihr wollt: Du, der du eben noch Soldat warst, wirst Händler sein, und du, eben noch Anwalt, Bauer. Ihr in dies, ihr in das verwandelt geht eurer Wege. Los!“ So geschieht es, dass wir selten finden können, der sagt, dass er glücklich gelebt habe, und, wenn die Zeit vorüber ist, zufrieden aus dem Leben scheidet wie ein satter Gast.

16. Wer ist frei?

In der römischen Gesellschaft bestanden große Unterschiede zwischen freien Bürgern und Sklaven. Seneca als Philosoph sieht die Unterschiede zwischen frei" und unfrei" aber anders begründet.

Vis[1] tu cogitare istum, quem tu servum tuum vocas, ex iisdem seminibus[2] ortum (esse et) eodem caelo[3] frui, aeque spirare[4], aeque vivere, aeque mori[5]! Tam tu illum ingenuum[6] videre potes quam ille te servum.

Haec summa praecepti[7] mei est: Sic cum inferiore[8] vivas, quemadmodum[9] tecum superiorem[10] velis vivere[11]! At ego", inquis, nullum habeo dominum." Bona aetas[12] est: forsitan[13] habebis. Quid ergo? Vive cum servo clementer, comiter[14] quoque, et in sermonem illum admitte[15] et in consilium et in convictum[16].

Non est, mi Lucili, quod amicum tantum in foro et in curia quaeras: Si diligenter attenderis[17], et domi invenies. – Servus est." Ostende, quis non sit: alius libidini servit[18], alius avaritiae, alius ambitioni[19], omnes spei, omnes timoris.

(114 Wörter)

Hilfen: 1 vis + Infinitiv = Imperativ | 2 semen – Same | 3 caelum – Wetter, Klima | 4 spirare – atmen | 5 mori – sterben | 6 ingenuus – frei | 7 praeceptum – Lehre | 8 inferior – unterlegen | 9 quemadmodum – wie | 10 superior – überlegen | 11 vivere – leben | 12 aetas – Zeit | 13 forsitan – vielleicht | 14 comiter – kameradschaftlich | 15 admittere – zulassen | 16 convictus – Gastmahl | 17 attendere – suchen | 18 servire – dienen, Sklave sein | 19 ambitio - Ehrgeiz

Übersetzung

Bedenke, dass der, den du Sklaven nennst, aus demselben Samen entstanden ist wir du, das selbe Klima genießt, in gleicher Weise atmet, lebt, stirbt! Ebenso kannst du jenen als frei betrachten wie jener dich als Sklaven.

Das ist die wichtigste Aussage meiner Vorschrift: Dass du mit einem niedriger Gestellten so lebst, wie du willst, dass ein Vorgesetzter mit dir lebt! „Aber ich habe keinen Herren.“, sagst du. Es ist eine gute Zeit: Vielleicht wirst du einmal einen haben. Was denn? Lebe mit deinem Sklaven milde, auch kameradschaftlich, und lasse ihn zum Gespräch zu und zu einer Beratung und zum Mahl.

Es gibt keinen Grund, mein Lucilius, dass du einen Freund nur auf dem Forum und im Rathaus suchst: Wenn du sorgfältig acht gibst, wirst du auch zu Hause einen finden. – Er ist ein Sklave. Zeige mir einen, der es nicht ist: Der eine ist Sklave seiner Begierde, der andere seines Geizes, ein anderer seines Ehrgeizes, alle sind Sklaven der Hoffnung und der Furcht

17. Nur die Veränderung ist sicher

Horaz schreibt über die Vergänglichkeit des Lebens und die Konsequenzen, die daraus zu ziehen sind.

Diffugere[1] nives, redeunt iam gramina[2] campis
arboribusque comae[3];
mutat terra vices et decrescentia[4] ripas
flumina praetereunt.
Immortalia[5] ne speres, monet annus et almum[6]
quae rapit hora diem.
Frigora[7] mitescunt[8] Zephyris[9], ver proterit[10] aestas
interitura[11], simul
pomifer[12] autumnus fruges effuderit[13]; et mox
bruma[14] recurrit iners.
Damna[15] tamen celeres reparant caelestia lunae:
nos ubi decidimus[16] pulvis[17] et umbra sumus.
Quis scit, an adiciant[18] hodiernae crastina[19] summae
tempora di superi?
Cum semel occideris et de te splendida Minos
fecerit arbitria[20],
non, Torquate, genus, non te facundia[21], non te
restituet[22] pietas.
Infernis[23] neque enim tenebris[24] Diana pudicum[25]
liberat Hippolytum,

nec Lethaea valet[26] Theseus abrumpere[27] caro[28]

vincula Pirithoo.

(103 Wörter)

Hilfen: 1 diffugere – fliehen | 2 gramen – Gras | 3 coma – Haar | 4 decrescere – abnehmen | 5 immortalis – unsterblich | 6 almus – fruchtbar | 7 frigus – Kälte | 8 mitescere – sanft werden | 9 Zephyris – Zephyr (Westwind) | 10 proterere – zerreiben | 11 interire – sterben | 12 pomifer – Früchte tragend | 13 effundere – ausgießen | 14 bruma – Winter | 15 damnum – Verlust | 16 decicere – weggehen | 17 pulvis – Staub | 18 adicere – hinzufügen | 19 crastinus – morgig | 20 arbitrium – Urteil | 21 facundia – Redekunst | 22 restutuere – zurückgeben | 23 infernus – unterirdisch | 24 tenebrae - Finsternis | 25 pudicus – tugendhaft | 26 valere – vermögen, können | 27 abrumpere – wegnehmen | 28 carus - teuer

Übersetzung

Es flohen die Schneemassen, es kehren schon die Gräser auf die Felder zurück und das Laub auf die Bäume. Die Erde verwandelt sich wieder und die abnehmenden Flüsse fließen an den Ufern vorüber. Erhoffe dir nichts Unsterbliches, es mahnen das Jahr und die Stunde, die den fruchtbaren Tag raubt. Die Zephyre schmelzen das Eis, der selbst schon schwindende Sommer zerreibt den Fühling, sogleich hat der Früchte bringende Herbst seine Ernte ausgeschüttet; und bald kehrt der starre Winter zurück. Ihre Verluste erneuern die schnellen Monde des Himmels: Sobald wir aber weggegangen sind, sind wir Staub und Schatten. Wer weiß, ob die himmlischen Götter morgige Zeiten der Summe der heutigen Tage hinzufügen? Wenn du einmal gestorben bist und Minos über dich feierliche Urteile gesprochen hat, wird dich, Torquatus, nicht die Beredsamkeit und nicht die Tugend zurückbringen. Denn weder befreit Diana den keuschen Hippolyt aus der unterirdischen Finsternis, noch vermag Theseus den lieben Pirithous von den Fesseln der Lethe losreißen.

18. Einrichtung einer Feuerwehr

Die häufigen Brände in seiner Provinz veranlassen den Statthalter Plinius, den Kaiser um die Erlaubnis zur Einrichtung einer Feuerwehr zu bitten. Der Kaiser lehnt das jedoch ab.

Brief des Plinius an Kaiser Trajan:

Cum diversam[1] partem provinciae circumirem[2], Nicomediae vastissimum[3] incendium multas privatorum domos et duo publica opera[4] (Gerusium et Iseum[5]) absumpsit[6]. (Incendium) est autem latius sparsum[7] primum violentia venti, deinde inertia[8] hominum, quos constat otiosos[9] et immobiles tanti mali spectatores perstitisse[10]. Et alioqui[11] nullus (erat) usquam in publico sipo[12], nulla hama[13], nullum denique instrumentum ad incendia compescenda[14]. Et haec quidem, ut iam praecepi[15], parabuntur. Tu, domine, dispice, an instituendum[16] putes collegium[17] fabrorum dumtaxat[18] hominum CL[19]. Ego attendam, ne quis nisi faber[20] recipiatur. Non erit difficile custodire tam paucos.

(86 Wörter)

Antwort des Kaisers:

Es sei grundsätzlich keine verkehrte Idee, die Bildung einer solchen Feuerwehr zu überlegen.

Sed meminerimus provinciam istam eius modi factionibus[21] esse vexatam. Quodcumque nomen iis dederimus, hetaeriae[22] brevi fient. Satius itaque est comparari ea, quae ad coercendos[23] ignes auxilio esse possint, admonerique dominos praediorum, ut et ipsi inhibeant, ac, si res poposcerit, accursu[24] populi ad hoc[25] uti.

(44 Wörter)

Hilfen: 1 diversus – entlegen | 2 circumire – bereisen | 3 vastus – riesig | 4 opus – Gebäude | 5 Gerisum, Iseum – Gebäude für die Ältesten, Isis-Tempel | 6 absumere – verschlingen, vernichten | 7 spargere – verstreuen, verbreiten | 8 inertia – Untätigkeit | 9 otiosus – untätig | 10 perstare – herumstehen | 11 alioqui – sonst | 12 sipo – Wasserspritze | 13 hama – Haken | 14 compescere – eindämmen | 15 praecipere – vorschreiben | 16 instituere – einrichten | 17 collegium – Gruppe | 18 dumtaxat – höchstens | 19 CL – 150 | 20 faber – Handwerker | 21 factio – Bande | 22 hetaeria – politische Vereinigung | 23 coercere – eindämmen | 24 accursus – Zusammenströmen | 25 ad hoc – dafür

Übersetzung

Während ich einen entfernten Teil der Provinz bereist habe, zerstörte in Nicomedia ein verheerender Brand viele Häuser von Privatpersonen und zwei öffentliche Gebäude (das Gerusium und den Isis-Tempel). Der Brand wurde noch weiter verbreitet durch die Gewalt des Windes, aber auch durch die Untätigkeit der Menschen, von denen fest steht, dass sie träge und als regungslose Zuschauer des so großen Unglücks stehengeblieben sind. Und auch sonst gab es nirgends in der Öffentlichkeit eine Feuerspritze, keinen Haken, kein Werkzeug zur Eindämmung des Brandes. Diese Dinge freilich, wie ich schon vorgeschrieben habe, werden bereitgestellt werden. Du, Herr, schaue, ob du meinst, dass man eine Gruppe von Handwerkern aufstellen soll von bis zu 150 Menschen. Ich werde darauf achten, dass wirklich nur Handwerker aufgenommen werden. Es wird nicht schwierig sein, so wenige zu überwachen.

Aber erinnern wir uns, dass diese Provinz von derartigen Banden gequält wurde. Welche Bezeichnung auch immer wir ihnen gegeben haben, in kurzer Zeit werden daraus politische Gruppierungen werden. Es ist daher mehr als ausreichend, wenn das vorbereitet wird, was zur Eindämmung von Bränden hilfreich sein kann, und dass die Besitzer der Gebäude ermahnt werden, dass sie sich selbst darum kümmern und, wenn die Lage es erfordert, sie das Zusammenströmen des Volkes dazu verwenden.

19. Die Bewachung öffentlicher Gefängnisse

Um die Sicherheit zu erhöhen, will Statthalter Plinius Gefängnisse nicht mehr nur durch Sklaven sondern auch durch Soldaten bewachen lassen. Der Kaiser will seine Soldaten jedoch lieber an der Front sehen.

Plinius schreibt Kaiser Trajan:

Rogo, domine, consilio (tuo) me haesitantem[1] regas, utrum per publicos civitatium[2] servos, quod adhuc[3] factum (est), an per milites adservare[4] custodias[5] debeam. Vereor[6] enim, ne et per publicos parum fideliter[7] custodiantur[8] et non exiguum[9] militum numerum haec cura distringat[10]. Interim paucos milites addidi. Video tamen periculum esse, ne id ipsum utrisque[11] neglegentiae causa sit, dum communem culpam[12] hi in illos, illi in hos regere[13] posse confidunt.

(66 Wörter)

Trajan antwortet seinem Statthalter:

Nihil opus sit[14], mi Secunde carissime, ad continendas custodias5 plures commilitones converti[15]. Perseveremus in ea consuetudine[16], ut (custodiae) per publicos servos custodiantur[8]. Etenim, ut fideliter hoc faciant, in tua severitate ac diligentia positum est. Imprimis enim verendum[6] est, ne – si permisceantur servis publicis milites – mutua[17] inter se fiducia[18] neglegentiores sint; sed et illud haereat[19] nobis, quam paucissimos a signis avocandos esse.

(61 Wörter)

Hilfen: 1 haesitare - zögern | 2 civitas – Stadt | 3 adhuc – bisher | 4 adservare – bewachen | 5 custodiae – Gefängnis | 6 vereri – fürchten | 7 fidelis – treu | 8 custodire – bewachen | 9 exiguus – winzig | 10 distringere – abziehen | 11 uterque – beide | 12 culpa – Schuld | 13 regere – schieben | 14 opus esse – notwendig sein | 15 convertere – abziehen | 16 consuetudo – Gewohnheit | 17 mutuus – wechselseitig | 18 fiducus – vertrauensvoll | 19 haerere – beachten

Übersetzung

Ich bitte dich, Herr, mich Zögernden durch deinen Rat zu leiten, ob ich die Gefängnisse durch öffentliche Sklaven der Städte, wie es bisher geschehen ist, oder durch Soldaten bewachen lassen soll. Denn ich fürchte, dass sie durch die öffentlichen (Sklaven) nicht ebenso gewissenhaft bewacht werden, aber auch, dass diese Verpflichtung eine nicht geringe Zahl von Soldaten in Anspruch nimmt. Inzwischen habe ich einige Soldaten hinzu gegeben. Ich sehe dennoch, dass die Gefahr besteht, dass gerade das für beide ein Grund für Nachlässigkeit ist, wenn die einen die gemeinsame Schuld auf jene schieben und jene darauf vertrauen, sie auf diese schieben zu können.

Es ist nicht notwendig, mein teuerster Secundus, dass zur Bewachung der Gefängnisse mehr Soldaten abgestellt werden. Lass uns bei der Gewohnheit bleiben, dass die Gefängnisse durch die öffentlichen Sklaven bewacht werden. Denn, dass sie das gewissenhaft tun, liegt an deiner Strenge und Sorgfalt. Besonders muss man nämlich fürchten, dass, wenn Soldaten mit öffentlichen Sklaven vermischt werden – sie durch das wechselseitige Vertrauen zu nachlässig sind. Aber auch das mögen wir beachten, dass möglichst wenige von den Feldzeichen weggerufen werden.

20. Das Sündenregister eines Kaisers

Vom Mord bis zur Brandstiftung.

Parricida[1] et caedes a Claudio exorsus est[2]. Cuius necis – etsi non auctor[3] – conscius[4] fuit. Britannicum[5] non minus aemulatione[6] vocis quam metu, ne quando apud hominum gratiam praevaleret[7], veneno[8] aggressus est. Iunxit parricidio matris amitae[9] necem.

Senecam praeceptorem[10] ad necem compulit[11], quamvis saepe commeatum[12] petenti bonisque cedenti persancte[13] iuravisset suspectum se frustra periturumque potius quam nociturum[14] ei. Burro[15] praefecto remedium[16] ad fauces pollicitus[17] toxicum misit. Nullus posthac[18] adhibitus dilectus aut modus interimendi[19] quoscumque libuisset quacumque de causa.

Sed nec populo nec moenibus patriae pepercit[20]. Dicente quodam in sermone communi[21]: Me mortuo terra et ignis misceantur." – Immo", inquit, me vivo!". Plane[22] ita fecit: Incendit urbem. Hoc incendium e turre Maecenatiana[23] prospectans laetusque flammas in illo suo scaenico habitu[24] decantavit.

(117 Wörter)

Hilfen: 1 parricida - Vatermord | 2 exorior – entstehen, beginnen | 3 auctor – Urheber | 4 conscius – Mitwisser | 5 Britannicus – Britannicus, Stiefbruder Neros | 6 aemulatio – Eifersucht | 7 praevalere – mächtiger sein | 8 venenum – Gift | 9 amita – Tante | 10 praeceptor – Lehrer | 11 compelere – treiben | 12 commeatus – Rücktritt | 13 persancte – hoch und heilig | 14 nocere – schaden | 15 Brrus – Burrus, Präfekt der Prätorianerkohorten | 16 remedium – Heilmittel | 17 polliceri – versprechen | 18 posthac – danach | 19 interimere – töten | 20 parcere – schonen | 21 sermo communis – gewöhnliches Gespräch | 22 plane – offensichtlich | 23 turris Maecenatiana – Turm auf dem Palast des Maecenas | 24 scaenicus habitus - Theaterkostüm

Übersetzung

Hochverrat und Mord begannen unter Claudius. Von dessen Tod – wenn er auch nicht der Anstifter war – wusste er zumindest. Britannicus ermordete er mit Gift, nicht weniger aus Eifersucht auf seine Stimme als aus Furcht, dass er ihm einmal in der Gunst der Menschen überlegen sein könne. Mit dem Mord an der Mutter verband er den an der Tante.

Seinen Lehrer Seneca trieb er in den Tod, obwohl er oft um seine Entlassung bat und sein Vermögen abgeben wollte sowie hoch und heilig geschworen hatte, dass er ihn zu Unrecht verdächtige und er eher sterben als ihm schaden wolle. Dem Präfekten Burrus, dem er ein Medikament für seinen Rachen versprochen hatte, schickte er Gift. Danach gab es keine Auswahl und kein Maß beim Morden mehr und er tötete wen er wollte aus jedem beliebigen Grund.

Aber das Volk verschonte er ebenso wenig wie die Mauern seiner Vaterstadt. Als jemand einmal in einem alltäglichen Gespräch sagte: „Wenn ich gestorben bin, sollen sich Erde und Feuer vermischen.“, sagte er: „Freilich noch zu meinen Lebzeiten!“ Tatsächlich machte er es so: Er zündete die Stadt an. Diesen Brand beobachtete er vom Turm des Maecenas-Palastes aus und glücklich besang er die Flammen in seinem Theaterkostüm.

21. De Nioba

Niobae, reginae[2] Thebarum[3], sex[4] filii sexque filiae erant. Haec aliquando feminas Thebanas[5] Latonam[6] deam in templo adorare[7] audivit. Illam ipsam liberosque eius, Apollinem[8] et Dianam[9], carminibus variis pulchrisque laudibus extulerunt. Nioba hoc moleste tulit[10], quod sibi ipsi non eosdem honores obtulerunt. Invidia et audacia[11] impulsa eundem honorem etiam sibi poposcit: Quis vestrum negare potest me isti deae numero liberorum longe praestare? Itaque vos reginam[2] vestram non iam neglegere[12] et mihi eosdem honores praebere iubeo." Quibus verbis dictis regina[2] superba[13] discessit. Tantam sibi illatam iniuriam, quod femina mortalis maiores[14] honores quam dea posceret, Latona dea ferre noluit. Apollo[8] et Diana[9] a matre auxilio vocati cunctos Niobae liberos telis suis interfecerunt. Nioba ipsa in saxum mutata est. Ita superbia[15] eius punita[16] est.

(114 Wörter)

Hilfen: 1 Nioba: mythische Königin von Theben | 2 regina - Königin | 3 Thebae, arum - Theben | 4 sex - sechs | 5 Thebanus – thebanisch | 6 Latona: Göttin, Mutter von Apollo und Diana | 7 adorare - anbeten, verehren 8 Apollo: Gott des Lichts, der Weissagung, Poesie, Heilkunde | 9 Diana: Göttin der Jagd, der Geburt und des Mondes | 10 moleste ferre - etwas übel nehmen, sich ärgern über | 11 audacia - Kühnheit, Frechheit | 12 neglegere - nicht beachten, übergehen | 13 superbus - übermütig, hochmütig | 14 maior - größer | 15 superbia: Substantiv zu superbus | 16 punire - bestrafen

Übersetzung

Niobe

Niobe, die Königin von Theben, hatte sechs Söhne und sechs Töchter. Sie hörte einst, wie die Frauen von Theben die Göttin Latona in ihrem Tempel anbeteten. Sie priesen sie selbst und ihre Kinder Apollo und Diana mit verschiedenen schönen Gesängen. Niobe ärgerte sich darüber, weil sie ihr selbst nicht dieselben Ehren entgegenbrachten. Von Neid und Kühnheit getrieben forderte sie dieselbe Ehre auch für sich. „Wer von euch kann abstreiten, dass ich diese Göttin da an Kinderzahl weit übertreffe. Deshalb fordere ich euch auf, eure Königin nicht mehr zu übergehen und mir dieselben Ehren zu gewähren.“ Nach diesen Worten ging die hochmütige Königin fort. Die Göttin Latona wollte das so schwere Unrecht, das ihr zugefügt worden war, dass nämlich eine sterbliche Frau größere Ehre forderte als eine Göttin, nicht ertragen. Apollo und Diana, von ihrer Mutter zur Hilfe gerufen, töteten alle Kinder Niobes mit ihren Pfeilen. Niobe selbst wurde in einen Stein verwandelt. So wurde ihr Hochmut bestraft.

22. De Orpheo

Fuit olim in Graecia poeta[2] et cantor[3] clarus nomine Orpheus. Qui arte canendi et egregio lyrae[4] sono[5] animos non solum[6] omnium hominum, sed etiam bestiarum[7] ferarum delectabat. Quin etiam[8] arbores et saxa, cum ille canebat, loco movisse et Orpheo appropinquavisset[9] dicuntur. Amabat ille Eurydicem[10], virginem pulcherrimam, et ab ea amabatur. Quam ubi in matrimonium duxit[11], dei amantibus fortunam gravem paraverunt. Paulo post nuptias[12] Eurydice, dum cum amicis in campis ambulat[13] et ludit, dente serpentis[14] laesa mortua est. Morte uxoris in terra satis defleta[15] Orpheus ingenti desiderio[16] uxoris adductus in Orcum[17], sedem mortuorum[18], descendit[19] sperans se carminibus suis misericordiam[20] deorum inferorum[21] moturum atque uxorem ad solis lucem reducturum esse. Terrebant eum in regnum horribile[22] mortuorum[18] invadentem[23] et aspectus[24] et voces animalium saevorum ibi viventium et aditum[25] custodientium[26], sed ad lyram[4] canens ea monstra[27] pacavit[28]. Plutonem Proserpinamque, regem et reginam[29] Orci[17], adiit atque imploravit[30]: Crudeles[31] estis, dei. Cur hominibus mortalibus vitam tam brevem ante tempus invidentes[32] aufertis? Omnes homines post mortem semper sub imperio vestro esse debemus. Date mihi uxorique meae breve tantum tempus communiter in terris vivendi!“ Et reddiderunt ei uxorem propter artem canendi et fortitudinem[33] eius, ea quidem lege[34], ne respiceret in ascendendo[35] ad terram. Ille autem desiderio[16] et cura uxoris adductus paulo, antequam Orcum[17] relinquerent, se ad uxorem convertit atque sic eam iterum amisit.

(218 Wörter)

Hilfen: 1 Orpheus: mythischer Sänger und Dichter | 2 poeta - Dichter | 3 cantor - Sänger | 4 lyra - Lyra, Leier, Laute | 5 sonus – Klang | 6 non solum ... sed etiam - nicht nur ... sondern auch | 7 bestia - (wildes) Tier | 8 quin etiam - ja sogar | 9 appropinquare - sich nähern | 10 Eurydice: Frau des Orpheus | 11 in matrimonium ducere - heiraten | 12 nuptiae - Hochzeit(sfeiern) | 13 ambulare - spazieren gehen | 14 serpens - Schlange | 15 deflere - beweinen, betrauern | 16 desiderium - Sehnsucht | 17 Orcus - Unterwelt | 18 mortuus – tot | 19 descendere - hinabsteigen | 20 misericordia - Mitleid | 21 inferus - unterirdisch, Unterwelt- |

22 horribilis – schrecklich | 23 invadere - eindringen, betreten | 24 aspectus - Anblick | 25 aditus - Zugang, Eingang | 26 custodire – bewachen | 27 monstrum - Untier, Monster | 28 pacare - besänftigen | 29 regina - Königin | 30 implorare - anflehen | 31 crudelis – grausam | 32 invidere - (be)neiden | 33 fortitudo: Substantiv zu fortis | 34 lex - Gesetz, Bedingung, Auflage | 35 ascendere - hinaufsteigen

Übersetzung

Orpheus

Einst lebte ein berühmter Dichter und Sänger namens Orpheus in Griechenland. Dieser erfreute mit seiner Sangeskunst und dem hervorragenden Klang seiner Lyra nicht nur alle Menschen, sondern auch die wilden Tiere. Ja sogar Bäume und Felsen sollen sich von ihrem Platz bewegt und sich Orpheus genähert haben, wenn er sang. Orpheus liebte Eurydike, eine junge Frau von außerordentlicher Schönheit, und wurde von ihr geliebt. Als er sie geheiratet hatte, bereiteten die Götter den Liebenden ein schweres Los. Während Eurydike kurz nach der Hochzeit mit ihren Freundinnen durch die Felder spazierte und spielte, wurde sie von einem Schlangenbiss verletzt und starb. Als Orpheus den Tod seiner Frau auf der Erde genug beweint hatte, stieg er - von unbändiger Sehnsucht nach seiner Frau getrieben - in die Unterwelt hinab, den Wohnsitz der Toten, in der Hoffnung, er könne mit seinen Liedern das Mitleid der Unterweltgötter erregen und seine Frau ans Licht der Sonne zurückbringen. Als er in das schreckliche Reich der Toten eindrang, schreckten ihn Anblick und Stimmen wilder Tiere, die dort lebten und den Eingang bewachten, aber zur Lyra singend beruhigte er diese Monster. Er wandte sich an Pluto und Proserpina, König und Königin der Unterwelt, und flehte sie an: „Grausam seid ihr, Götter. Warum nehmt ihr den sterblichen Menschen vorzeitig aus Neid ihr kurzes Leben? Wir Menschen müssen alle nach dem Tod für immer unter eurer Herrschaft leben. Gebt mir und meiner Frau nur eine kurze Zeit gemeinsamen Lebens auf Erden!" Und wirklich gaben sie ihm wegen seines Gesangs und seines Mutes seine Frau zurück, jedoch mit der Bedingung, dass er beim Aufstieg zur Erde nicht zurückblicke. Aber kurz bevor sie die Unterwelt verließen, wandte er sich aus Sehnsucht nach seiner Frau und aus Sorge sie um und verlor sie so noch einmal.

23. Caesar Rhenum transit

Caesar plurimis[1] Galliae civitatibus victis etiam Germanis bellum inferre in animo habuit, quod illi iterum iterumque Rhenum transierant Gallisque auxilium tulerant. De bono belli eventu[2] minime[3] dubitans cum minore[4] exercitu Rhenum flumen transire constituit, ut hostes populi Romani graviter puniret[5]. Germani autem, cum confiderent[6] Romanos aut flumen numquam transituros aut turpiter in fluctibus eius interituros[7] esse, exercitum Romanorum non timebant. Caesar flumen navibus transire neque satis tutum[8] esse arbitrabatur neque maiestate[9] populi Romani dignum. Itaque, etiamsi difficillimum erat pontem[10] facere propter latitudinem[11], altitudinem, celeritatem[12] fluminis, tamen pontem firmum[13] in Rheno fieri iussit. Quo ponte decem[14] diebus confecto[15] omnem exercitum celerius[16], quam Germani exspectaverant, flumen traduxit[17]. Germani statim suos suaque omnia in silvas densas[18] abdiderunt[19], quod viribus[20] suis non confisi[6] aciem contra Romanos instruere[21] non audebant[22]. Caesar, quod neque Germanos invenire neque cum eis pugnare potuit, agris vastatis[23], frumento[24] deleto[25], vicis[26] incensis[27] trans[28] Rhenum flumen revertit et pontem deleri[25] iussit. Milites se integros e terra incognita[29] revertisse gavisi sunt. Caesar autem se satis ad laudem et utilitatem[30] populi Romani effecisse et Germanis potestatem populi Romani demonstravisse[31] existimavit; eos vidisse Romanos Rhenum celeriter[16] transire posse ad hostes puniendos[5].

(188 Wörter)

Hilfen: 1 plurimi - die meisten | 2 eventus - Ausgang | 3 minime - keineswegs | 4 minor - kleiner | 5 punire – bestrafen | 6 confidere, confido confisus sum - vertrauen | 7 interire - umkommen | 8 tutus – sicher | 9 maiestas - Würde | 10 pons - Brücke | 11 latitudo - Breite | 12 celeritas - Schnelligkeit | 13 firmus - fest | 14 decem - zehn | 15 conficere - fertigstellen | 16 celer,-is,-e - schnell | 17 traducere - hinüberführen | 18 densus - dicht | 19 abdere - verstecken | 20 vires: Plural zu vis | 21 instruere - bauen, errichten | 22 audere - wagen | 23 vastare - verwüsten | 24 frumentum - Getreide | 25 delere - zerstören, vernichten | 26 vicus - Dorf | 27 incendere - anzünden, verbrennen | 28 trans + Akk. - über | 29 incognitus – unbekannt | 30 utilitas - Nutzen, Vorteil | 31 demonstrare - zeigen

Übersetzung

Cäsar überquert den Rhein

Als Cäsar die meisten Stämme Galliens besiegt hatte, wollte er auch die Germanen angreifen, weil diese immer wieder den Rhein überschritten und den Galliern Hilfe gebracht hatten. Ohne den geringsten Zweifel am guten Ausgang des Krieges beschloss er, mit einem kleineren Heer den Rhein zu überschreiten, um die Feinde des römischen Volkes hart zu bestrafen. Weil die Germanen aber darauf vertrauten, dass die Römer den Fluss entweder niemals überschreiten oder elend in seinen Fluten umkommen würden, fürchteten sie das römische Heer nicht. Cäsar hielt es weder für sicher genug, den Fluss mit Schiffen zu überqueren, noch für der Würde des römischen Volkes angemessen. Obwohl ein Brückenbau wegen der Breite, Tiefe und schnellen Strömung des Flusses sehr schwierig war, befahl er daher doch, eine Brücke über den Rhein zu bauen. Als diese Brücke in zehn Tagen fertiggestellt war, führte er das ganze Heer schneller, als die Germanen erwartet hatten, über den Fluss. Die Germanen versteckten sofort ihre Leute und ihren gesamten Besitz in den dichten Wäldern, weil sie ihren Kräften nicht trauten und es nicht wagten, ein Heer gegen die Römer aufzustellen. Weil Cäsar weder die Germanen finden noch mit ihnen kämpfen konnte, verwüstete er ihre Äcker, vernichtete die Getreidevorräte, verbrannte ihre Dörfer, kehrte über den Rhein zurück und ließ die Brücke abreißen. Die Soldaten freuten sich, heil aus dem unbekannten Land zurückgekehrt zu sein. Cäsar aber meinte, genug zum Ruhm und Nutzen des römischen Volkes bewirkt und den Germanen die Macht des römischen Volkes demonstriert zu haben; sie hätten gesehen, dass die Römer den Rhein schnell überqueren könnten, um ihre Feinde zu bestrafen.

24. De Gygis anulo

Herodotus rerum scriptor[3] fabulam[4] claram de Gyge, pastore[5] regis Lydiae[6], refert. Aliquando ille gregem per agros duxit, cum imbres graves terram aquis impleverunt. Tempestate finita[7] Gyges medio in campo specum[8] adhuc sibi ignotum conspexit, quem imbres aperuerant. Statim recessit[9] ingenti timore adductus. Deinde audax[10] cupiditate videndi rursus ad specum[8] adire ausus[11] est. In terram apertam descendit[12] atque illic abditum[13] equum aeneum[14] - ut fabula[4] fert - vidit, cuius in latere porta erat. Qua aperta corpus hominis mortui15 magnitudine numquam ante visa invenit anulumque[2] aureum in digito eius. Quem ubi detraxit, ipse induit[16], specum[8] reliquit et ad manum pastorum[5] aliorum se recepit[17]. Nemini quicquam de miro eventu[18] rettulit. Paulo post anulo[2] forte converso neminem se videre posse, se ipsum autem omnia videre cognovit. Anulo[2] in locum priorem converso iterum videbatur. Hoc omen[19] deorum immortalium esse et hanc occasionem[20] non omittendam esse arbitratus pastor[5] miser non iam esse voluit. Quin etiam[21] regem Lydiae se fore[22] speravit. Itaque regem, dominum[23] suum, e medio tollere[24] cunctatus[25] non est, quod in hoc scelere videri non potuit. Deinde etiam regno eius potitus[26] auxilio anuli[2] rex Lydiae factus est. Primo scelere commisso etiam alios, quos sibi obesse[27] posse arbitrabatur, aggressus[28] est.

Tandem reginam[29] in matrimonium duxit[30] multosque annos rex Lydiae mansit.

(207 Wörter)

Hilfen: 1 Gyges, Gygis - Gyges (König von Lydien um 700 v. Chr.) | 2 anulus - Ring | 3 Herodotus rerum scriptor - der Historiker Herodot | 4 fabula - Geschichte, Erzählung | 5 pastor - Hirt | 6 Lydia - Lydien (Landschaft in der Mitte der Westküste Kleinasiens, Hauptstadt: Sardes) | 7 finire - beenden | 8 specus - Höhle, Schacht | 9 recedere - zurückweichen | 10 audax - kühn | 11 audere, audeo ausus sum - wagen | 12 descendere - hinabsteigen | 13 abdere - verbergen | 14 aeneus - ehern, aus Erz | 15 mortuus - tot | 16 induere - anziehen, überstreifen | 17 se recipere - sich zurückziehen | 18 eventus - Ereignis | 19 omen - Vorzeichen, Zeichen, Wink | 20 occasio - Gelegenheit, Chance | 21 quin etiam - ja sogar | 22 fore = futurum esse | 23 dominus - Herr | 24 e medio tollere - beseitigen | 25 cunctari – zögern | 26 potiri + Abl. - sich bemächtigen | 27 obesse - im Wege stehen | 28 aggredi - angreifen | 29 regina - Königin | 30 in matrimonium ducere - heiraten

Übersetzung

Der Ring des Gyges

Der Geschichtsschreiber Herodot erzählt die berühmte Geschichte des Gyges, eines Hirten des Königs von Lydien. Dieser führte einst seine Herde über die Felder, als plötzlich schwere Regenfälle die Erde mit Wassermassen überschwemmten. Nach dem Ende des Unwetters erblickte Gyges mitten auf einem Feld eine Höhle, die der Regen freigespült hatte und die ihm bisher unbekannt war. Von ungeheurer Furcht erfasst, wich er sofort zurück. Dann - kühn geworden durch die Neugier, etwas zu sehen - wagte er wieder, an die Höhle heranzugehen. Er stieg in die Erdöffnung hinab und sah - wie die Sage berichtet - ein dort verstecktes ehernes Pferd, in dessen Seite eine Tür war. Er öffnete sie und fand die Leiche eines Menschen von vorher nie gesehener Größe und einen goldenen Ring an dessen Finger. Als er ihn abgezogen hatte, streifte er ihn selbst über, verließ die Höhle und zog sich zur Schar der anderen Hirten zurück. Niemandem erzählte er etwas von dem wundersamen Ereignis. Als er kurz darauf zufällig den Ring drehte, merkte er, dass niemand ihn sehen konnte, er selbst aber alles. Als er den Ring in die vorherige Stellung zurückdrehte, konnte man ihn wieder sehen. Er glaubte, dass das ein Vorzeichen der unsterblichen Götter sei und dass er diese Chance nicht ungenutzt lassen dürfe, und wollte nicht mehr ein armer Hirte sein. Ja er hoffte sogar, König von Lydien zu werden. Daher zögerte er nicht, den König, seinen Herrn, aus dem Wege zu räumen, weil er bei diesem Verbrechen nicht gesehen werden konnte. Danach bemächtigte er sich auch seines Königreiches und wurde mit Hilfe des Rings zum König von Lydien. Nachdem er das erste Verbrechen begangen hatte, griff er auch andere an, von denen er annahm, dass sie ihm hinderlich sein könnten. Schließlich heiratete er die Königin und blieb viele Jahre König von Lydien.

25. De astronautis

Homines iam diu terram nostram relinquere et ad stellas[2] navigare[3] cupiverunt. Nostro saeculo astronautae primum usque ad lunam[4] progredi[5] conati[6] sunt. Navibus astronauticis[7] celeribus[8] exstructis[9] et multis iam hominibus in magnam altitudinem missis tandem consilium captum est tres viros, quorum patria est America, in capsulam[10] clausos ad lunam[4] mittere, ut eam explorarent[11]. Dux eorum iter ad lunam[4] longum et plenum periculorum fore[12] arbitratus haec fere verba locutus est: Nolite cunctari[13], commilitones[14] fortes! In mundum novum invadentes[15] multis hominibus nationibusque[16] invidiae erimus. Nos multas res ante numquam visas conspecturos atque mox tutos[17] ad terram redituros esse constat. Amicos in terra relictos nobis adfuturos esse, si navis detrimentum[18] capiat, certe scio. Proficiscamur!" Ea verba locutus dux navem astronauticam[7] cum commilitonibus[14] intravit. Signo proficiscendi dato terram reliquerunt et quasdam dies in itinere erant. Postquam ad lunam venerunt, uno viro capsulam[10] circum lunam[4] regente duo socii eam reliquerunt: Primi homines lunam4 intraverunt. Imaginibus a luna[4] ad terram missis videri potuit, quid in luna[4] facerent. Multas horas ibi versati[19] et ea parte lunae[4], in quam venerant, explorata[12] multisque laboribus confectis[20] et lapidibus collatis, quos ad terram referre iussi erant, laeti ad capsulam[10] et deinde ad terram redierunt. Incolae[21] terrae eos revertisse magno cum gaudio audiverunt. Uno anno post consilium captum est iterum alios astronautas[1] ad lunam[4] mittere, qui regionem lunae[4] adhuc non ab hominibus aut visam aut exploratam[12] visitarent[22].

(226 Wörter)

Hilfen: 1 astronauta - Astronaut, Raumfahrer | 2 stella - Stern | 3 navigare - (mit dem Schiff) fahren | 4 luna - Mond | 5 progredi - (weiter) kommen | 6 conari - versuchen | 7 astronauticus: Adjektiv zu astronauta | 8 celer - schnell | 9 exstruere - bauen | 10 capsula - Kapsel | 11 explorare - erkunden | 12 fore = futurum esse | 13 cunctari - zögern | 14 commilito - Mitstreiter, Kollege | 15 invadere - eindringen, vordringen | 16 natio - Nation, Volk | 17 tutus - sicher | 18 detrimentum - Schaden, Panne | 19 versari - sich aufhalten | 20 conficere - beendigen, erledigen | 21 incola - Bewohner | 22 visitare - besuchen

Übersetzung

Astronauten

Die Menschen wollten schon lange unsere Erde verlassen und zu den Sternen fliegen. In unserem Zeitalter wagten Astronauten es erstmals, bis zum Mond vorzudringen. Nachdem schnelle Raumschiffe gebaut und schon viele Menschen in große Höhen geschickt worden waren, beschloss man schließlich, drei Männer, deren Heimat Amerika ist, in eine Kapsel eingeschlossen zum Mond zu schicken, um ihn zu erkunden. Deren Kommandeur glaubte, dass der Weg zum Mond lang und voller Gefahren sei und sprach etwa folgende Worte: „Zögert nicht, tapfere Mitstreiter! Weil wir in eine neue Welt vordringen, werden uns viele Menschen und Völker beneiden. Es ist klar, dass wir bisher nie gesehene Dinge sehen und bald sicher zur Erde zurückkehren werden. Ich weiß mit Sicherheit, dass unsere Freunde, die wir auf der Erde zurücklassen, uns helfen werden, wenn unser Schiff eine Panne erleidet. Lasst uns aufbrechen!“ Nach diesen Worten bestieg der Kommandeur mit seinen Kollegen das Raumschiff. Nach gegebenem Startzeichen verließen sie die Erde und waren einige Tage unterwegs. Nachdem sie den Mond erreicht hatten, lenkte ein Mann die Kapsel um den Mond und seine zwei Kollegen verließen sie: Als erste Menschen betraten sie den Mond. Durch Bilder, die vom Mond zur Erde gesendet wurden, konnte man sehen, was sie auf dem Mond taten. Nachdem sie dort viele Stunden verweilt, den Mondbereich, in dem sie gelandet waren, erkundet, viele Arbeiten erledigt und Steine gesammelt hatten, die zur Erde zu bringen sie beauftragt waren, kehrten sie froh zur Kapsel und dann zur Erde zurück. Die Bewohner der Erde hörten mit großer Freude, dass sie zurückgekehrt seien. Ein Jahr später fasste man den Entschluss, wieder andere Astronauten zum Mond zu schicken, die einen Mondbereich besuchen sollten, der bisher von Menschen weder gesehen noch erkundet worden war.

26. De Arione poeta et cantore

Temporibus antiquis[4] in litore Graeciae monumentum[5] erat delphini hominem ferentis. Fama causam huius monumenti[5] erigendi[6] refert: Arionem poetam a delphino e periculo servatum ad hoc litus allatum esse.

Initium eventus[7] miri hoc est: Arion, poeta[1] clarus et cantor[3], olim per Italiam Siciliamque migrans[8] incolas[9] carminibus suis delectabat. Qui artem eius mirantes eaque moti multis donis gratias poetae agebant[10]. Tandem Arion desiderio[11] patriae captus et multis honoribus affectus[12] navem Graecam conscendit[13], ut domum navigaret[14]. Omnia dona egregia secum tulit. In navigando[14] nautae[15] divitias poetae[2] conspexerunt atque consilium hominem interficiendi atque dona pulchra rapiendi ceperunt. Arion, ubi consilium malum animadvertit[16], frustra nautis[15] aurum suum pro vita offerebat. Preces eius nihil profuerunt. Tandem miser petivit: Me carmen ultimum canere sinite!“ Quo carmine pulchro delphinus advocatus[17] est. Arion, postquam carmen confecit[18] et in aquam se deiecit, a delphino sublatus et in litus Graeciae prope Corinthum[19] portatus[20] est. Inde Arion se ad regem Corinthi[19], amici sui, contulit[21]. Paucis diebus post etiam nautae[15] in portum Corinthi[19] venerunt. Regi quaerenti, ubi poetam reliquissent, Arionnem se nescire responderunt. Quo responso[22] iratus ille eos severe[23] punivit[24].

(182 Wörter)

Hilfen: 1 Arion: Dichter und Sänger der griechischen Mythologie | 2 poeta - Dichter | 3 cantor – Sänger | 4 antiquus – alt | 5 monumentum - Denkmal | 6 erigere - errichten, (er)bauen | 7 eventus, us – Ereignis | 8 migrare - wandern | 9 incola - Einwohner | 10 gratias agere - danken | 11 desiderium - Sehnsucht | 12 afficere + Abl. - versehen mit | 13 conscendere - besteigen | 14 navigare - segeln | 15 nauta - Seemann | 16 animadvertere - bemerken | 17 advocare - herbeirufen | 18 conficere - beenden | 19 Corinthus - Korinth | 20 portare - tragen, bringen | 21 se conferre - sich begeben | 22 responsum - Antwort | 23 severus - streng | 24 punire - bestrafen

Übersetzung

Der Dichter und Sänger Arion

In alten Zeiten stand am Strande Griechenlands das Denkmal eines Delphins, der einen Menschen trug. Eine Sage nennt den Grund für die Errichtung dieses Denkmals: Der Dichter Arion sei von dem Delphin aus der Gefahr gerettet und ans Ufer getragen worden. Der Beginn dieser wunderbaren Geschichte ist folgender: Arion, ein berühmter Dichter und Sänger, wanderte einst durch Italien und Sizilien und erfreute die Einwohner mit seinen Liedern. Diese bewunderten seine Kunst, wurden von ihr gerührt und dankten dem Dichter mit vielen Geschenken. Schließlich wurde Arion von Heimweh erfasst und bestieg - mit vielen Ehrungen versehen - ein griechisches Schiff, um nach Hause zu segeln. Alle herrlichen Geschenke trug er bei sich. Während der Schiffsreise erblickten die Seeleute die Reichtümer des Dichters und beschlossen, den Mann zu töten und seine schönen Geschenke zu rauben. Als Arion die böse Absicht erkannte, bot er den Seeleuten vergeblich sein Gold für sein Leben an. Seine Bitten halfen nichts. Schließlich bat er unglücklich: „Lasst mich ein letztes Lied singen!“ Durch dies schöne Lied wurde ein Delphin herbeigerufen. Nachdem Arion das Lied beendet und sich ins Meer gestürtzt hatte, wurde er vom Delphin aufgenommen und an die Küste Griechenlands nahe bei Korinth getragen. Von dort begab sich Arion zum König von Korinth, seinem Freund. Einige Tage später kamen auch die Seeleute in den Hafen von Korinth. Dem König sagten sie auf seine Frage, wo sie den Dichter gelassen hätten, dass sie Arion nicht kennen würden. Über diese Antwort erzürnt, bestrafte jener sie hart.

27. De itinere Iasonis

Aeson[2] a fratre perfide[3] et contra ius regno privatus[4] et turpiter e regno expulsus[5] Iasonem[1] filium parvum secum habuit et servavit. Iason, postquam patre mortuo adolevit[6], uno pede vestitus[7], altero nudo incognitus[8] in patriam rediit, ut regnum a patruo[9] posceret. Ille oraculo[10] monitus signo praedicto[11] iuvenem cognovit. Neque eum interficere ausus[12] est neque eum participem[13] regni esse voluit. Itaque Iasonem[1] vellus[14] aureum Colchis[15] eripere iussit sperans eum in hoc itinere periculosissimo[16] interiturum[17] esse. Qui hoc labore libenter[18] suscepto[19] quinquaginta[20] viros fortissimos coegit. Tum usus prima navi, Argo[1] nomine, quae consilio Minervae[21] exstructa[22] erat, per maria ignota profectus est, ut vellus[14] arcesseret[23]. Itinere difficillimo post longum tempus confecto[24] atque omnibus periculis superatis Argonauti[25] regem Colchorum[15] adierunt, quod eo invito vellus[14] capi non posse credebatur. Ille audaciam[26] quidem Graecorum miratus est, sed Argonautis adesse noluit, quod iram deorum timuit, quibus id vellus[14] sanctum erat. Voce acri eos silvam sacram intrare et vellus[14] diutius quaerere vetuit. Cum autem se Graecos terrere non posse animadvertit[27], duos labores gravissimos eis solvendos dedit, antequam vellus[14] eis daret. Quos labores Iason[1] praeter opinionem[28] perfecit Medea[29], regis filia, iuvante. Deinde Argonautae facultate[30] data vellus[14] aureum invenerunt atque rapuerunt et cum Medea[29] fugerunt. Iason[1] integer in patriam rediit, ubi Medeam[29] in matrimonium duxit[30], qua iuvante patruum[9] ultus[31] est et regnum suscepit[18].

(214 Wörter)

Hilfen: 1 Iason - Jason (Sohn des Königs Aeson von Jolkos, einer der Argonauten) | 2 Aeson: Vater des Jason | 3 perfidus – arglistig | 4 privare - berauben | 5 expellere - vertreiben | 6 adolescere - heranwachsen | 7 vestire - bekleiden | 8 incognitus – unerkannt | 9 patruus - Onkel | 10 oraculum - Orakel | 11 praedicere - ankündigen | 12 audere, audeo, ausus sum - wagen | 13 particeps – Teilhaber | 14 vellus, velleris n. -Vlies (Fell eines Schafs) | 15 Colchi - Kolcher (Bewohner des Landes Kolchis im Südosten des Schwarzen Meeres) | 16 periculosus - gefährlich | 17 interire - umkommen | 18 libenter - gern | 19 suscipere - auf sich nehmen, unternehmen, übernehmen | 20 quinquaginta - 50 | 21 Minerva: Göttin der Kunst, des Handwerks und der Wissenschaft | 22 exstruere - (er)bauen, errichten | 23 arcessere - (herbei)holen | 24 conficere - beenden | 25 Argonauti - die Argonauten (die 50 Männer, die mit der Argo fuhren) | 26 audacia - Kühnheit | 27 animadvertere - bemerken | 28 praeter opinionem - wider Erwarten | 29 Medea: Königstochter in Kolchis | 30 in matrimonium ducere - heiraten | 31 ulcisici + Akk. - sich rächen an

Übersetzung

Die Reise des Jason

Aeson wurde von seinem Bruder arglistig und widerrechtlich seiner Königsherrschaft beraubt und mit Schande aus dem Reich vertrieben. Jason, seinen kleinen Sohn, hatte er bei sich und rettete ihn. Als Jason nach dem Tode seines Vaters herangewachsen war, kehrte er unerkannt in seine Heimat zurück, um die Herrschaft von seinem Onkel zu fordern - an einem Fuß mit Schuh, am anderen barfuß. Vom Orakel gewarnt, erkannte der den jungen Mann an dem geweissagten Zeichen. Weder wagte er, ihn zu töten, noch wollte er, dass er an der Herrschaft beteiligt sei. Daher befahl er Jason, den Kolchern das goldene Vlies zu rauben, in der Hoffnung, dass er auf dieser sehr gefährlichen Reise umkommen werde. Der übernahm diese Arbeit gern und sammelte 50 Helden. Dann benutzte er das erste Schiff, namens Argo, das mit dem Rat der Minerva erbaut worden war, und fuhr damit über unbekannte Meere, um das Vlies zu holen. Als die sehr schwierige Reise nach langer Zeit geschafft und alle Gefahren überwunden waren, wandten sich die Argonauten an den König der Kolcher, weil man glaubte, dass man das Vlies nicht gegen seinen Willen bekommen könne. Dieser bewunderte zwar die Kühnheit der Griechen, wollte den Argonauten aber nicht helfen, da er den Zorn der Götter fürchtete, denen dies Vlies heilig war. In scharfem Tone verbot er ihnen, den heiligen Wald zu betreten und noch länger nach dem Vlies zu suchen. Als er aber erkannte, dass er die Griechen nicht abschrecken konnte, gab er ihnen zwei sehr schwere Arbeiten zur Lösung auf, bevor er ihnen das Vlies gäbe. Diese Aufgaben löste Jason wider Erwarten mit Hilfe der Königstochter Medea. Darauf fanden die Argonauten bei sich bietender

Gelegenheit das goldene Vlies, raubten es und flohen mit Medea. Jason kam unversehrt in seine Heimat, wo er Medea heiratete, mit deren Hilfe er sich an seinem Onkel rächte und die Herrschaft übernahm.

28. De prima electione pulcherrimae

Olim omnes dei deaeque Iove[2] auctore in Olympum[3] se contulerunt4 celebrandi causa[5]. Eris[6] sola invitata[7] non est, quod ea praesente discordiae[8] oriri solebant. Quae tamen venit atque malum[9] aureum inter convivas[10] laete celebrantes[5] iactavit, in quo pulcherrimae scriptum erat. Tumultus[11] ingens ortus esse dicitur. Nam omnes deae illud malum tollere cupiverunt. Tandem Iuno, Minerva Venusque Iovem adierunt, ut decerneret, cui illud malum dandum esset. Sed ille iram earum, quae malum non adipiscerentur[12], metuens eas ad Alexandrum[13] misit, filium regis Troiae, quod controversiam[14] earum iudicio eius quam suo finiri[15] maluit. Deae Alexandrum prope Troiam invenerunt et dona egregia proponentes[16] eum corrumpere[17] conatae[18] sunt. Tanden ille Veneri malum aureum tradidit, quae se ei pulcherrimam feminam totius orbis terrarum daturam esse pollicita[19] erat. Iuno et Minerva irae plenae abierunt. Auxilio Veneris Alexander vel Paris Helenam, uxorem regis Graeci, rapuit et cum ea in patriam revertit. Graeci irati bellum contra Troiam paraverunt, in quo Venus Troianis favit[20], sed Iuno Minervaque Graecis, qui Troiam decem[21] annis post expugnaverunt[22] atque deleverunt[23]. Helenam in patriam reduxerunt.

(173 Wörter)

Hilfen: 1 electio - Wahl | 2 Iupiter, Iovis - Jupiter (Göttervater der Olympier) | 3 Olympus - Olymp (Berg, Götterwohnsitz) | 4 se conferre - sich begeben | 5 celebrandi causa - des Feierns wegen, um zu feiern | 6 Eris: Göttin der Zwietracht | 7 invitare - einladen | 8 discordia - Streit(igkeit) | 9 malum - Apfel | 10 conviva - Gast | 11 tumultus - Aufruhr | 12 adipisci - bekommen | 13 Alexander (= Paris): Sohn des Königs von Troja | 14 controversia - Streit | 15 finire - beenden | 16 proponere - in Aussicht stellen | 17 corrumpere - bestechen | 18 conari - versuchen | 19 polliceri - versprechen | 20 favere + Dat. - begünstigen | 21 decem - zehn | 22 expugnare - erobern | 23 delere - zerstören

Übersetzung

Die erste Wahl der Schönsten (die erste Miss-Wahl)

Einst begaben sich alle Götter und Göttinen auf Einladung Jupiters in den Olymp, um zu feiern. Eris allein wurde nicht eingeladen, weil in ihrer Anwesenheit gewöhnlich Streit ausbrach. Sie kam trotzdem und warf unter die fröhlich Feiernden einen goldenen Apfel, auf dem geschrieben stand: „Für die Schönste". Es soll ein ungeheurer Aufruhr entstanden sein. Denn alle Göttinen wollten diesen Apfel aufheben. Schließlich gingen Juno, Minerva und Venus zu Jupiter, damit er entscheide, wem dieser Apfel zu geben sei. Er aber fürchtete den Zorn derer, die den Apfel nicht bekommen würden, und schickte sie zu Alexander, dem Sohn des Königs von Troja, weil er ihren Streit lieber durch dessen Urteil als sein eigenes beendet wissen wollte. Die Göttinnen fanden Alexander in der Nähe von Troja und versuchten, ihn zu bestechen, indem sie ihm herrliche Geschenke versprachen. Schließlich gab er Venus den goldenen Apfel, die versprochen hatte, ihm die schönste Frau der ganzen Welt zu geben. Juno und Minerva gingen voll Zorn fort. Mit Hilfe der Venus raubte Alexander bzw. Paris Helena, die Frau eines griechischen Königs, und kehrte mit ihr in seine Heimat zurück. Die Griechen rüsteten empört zum Krieg gegen Troja, in dem Venus die Trojaner begünstigte, Juno und Minerva aber die Griechen, die Troja nach zehn Jahren eroberten und zerstörten. Helena brachten sie nach Griechenland zurück.

29. De laboribus Herculis

Herculi a Iunone[1] dea impositum erat Eurystheo[2] regi servire[3] et duodecim[4] labores sub imperio eius perficere. Decem[5] iam laboribus finitis[6] Eurystheus eum mala[7] Hesperidum[8] afferre iussit. Hesperides ultimo in occidente[9] mala aurea pulcherrimo in horto[10] de arbore sacra pendentia custodire[11] fama erat. Neminem mortalium eo profectum adhuc revertisse referebant. In ea regione etiam Atlas[12], filius Titani, habitare[13] dicebatur. Ille iussu[14] Iovis[15] caelum umeris[16] ferre coactus est. Quem Hercules adiit, ut auxilium ab eo peteret, eique callide[17] proposuit[18]: „Affer mihi illa mala[7] aurea! Draco[19] quidem ferocissimus[20] centum capitibus instructus[21] sub ea arbore iacens semper vigilat[22]. Sed draconem te deum aggressurum[23] non esse confido[24]. Ego interim caelum umeris[16] meis feram." Ita factum est. Sed Atlas cum malis[7] aureis reversus diutius ingens onus caeli ferre noluit. Tum Hercules eum dolo[25] superare conatus[26] est. Se caelum in aeternum laturum esse pollititus[27] unum tantum ab eo petivit: Adime[28] mihi caelum paulisper[29]! Pulvinum[30] in umeris[16] ponere cupio." Atlas dolum non perspiciens[31], sed verbis Herculis confisus[24] caelum iterum umeris suis subiit. Quo facto Hercules callidus[17] se deum stultum tam turpiter fefellisse gavisus cum malis[7] aureis abiit celerrimeque[32] in patriam rediit.

(186 Wörter)

Hilfen: 1 Iuno: Juno, Gattin des Göttervaters Jupiter | 2 Eurystheus: wird nach der griechischen Mythologie durch Hilfe der Hera vor Herkules geboren und damit statt des Jupitersohnes Herkules König von Mykene | 3 servire - dienen | 4 duodecim - zwölf | 5 decem – zehn | 6 finire - beenden | 7 malum - Apfel | 8 Hesperides - die Hesperiden (Töchter der Nacht und des Atlas) | 9 (sol) occidens - Westen | 10 hortus - Garten | 11 custodire: Tätigkeit des custos | 12 Atlas: Sohn des Titanen Iapetos (die Titanen waren die Götter vor den Olympiern) | 13 habitare - wohnen | 14 iussus - Befehl | 15 Iupiter, Iovis: Jupiter (der Göttervater) | 16 umerus - Schulter | 17 callidus - schlau | 18 proponere - vorschlagen | 19 draco - Drache | 20 ferox - wild | 21 instruere + Abl. - versehen mit | 22 vigilare - wachen | 23 aggredi – angreifen | 24 confidere - vertrauen | 25 dolus - List | 26 conari - versuchen | 27 polliceri - versprechen | 28 adimere - abnehmen | 29 paulisper - ein Weilchen | 30 pulvinus - Kissen | 31 perspicere - durchschauen | 32 celer - schnell

Übersetzung

Über die Arbeiten des Hercules

Herkules hatte von der Göttin Hera den Auftrag, König Eurystheus zu dienen und unter seinem Befehl zwölf Arbeiten zu erledigen. Als schon zehn Arbeiten erledigt waren, befahl ihm Eurystheus, die Äpfel der Hesperiden zu holen. Es ging die Sage, dass die Hesperiden im äußersten Westen goldene Äpfel hüteten, die in einem wunderschönen Garten an einem heiligen Baum hingen. Man erzählte, dass bisher kein Sterblicher zurückgekommen sei, der sich dorthin aufgemacht habe. In dieser Gegend sollte angeblich auch Atlas, der Titanensohn, wohnen. Er war auf Befehl Jupiters gezwungen worden, den Himmel auf seinen Schultern zu tragen. An ihn wandte sich Herkules, um ihn um Hilfe zu bitten, und schlug ihm schlau vor: „Bring mir diese goldenen Äpfel! Zwar bewacht sie ein ganz wilder Drache mit hundert Köpfen, der unter dem Baum liegt und immer wacht. Aber ich vertraue darauf, dass er dich als Gott nicht angreifen wird. Ich werde inzwischen den Himmel auf meinen Schultern tragen." So geschah es. Aber als Atlas mit den goldenen Äpfeln zurückkam, wollte er die ungeheure Last des Himmels nicht länger tragen. Da versuchte Herkules ihn mit einer List zu besiegen. Er versprach, den Himmel für immer zu tragen, erbat aber nur eines von ihm: „Nimm mir den Himmel einen Augenblick ab! Ich möchte ein Kissen auf meine Schultern legen." Atlas durchschaute die List nicht, sondern traute den Worten des Herkules und nahm den Himmel wieder auf seine Schultern. Als das geschehen war, freute sich der schlaue Herkules, dass er den dummen Gott so schändlich betrogen habe, ging mit den goldenen Äpfeln fort und kehrte schleunigst in seine Heimat zurück.

30. De Pyrrhi victoria

Pyrrhus rex a Tarentinis[2] auxilio vocatus quam celerrime[3] in Italiam venit, ut eis contra Romanos adesset. Qui imperium sibi in Italia parere posse speravit. Valerius consul minime[4] feliciter cum Pyrrho pugnavit, cum milites specie elephantorum, quos Pyrrhus secum duxit, nimis territi essent. Sed Romani, cum de victoria desperarent[5], tamen terga non verterunt[6], dum multos hostium interfecissent et ipsi aut occisi aut capti essent. Post primam cladem[7] Romani etiam secundo[8] proelio gravissime victi sunt. Tamen pacem ab hostibus petere recusaverunt[9]. Pyrrhus, cum post victoriam secundam[8] loca, in quibus pugnatum erat, spectaret et corpora Romanorum omnia versa in hostem videret, fortitudinem[10] Romanorum admiratus[11] dixisse fertur[12]: Quam fortes sunt milites Romani! Si mihi viri tam fortes fuissent, facile orbem terrarum subicere[13] potuissem!“ Cum amici laeti Pyrrho victori gratularentur[14], ille maestus: Dubium[15] non est, quin talis victoria mihi usui esse non possit. Tantum enim numerum meorum amisi, ut saepe vincendo tandem me ipsum vincerem. Vereor, ut Romanos vincere possim, neque scio, utrum Romanos iterum adoriar[16] an domum[17] revertar.“ De victoria desperans[5] Italiam reliquit et totam fere Siciliam a Carthaginiensibus cepit. Sed etiam Carthaginienses pacem facere negaverunt. Tum Pyrrhus iterum in Italiam profectus apud Beneventum a Romanis per dolum[18] contra elephantos inventum victus est.

Deinde in patriam revertit, ubi tribus annis post pugnans mortuus est.

(213 Wörter)

Hilfen: 1 Pyrrhus: 319-272 v.Chr., König von Epirus (heute Albanien/Westgriechenland), genialer Feldherr, befehligte ein Söldnerheer | 2 Tarentini - Einwohner von Tarent | 3 quam celerrime - möglichst schnell | 4 minime - keineswegs | 5 desperare - verzweifeln | 6 terge vertere - fliehen | 7 clades - Niederlage | 8 secundus - der zweite | 9 recusare - sich weigern | 10 fortitudo: Substantiv zu fortis | 11 admirari - bewundern | 12 fertur - es wird berichtet | 13 subicere - unterwerfen | 14 gratulari - Glück wünschen | 15 dubium - Zweifel | 16 adoriri - angreifen | 17 domum - nach Hause | 18 dolus - List

Übersetzung

Der Pyrrhus-Sieg

König Pyrrhus wurde von den Tarentern, die mit den Römern Krieg führten, zu Hilfe gerufen und kam schnellstens nach Italien, um ihnen gegen die Römer zu helfen. Er hoffte, sich in Italien ein Reich aufbauen zu können. Konsul Valerius kämpfte keineswegs glücklich gegen Pyrrhus, weil die Soldaten durch den Anblick der Elefanten, die Pyrrhus mit sich führte, zu geschockt waren. Aber obwohl die Römer am Sieg verzweifelten, wandten sie sich nicht zur Flucht, bis sie viele von den Feinden getötet hatten und sie selbst entweder tot oder gefangen waren. Nach der ersten Niederlage wurden die Römer auch in der zweiten Schlacht vernichtend besiegt. Trotzdem weigerten sie sich, den Feind um Frieden zu bitten. Als Pyrrhus nach seinem zweiten Sieg das Gelände, in dem gekämpft worden war, besichtigte und sah, dass alle Leichen der Römer zum Feind hin gerichtet waren, soll er die Tapferkeit der Römer bewundert und gesagt haben: „Wie tapfer sind die römischen Soldaten! Wenn ich so tapfere Männer gehabt hätte, hätte ich leicht die ganze Erde unterwerfen können." Als Freunde dem siegreichen Pyrrhus fröhlich gratulierten, sagte er traurig: „Es besteht kein Zweifel, dass ein solcher Sieg mir nicht nützen kann. Ich habe nämlich eine so große Anzahl von meinen Leuten verloren, dass ich durch häufiges Siegen mich schließlich selbst besiegen würde. Ich fürchte, dass ich die Römer nicht besiegen kann, und ich weiß nicht, ob ich die Römer noch einmal angreifen oder nach Hause zurückkehren soll." Weil er am Sieg verzweifelte, verließ er Italien und eroberte fast ganz Sizilien von den Karthagern. Aber auch die Karthager lehnten einen Friedensschluss ab. Da brach Pyrrhus noch einmal nach Italien auf und wurde bei Benevent von den Römern durch eine List, die man gegen die Elefanten gefunden hatte, besiegt.

Darauf kehrte er in seine Heimat zurück, wo er drei Jahre später im Kampf starb.

31. Quod consilium senex sapiens Samnitibus[1] dedit

Romani quattuor bella cum Samnitibus gesserunt, quorum secundum quarto a. Chr. n. saeculo erat. In quo cladem[2] gravem turpemque in faucibus Caudinis[3] acceperunt. Exercitu Romanorum hoc loco incluso[4] legatisque eorum pacem petentibus Samnites concilio[5] convocato diu deliberabant[6], quid facerent. Cum iam diu frustra consultavissent[7], legatos domum[8] miserunt et ex patre imperatoris, qui semper sapientem se praebuerat, quaesiverunt, quid optimum factu[9] esset. Qui, ubi legiones Romanas inclusas[4] esse et necessitate coactas pacem petivisse audivit, monuit, ut milites Romanos aut integros domum[8] remitterent aut ad unum omnes[10] interficerent. Romanos integros remittendo" inquit cum potentissimo populo perpetuam confirmaremus[11] pacem amicitiamque. Sin[12] autem legiones interficeretis, Romani multos annos inopiâ[13] militum bellum nobis inferre non possent. Sed timeo, ne utramque sententiam neglegatis[14]." Atque accidit, quod timuerat senex sapiens. Samnites Romanos sub iugum mittentes[15] neque amicos paraverunt neque hostes sustulerunt. Paulo post Romani maiore exercitu misso

Samnites vicerunt atque subiecerunt[16].

(150 Wörter)

Hilfen: 1 Samnites: Volk in Mittelitalien | 2 clades - Niederlage | 3 fauces Caudinae - Schlucht (oder Pass/ Engpass) bei der Stadt Caudium (321 v. Chr. Schlachtort im 2. Samnitenkrieg) | 4 includere - einschließen | 5 concilium - Versammlung | 6 deliberare – beraten | 7 consultare - beratschlagen | 8 domum - nach Hause | 9 optimum factu - am besten zu tun | 10 ad unum omnes - alle ohne Ausnahme | 11 confirmare - sichern | 12 sin - wenn aber | 13 inopia - Mangel | 14 neglegere - vernachlässigen, nicht beachten | 15 sub iugum mittere: eine symbolisch schimpfliche Behandlung des geschlagenen Gegners | 16 subicere - unterwerfen

Übersetzung

Ratschläge eines weisen Alten für die Samniten

Die Römer führten vier Kriege gegen die Samniten, deren zweiter im vierten Jahrhunder vor Christi Geburt stattfand. Darin erlitten sie eine schwere und schimpfliche Niederlage im Engpass von Caudium. Als das Heer der Römer an dieser Stelle eingeschlosen war und deren Gesandte um Frieden baten, beriefen die Samniten eine Versammlung ein und berieten lange, was sie tun sollten. Als sie schon lange ergebnislos beratschlagt hatten, schickten sie Gesandte nach Hause und fragten den Vater ihres Feldherrn, der sich schon oft als weise erwiesen hatte, was am besten zu tun sei. Sobald dieser gehört hatte, dass die römischen Truppen eingeschlossen seien und, von ihrer Notlage gezwungen, um Frieden gebeten hätten, forderte er sie auf, die römischen Soldaten entweder unversehrt nach Hause zu schicken oder alle ohne Ausnahme umzubringen. Er sagte: „Wenn wir die Römer unversehrt zurückschicken, würden wir mit dem mächtigsten Volk ewigen Frieden und dauernde Freundschaft sichern. Wenn ihr aber die Legionen töten würdet, könnten die Römer uns viele Jahre lang aus Mangel an Soldaten nicht angreifen. Ich befürchte jedoch, dass ihr beide Vorschläge nicht beherzigt.“ Und es geschah, was der weise Alte befürchtet hatte. Die Samniten schickten die Römer unter das Joch und gewannen so weder Freunde noch beseitigten sie ihre Feinde. Kurz danach schickten die Römer ein größeres Heer, besiegten die Samniten und unterwarfen sie.

32. De insidiis Eburonum

Tota paene[3] Gallia iam annos quosdam a Caesare victa nonnumquam[4] seditiones[5] exstiterunt.[6] Hieme, cum Caesar in Italia erat, copiae Romanae , per totam Galliam distributi[7] erant in castra hiberna[8], quarum una in finibus Eburonum[2] erant. Tum Ambiorige duce in Eburonibus tumultus[9] ortus est. Galli magna cum manu militum ad castra oppugnanda[10] venerunt. Sed cum Romani celeriter[11] arma caperent et castra defenderent, hostes desperata[12] re se receperunt. Deinde Ambiorix Titurio, legato[13] Romanorum, nuntium[14] misit totam Galliam contra Romanos coniuravisse[15] et hoc die cuncta castra eorum oppugnari[10]; magnum etiam numerum Germanorum Rhenum transisse et mox adventurum[16] esse; se ei suadere, ut castra celerrime[11] cunctis cum copiis relinquat. Pollicitus[17] est Ambiorix et iure iurando confirmavit[18] se copiis Romanis tutum[19] iter per suos fines daturum esse. Romani diu consultantes[20], an hosti crederent et quid optimum factu[21] sit, tandem castra relinquere constituerunt. Hostes apto loco adventum[22] Romanorum exspectabant, totum agmen circumvenerunt[23] et proelium committere coeperunt. Galli acriter pugnantes multos Romanos aut vulneraverunt[24] aut interfecerunt. Quibus rebus adductus Titurius nuntium[14] ad Ambiorigem misit, qui eum moneret, ut sibi militibusque parcat. Ambiorix, cum multos quidem Romanos iam interfectos, reliquos autem fortiter pugnaturos esse intellegeret, Titurium ipsum ad se venire iussit pollicitus[17] se eum integrum remissurum esse. His verbis auditis Titurius timens, ne Ambiorix clementiam[25] modo simularet[26], tamen profectus est et castra hostium intrans arma deponere[27] coactus est. Eburones temeritatem[28] legati[13] Romanorum mirati Titurium cum Ambiorige loquentem interfecerunt. Deinde etiam maximam partem militum ceciderunt. Pauci ex proelio effugientes incertis itineribus ad castra Labieni pervenerunt atque eum de rebus gestis[29] certiorem fecerunt[30].

(255 Wörter)

Hilfen: 1 insidiae - Anschlag | 2 Eburones: gallischer Stamm | 3 paene - fast | 4 nonnumquam - manchmal | 5 seditio – Aufstand | 6 exsistere - entstehen | 7 distribuere - verteilen | 8 castra hiberna - Winterlager | 9 tumultus - Aufruhr | 10 oppugnare – bestürmen | 11 celer - schnell | 12 desperare - aufgeben | 13 legatus - Offizier, General | 14 nuntius - Botschaft | 15 coniurare - sich verschwören | 16 advenire - ankommen | 17 polliceri - versprechen | 18 confirmare - zusichern | 19 tutus - sicher | 20 consultare – beratschlagen | 21 optimum factu - am besten zu tun | 22 adventus - Ankunft | 23 circumvenire - umzingeln | 24 vulnerare – verletzen | 25 clementia - Nachsicht, Gnade | 26 simulare - vortäuschen | 27 deponere - ablegen | 28 temeritas – Leichtsinn | 29 res gestae - Taten, Geschehnisse | 30 certiorem facere – benachrichtigen

Übersetzung

Ein Hinterhalt der Eburonen

Obwohl fast ganz Gallien schon einige Jahre von Cäsar besiegt war, gab es bisweilen noch Aufstände. Wenn Cäsar im Winter in Italien war, waren die römischen Truppen über ganz Gallien in Winterlager verteilt, wovon eines im Gebiet der Eburonen lag. Da entstand bei den Eburonen unter Führung des Ambiorix ein Aufruhr. Die Gallier kamen mit einer großen Schar von Solda-ten, um das Lager zu bestürmen. Weil die Römer aber schnell die Waffen ergriffen und das Lager gut verteidigten, gaben die Feinde den Versuch auf und zogen sich zurück. Darauf schickte Ambiorix Titurius, dem General der Römer, die Botschaft, dass ganz Gallien sich gegen die Römer verschworen habe und an diesem Tage all ihre Lager bestürmt würden; auch eine große Gruppe von Germanen habe den Rhein überschritten und werde bald ankommen; er rate ihm, das Lager schnellstens mit allen Truppen zu verlassen. Ambiorix versprach und versicherte unter Eid, dass er den römischen Truppen sicheren Durchmarsch durch sein Gebiet gewähren werde. Die Römer überlegten lange, ob sie einem Feinde trauen sollten und was am besten zu tun sei, und beschlossen schließlich, das Lager zu verlassen. Die Feinde erwarteten an einer günstigen Stelle die Ankunft der Rö-mer, kesselten das ganze Heer ein und begannen den Kampf. Heftig kämpfend verletzten oder töteten die Gallier viele Römer. Dadurch veranlasst schickte Titurius einen Boten zu Ambiorix, der ihn auffordern sollte, ihn und seine Soldaten zu schonen.

Weil Ambiorix erkannte, dass zwar schon viele Römer tot waren, die restlichen aber noch tapfer kämpfen würden, befahl er, Titurius solle persönlich zu ihm kommen, mit dem Versprechen, ihn unversehrt zurückzuschicken. Obwohl Titurius nach dieser Botschaft fürchtete, dass Ambiorix Nachsicht nur vortäusche, ging er doch los, betrat das Lager der Feinde und sah sich gezwungen, die Waffen abzulegen. Die Eburonen wunderten sich über den Leichtsinn des römischen Offiziers, und als dieser mit Ambiorix sprach, töteten sie ihn. Danach brachten sie auch den größten Teil der Soldaten um. Nur wenige entkamen aus dem Kampf, gelangten auf unsicheren Wegen zum Lager des Labienus und berichteten ihm die Geschehnisse.

33. De initiis imperii Romani

Tertio ab urbe condita saeculo Romani regibus expulsis[1] liberam rem publicam instituerunt[2]. Primis rei publicae saeculis populos finitimos[3], qui Italiam mediam incolebant[4], superaverunt, quamquam fortissime restiterunt[5]. Quibus subiectis[6] Romani fortiter pugnantes etiam Italiam inferiorem[7] bellis gravissimis vicerunt, ut tuti[8] essent ab insidiis[9] hostium sibi invidentium[10] et acriter instantium[11]. Populis subiectis[6] iura quaedam dederunt eosque amicos sociosque fecerunt. Tandem Italia superior[12] auxilio sociorum pacata[13] est. Quam regionem etiam posterioribus[14] temporibus Galliam citeriorem[15] appellatam esse scimus, quod Galli e Gallia ulteriore[16] egressi[17] ibi[18] habitaverunt[19]. Ita ab infima[20] Italia usque ad summas[21] Alpes omnes Italiae gentes a Romanis victae sunt, dum tota Italia sub imperio Romanorum esset.

(108 Wörter)

Hilfen: 1 expellere - vertreiben | 2 instituere - errichten | 3 finitimus - benachbart | 4incolere – bewohnen | 5 resistere - Widerstand leisten | 6 subicere - unterwerfen | 7 inferior - der untere, Unter- | 8 tutus a - sicher vor | 9 insidiae - Nachstellungen, Anschläge | 10 invidere + Dat. - beneiden | 11 instare - zusetzen, bedrängen | 12 superior - der obere, Ober- | 13 pacare - befrieden, unterwerfen | 14 posterior - später | 15 citerior - diesseitig (der Alpen) | 16 ulterior - jenseitig (der Alpen) | 17 egredi - ausziehen, auswandern | 18 ibi - dort | 19 habitare – wohnen | 20 infimus - der unterste, südlichste | 21 summus - der höchste

Übersetzung

(Über) die Anfänge des römischen Reiches

Im dritten Jahrhundert nach Gründung der Stadt vertrieben die Römer die Könige und errichteten die freie Republik. Sie unterwarfen in den ersten Jahrhunderten der Republik die Nachbarvölker, die Mittelitalien bewohnten. Nach deren Unterwerfung besiegten die Römer tapfer kämpfend in sehr schweren Kriegen auch Unteritalien, um sicher zu sein vor den Nachstellungen von Feinden, die sie beneideten und ihnen hart zusetzten. Den unterworfenen Völkern gaben sie einige Rechte und machten sie zu Freunden und Bundesgenossen. Schließlich wurde Oberitalien mit Hilfe der Bundesgenossen unterworfen. Wir wissen, dass diese Gegend auch in späteren Zeiten noch „diesseitiges Gallien" genannt wurde, weil dort Gallier wohnten, die aus dem jenseitigen Gallien ausgewandert waren. So wurden vom südlichsten Itallien bis zu den höchsten Alpengipfeln alle Völker Italiens von den Römern unterworfen, bis ganz Italien unter der Herrschaft der Römer stand.

34. De cognitione et terrarum et gentium

Multi Graeci inopia[2] rerum ad vitam necessariarum coacti patriam suam reliquerunt, ut in regionibus aptis sedes novas quaererent urbesque conderent. Sic primum usque ad insulas[3] et Asiam venerunt, deinde autem ad extremas[4] oras marium navigaverunt[5]. Etiam in Sicilia et in Italia inferiore[6] Graeci plurimas[7] colonias[8] condiderunt, quarum nomina usque ad nostra tempora manserunt - velut Neapolim[9]. Viris quibusdam doctis tantus cognitionis[1] amor erat, ut interiores[10] partes alienarum terrarum atque incolas[11] earum cognoscere studerent[12]. Quorum in numero Herodotum esse scimus, qui per plurimas[7] terras profectus est, multarum nationum mores observavit[13] et de omnibus his rebus in libro suo claro scripsit. Praecipue[14] a mercatoribus[15] cognitio[1] terrarum et marium aucta est: Ex Africa interiore[10] et Asia extrema[4] merces[16] apportabant[17] atque de his terris narrabant[18]. Etiam Gallos, Germanos, Britannos aliosque populos Europae adiebant et apud eos merces[16] aut vendebant[19] aut emebant.

Alexander Magnus expeditionibus suis scientiam[20] saeculorum priorum amplificavit[21]. Romani non multa nova addiderunt, pleraque[22] bellis gerendis.

(159 Wörter)

Hilfen: 1 cognitio: Substantiv als Tätigkeit zu cognoscere | 2 inopia - Mangel, Not | 3 insula - Insel | 4 extremus - der entfernteste | 5 navigare - segeln | 6 inferior - der untere, Unter- | 7 plurimi - die meisten, sehr viele | 8 colonia - Kolonie | 9 Neapolis – Neapel | 10 interior - der innere | 11 incola - Einwohner | 12 studere - sich bemühen, trachten | 13 observare - beobachten | 14 praecipue - vor allem | 15 mercator - Kaufmann | 16 merx - Ware | 17 apportare - (herbei)bringen, holen | 18 narrare - erzählen | 19 vendere - verkaufen | 20 scientia - Kenntnis, Wissen | 21 amplificare - erweitern | 22 plerique - die meisten

Übersetzung

Die Erforschung von Ländern und Völkern

Gezwungen vom Mangel an lebensnotwendigen Dingen verließen viele

Griechen ihre Heimat, um in geeigneten Gegenden neue Wohnsitze zu suchen und Städte zu gründen. So kamen sie zuerst zu den Inseln und nach Kleinasien, dann aber segelten sie bis zu den entferntesten Meeresküsten. Auch in Sizilien und Süditalien gründeten die Griechen sehr viele Kolonien, deren Namen bis in unsere Zeit erhalten blieben - wie z.B. Neapel. Einige gelehrte Männer hatten einen solchen Forscherdrang, dass sie sich bemühten, das Landesinnere vieler Länder und deren Einwohner kennenzulernen. Wir wissen, dass Herodot zu ihnen gehörte, der durch sehr viele Länder reiste, die Sitten vieler Völker beobachtete und über all dies in seinem berühmten Buch schrieb. Besonders von Kaufleuten wurde die Kenntnis von Ländern und Meeren vergrößert. Aus dem Innern Afrikas und den entferntesten Teilen Asiens brachten sie Waren und erzählten von diesen Ländern. Sie besuchten auch Gallier, Germanen, Britannier und andere Völker Europas und verkauften oder kauften Waren bei ihnen. Alexander der Große erweiterte mit seinen Expeditionen das Wissen der früheren Zeitalter. Die Römer fügten nicht viel hinzu, das meiste durch Kriegführen.

35. De Archimedis interitu

Bello Punico[2] Secundo[3] Syracusae[4], urbs longe maxima[5] Siciliae, societate[6] et amicitia cum Carthaginiensibus[7] coniunctae[8] erant. Divitiae Graecorum hanc urbem incolentium[9] maiores erant quam plurimorum[10] aliorum hominum. His de causis Syracusae Romanis et odio et invidiae erant. Itaque urbem claram bello vincere constituerunt. Quae tamen - adiuta[11] etiam armis novis ab Archimede inventis - diu se defendit. Itaque, postquam Romani eam multos post dies atque multis amissis militibus navibusque expugnaverunt[12], imperator exercitum omnes domos tota urbe diripere[13] permisit. Miles quidam Romanus in diripiendo domum parvam Archimedis intravit senemque sibi ignotum invenit in pulvere[14] aulae[15] sedentem et formas geometricas scribentem. Miles: Nisi mihi statim omne aurum argentumque tuum tradideris, senex, morieris.“ Archimedes autem eum neglegens[16] minimeque[17] territus respondit: Noli turbare[18] circulos[19] meos!“ Tum miles ira incensus[20] atque nesciens, quis ille senex esset, Archimedem gladio transfixit[21]. Imperator autem Romanorum, cum Archimedem clarissimum mortuum esse cognovisset, valde[22] doluit et eum publice sepeliendum esse[23] constituit.

(153 Wörter)

Hilfen: 1 Archimedes: berühmter griechischer Mathematiker | 2 Punicus - punisch = gegen die Karthager | 3 secundus - der zweite | 4 Syracusae - Syrakus | 5 longe maximus - bei weitem der größte | 6 societas - Bündnis | 7 Carthaginienses - die Karthager | 8 coniungere - verbinden | 9 incolere - bewohnen | 10 plurimi - die meisten | 11 adiuvare iuvare | 12 expugnare - erobern | 13 diripere - plündern | 14 pulvis - Sand | 15 aula - Hof | 16 neglegere - nicht beachten | 17 minime - keineswegs | 18 turbare - (zer)stören | 19 circulus - Kreis, (geometrische) Zeichnung | 20 incensus - entflammt, entbrannt | 21 transfigere - durchbohren | 22 valde - sehr | 23 publice sepelire - öffentlich (= auf Staatskosten) begraben

Übersetzung

(Über) das Ende des Archimedes

Im 2. Punischen Krieg war Syrakus, die bei weitem größte Stadt Siziliens, durch ein Freundschaftsbündnis mit den Karthagern verbunden. Der Reichtum der Griechen, die diese Stadt bewohnten, war größer als der der meisten anderen Menschen. Aus diesen Gründen hassten und beneideten die Römer Syrakus. Deshalb beschlossen sie, die berühmte Stadt in einem Krieg zu besiegen. Diese verteidigte sich jedoch lange, unterstützt auch von den neuen Waffen, die Archimedes erfunden hatte. Nachdem die Römer sie nach vielen Tagen und dem Verlust vieler Sodaten und Schiffe erobert hatten, erlaubte der Feldherr daher dem Heer, alle Häuser in der ganzen Stadt zu plündern. Ein römischer Soldat betrat beim Plündern das kleine Haus des Archimedes und fand dort einen alten Mann, der ihm unbekannt war, im Sande seines Hofes saß und geometrische Figuren zeichnete. Der Soldat sagte: „Alter Mann, wenn du mir nicht sofort all dein Gold und Silber gibst, wirst du sterben." Archimedes aber beachtete ihn nicht, und ohne das geringste Erschrecken antwortete er: „Zerstöre meine Kreise nicht!" Da durchbohrte der Soldat zornentbrannt und ohne zu wissen, wer dieser alte Mann war, Archimedes mit seinem Schwert.

Als der römische Feldherr aber erfahren hatte, dass der weltberühmte Archimedes tot sei, bedauerte er es sehr und beschloss, dass man ihm ein Staatsbegräbnis geben müsse.

36. Ein Missverständnis

Mos antiquus[1] erat senatoribus curiam[2] cum filiis praetextatis[3] intrare. Aliquando in senatu res maior[4] erat agenda, quae uno die decerni non potuit. Itaque senatores constituerunt hanc rem postero die peragendam[5] esse et omnibus de hac re tacendum esse. Papirium puerum, qui cum patre in curia fuerat, mater, quae cupida[6] res novas cognoscendi esset, iterum iterumque interrogabat[7], quid in senatu actum esset. Tandem Papirius matris effugiendi causa[8] mendacio[9] callido[10] eam fefellit: In senatu alii[11] censuerunt utilius rei publicae esse unamquamque[12] mulierem[13] duos maritos habere, alii unumquemque virum duas uxores." Mater, cum hoc audivisset, valde[14] sollicita[15] est et audita statim ceteris[16] mulieribus nuntiavit[17]. Postridie[18] magna turba mulierum ad senatum venit et oravit, ut una potius duos maritos haberet quam unus duas uxores. Causa huius tumultus[19] audita senatus constituit Papirium propter fidem laudandum[20] esse. Postea ei honoris causa[8] cognomen[21] Praetextati datum est propter tacendi et dicendi in aetate puerili[22] prudentiam[23]. Item filiis praetextatis ex eo tempore aditus[24] in senatum negatus est.

(158 Wörter)

Hilfen: 1 antiquus - alt | 2 curia - Rathaus | 3 praetextatus - mit einer Toga praetextata bekleidet (d.h. unter 17 Jahre alt, d.h. nicht volljährig) | 4 maior - größer, wichtiger | 5 peragere - zu Ende führen | 6 cupidus + Gen. - begierig auf | 7 interrogare - fragen | 8 causa + Gen. (Postposition) - wegen; um ... zu | 9 mendacium - Lüge | 10 callidus - schlau | 11 alii ... alii - die einen ... die anderen | 12 unusquisque - ein jeder, jeder einzelne | 13 mulier - Frau | 14 valde - sehr | 15 sollicitare - beunruhigen | 16 ceteri - die übrigen | 17 nuntiare - melden, mitteilen | 18 postridie - am folgenden Tage | 19 tumultus - Tumult, Aufruhr | 20 laudare - loben | 21 cognomen - Beiname | 22 puerilis - Knaben-, Kinder- | 23 prudentia – Klugheit | 24 aditus - Zutritt, Zugang

Übersetzung

Ein Missverständnis

Bei den Senatoren gab es die alte Sitte, mit ihren noch nicht volljährigen

Söhnen in das Rathaus zu gehen. Einst musste im Senat eine wichtigere Angelegenheit verhandelt werden, die nicht an einem Tag entschieden werden konnte. Daher beschlossen die Senatoren, dass sie am folgenden Tag zu Ende gebracht werden müsse und alle darüber Schweigen bewahren müssten. Weil die Mutter begierig war, Neuigkeiten zu erfahren, fragte sie (ihren Sohn) Papirius, der mit dem Vater im Rathaus gewesen war, immer wieder, was im Senat verhandelt worden sei. Um der Mutter auszuweichen, täuschte Papirius sie schließlich mit einer schlauen Lüge: „Im Senat meinten die einen, dass es nützlicher für den Staat sei, dass eine jede Frau zwei Ehemänner habe, die anderen, dass ein jeder Mann zwei Ehefrauen habe.“ Als die Mutter das gehört hatte, war sie sehr aufgebracht und teilte das Gehörte sofort den anderen Frauen mit. Am nächsten Tag kam eine große Schar von Frauen zum Senat und bat darum, dass eine Frau besser zwei Männer als ein Mann zwei Frauen haben solle. Als der Senat den Grund für diesen Tumult hörte, beschloss er, dass Papirius wegen seiner Zuverlässigkeit zu belobigen sei. Später wurde ihm ehrenhalber der Beiname „Praetextatus“ gegeben wegen seiner Klugheit beim Schweigen und Reden im Knabenalter. Ebenso wurde den nicht erwachsenen Söhnen seit dieser Zeit der Zutritt zum Senat verweigert.

37. De pugna ad Cannas facta

Hannibal ex Hispania[1] veniens cum exercitu suo elephantisque contra opinionem[2] Romanorum Alpes celeriter hieme ineunte[3] transierat. Deinde exercitus quosdam Romanos vicit et se Italiam e servitute[4] Romana liberaturum[5] esse promisit. Socios enim Romanorum hoc promisso adductos ad se defecturos6 esse speravit. Cladibus[7] gravibus acceptis Romani omnes paene[8] copias amiserant. Tum Fabius Maximus dictator factus bellum cum Hannibale non pugnis faciendis, sed vitandis duxit et semper se recipiendo[9] Hannibali potestatem vincendi non dedit. Ita Romani copias novas et animum novum colligere[10] potuerunt. Praeterea omnes paene socii in Italia non ad Hannibalem defecerunt6, sed fidem Romanis servaverunt.

Post dictaturam[11] Fabii consules Romani se Hannibalem vincere posse confisi[12] sunt. Itaque quam maximis[13] itineribus exercitum Hannibalis sequentes ad Cannas bina[14] castra muniverunt[15], quorum maiora in ripa citeriore[16], minora in ripa ulteriore[17] Aufidi fluminis sita[18] erant. Postero die Poeni19 complures20 milites Romanos comprehenderunt21, qui aquam petendi causa[22] castra reliquerant. Paulo post Varro, cui imperium eius diei erat et qui cupidus erat belli gerendi, aciem instruxit[23] et Hannibalem ad proelium committendum incitavit[24]. Romani in mediam aciem Poenorum cucurrerunt neque se ab hostibus circumveniri[25] senserunt. Fortiter pugnando Poenos nonnullas[26] horas defendere potuerunt, sed plurimis[27] militibus Romanis et consule interfectis Hannibal paucis tantum potestatem sui in castra minora recipiendi[9] dedit. Castra maiora Romanorum militibus suis diripienda[28] dedit. Reliquos[29] milites Romanos fugientes sequi et Romam capere Hannibal conatus[30] non est.

(225 Wörter)

Hilfen: 1 Hispania - Spanien | 2 contra opinionem - wider Erwarten | 3 inire - beginnen | 4 servitus- Knechtschaft | 5 liberare - befreien | 6 deficere - abfallen | 7 clades - Niederlage | 8 paene - fast | 9 se recipere - sich zurückziehen | 10 colligere – sammeln | 11 dictatura - Diktatur | 12 confidere, confido, confisus sum - (darauf) vertrauen | 13 quam maximus - möglichst groß | 14 bini - zwei | 15 munire - befestigen 16 citerior - diesseitig | 17 ulterior - jenseitig | 18 situs -

gelegen | 19 Poeni - die Punier (=Karthager) | 20 complures - mehrere | 21 comprehendere - ergreifen | 22 petendi causa = ut peterent | 23 instruere – aufstellen | 24 incitare - reizen | 25 circumvenire - umzingeln | 26 nonnulli - einige | 27 plurimi - die meisten | 28 diripere – plündern | 29 reliqui - die übrigen | 30 conari - wagen, versuchen

Übersetzung

(Über) die Schlacht bei Cannae

Hannibal hatte, aus Spanien kommend, die Alpen mit seinem Heer und Elefanten entgegen der Erwartung der Römer zu Beginn des Winters schnell überquert. Darauf besiegte er mehrere römische Heere und versprach, Italien von der römischen Knechtschaft zu befreien. Er hoffte nämlich, dass die römischen Bundesgenossen, von diesem Versprechen angelockt, zu ihm abfallen würden. Durch ihre schweren Niederlagen hatten die Römer fast alle Truppen verloren. Da wurde Fabius Maximus zum Diktator ernannt, und er führte den Krieg mit Hannibal nicht damit, dass er Kämpfe bestritt, sondern vermied und durch dauernden Rückzug dem Hannibal nicht die Gelegenheit zum Siegen gab. So konnten die Römer neue Truppen und neuen Mut sammeln. Außerdem fielen fast alle Bundesgenossen in Italien nicht zu Hannibal ab, sondern hielten den Römern die Treue. Nach der Diktatur des Fabius vertrauten die römischen Konsuln darauf, Hannibal besiegen zu können. Daher folgten sie in möglichst großen Tagesmärschen dem Heer Hannibals und schlugen bei Cannae zwei befestigte Lager auf, deren größeres auf dem diesseitigen, das kleinere auf dem jenseitigen Ufer des Flusses Aufidus lag. Am folgenden Tage nahmen die Punier mehrere römische Soldaten gefangen, die das Lager zum Wasserholen verlassen hatten. Kurz darauf stellte Varro, der an diesem Tag den Oberbefehl hatte und der begierig darauf war Krieg zu führen, das römische Heer auf und reizte Hannibal dazu, den Kampf zu beginnen. Die Römer rannten mitten auf das Heer der Punier zu und merkten nicht, dass sie von den Feinden umzingelt wurden. Tapfer kämpfend konnten sie die Punier einige Stunden abwehren, aber die meisten römischen Soldaten und ein Konsul kamen um, und Hannibal gab nur wenigen die Möglichkeit, sich in das kleinere Lager zurückzuziehen. Das größere Lager der Römer gab er seinen Soldaten zur Plünderung frei.

Die restlichen römischen Soldaten auf der Flucht zu verfolgen und Rom einzunehmen, versuchte Hannibal nicht.

38. Der Papagei

(nach Apuleius, Florida II 12)

Psittacus[1] Indiae avis[2] est. Magnitudine cum columbis[3] comparandus[4], sed paulo minor[5] est. Toto corpore color ei viridis[6] est, sed cervice[7] distinguitur[8]. Cervicula[9] eius circulo[10] rubro[11] cingitur[12]. Rostri[13] duritia[14] extrema ad nuces[15] frangendas utitur. Cum in arborem aliquam aut saxum se praecipitat[16], rostro se velut ancora[17] excipit. Sed et capitis eadem duritia est quae rostri.

Cum sermonem nostrum - ad quem discendum aptissimus est - imitari[18] cogitur, magister[19] caput eius ferrea clavicula[20] tundat[21], ut ei pareat[22]. Discit autem statim pullus[23] usque ad duos aetatis suos annos, dum facile os[24] formandum[25] est, dum tenera lingua. Senex autem capiendus et docendus non est, quia omnia obliviscitur[26]. Ad disciplinam[27] humani sermonis facilior est psittacus, cuius in pedibus ut hominis quinque digiti numerantur. Non enim omnibus psittacis id insigne[28], sed illud omnibus proprium, quod eis lingua latior quam ceteris[29] avibus est. Eo facilius verba hominis articulant[30] patentiore palato[31]. Id vero, quod didicit, ita similiter nobis canit vel potius loquitur, ut, si vocem audias, eum hominem putes. Nihil quidem aliud, quam quod didicit, pronuntiat[32]. Si eum maledicta[33] docueris, maledicet[34] diebus et noctibus: hoc illi carmen est, hanc putat cantionem[35]. Ubi omnia, quae didicit, maledicta maledixit, iterum eadem repetet. Si carere maledictis velis, lingua excidenda[36] est aut quam primum[37] in silvas suas remittendus est.

(208 Wörter)

Hilfen: 1 psittacus - Sittich, Papagei | 2 avis - Vogel | 3 columba - Taube | 4 comparare - vergleichen | 5 minor – kleiner | 6 viridis - grün | 7 cervix - Nacken, Hals | 8 distinguere - bunt färben | 9 cervicula ≈ cervix | 10 circulus - Ring | 11 ruber - rot | 12 cingere - umgeben | 13 rostrum - Schnabel | 14 duritia - Härte | 15 nux - Nuss | 16 praecipitare - (kopfüber hinab)stürzen | 17 ancora - Anker | 18 imitari - nachahmen | 19 magister - Lehrer | 20 ferrea clavicula - eiserner Stab | 21 tundere - schlagen | 22 parere - gehorchen | 23 pullus - jung; Jungtier | 24 os - Mund, Schnabel, (Aus-)Sprache | 25 formare - (aus)bilden | 26 oblivisci - vergessen | 27 disciplina + Gen. - Kenntnis, Ausbildung in | 28 insigne - Kennzeichen, Merkmal | 29 ceteri - die übrigen | 30 articulare - artikulieren, ausdrücken | 31 palatum - Gaumen | 32 pronuntiare - aussprechen, vortragen | 33 maledictum - Schimpfwort | 34 maledicere - schimpfen, schmähen | 35 cantio - Gesang | 36 excidere - herausschneiden, abschneiden | 37 quam primum - möglichst bald

Übersetzung

Der Papagei

Der Papagei ist ein Vogel aus Indien. Der Größe nach ist er mit der Taube zu vergleichen, aber etwas kleiner. Am ganzen Körper ist er grün gefärbt, am Hals aber bunt. Sein Hals ist von einem roten Ring umgeben. Die ungeheure Härte des Schnabels benutzt er zum Nüsseknacken. Wenn er sich auf einen Baum oder Stein hinabstürzt, fängt er sich mit dem Schnabel wie mit einem Anker auf. Aber auch der Kopf hat dieselbe Härte wie der Schnabel.

Wenn er gezwungen wird, unsere Sprache nachzuahmen - zu deren Erlernen er bestens geeignet ist - , soll sein Lehrer mit einem eisernen Stab auf seinen Kopf schlagen, damit er ihm gehorcht. Er lernt aber gleich von klein auf bis zum Alter von zwei Jahren, solange seine Aussprache ausbildbar, solange seine Zunge weich ist. Als Altvogel aber soll man ihn nicht fangen und unterweisen, weil er alles vergisst. Für die Ausbildung in menschlicher Sprache sind die Papageien geeigneter, an deren Füßen man wie bei Menschen fünf Zehen zählt. Nicht alle Papageien haben nämlich dies Merkmal, aber allen ist ihnen eigentümlich, dass sie eine größere Zunge haben als die anderen Vögel. Dadurch artikulieren sie leichter die Worte von Menschen mit ihrem weiter ausgedehnten Gaumenraum. Was ein Papagei aber gelernt hat, das singt bzw. besser redet er uns (Menschen) so ähnlich, dass man ihn für einen Menschen hält, wenn man seine Stimme hört. Er spricht freilich nichts anderes, als was er gelernt hat. Wenn man ihm Schimpfwörter beigebracht hat, spricht er sie Tag und Nacht: das ist für ihn sein Lied, das hält er für Gesang. Wenn er alle Schimpfwörter abgespult hat, die er gelernt hat, wiederholt er nochmals dieselben. Wenn man ohne Schimpfwörter auskommen will, muss man ihm die Zunge abschneiden oder ihn möglichst bald in seine Wälder zurückschicken.

39. Scipio in Spanien

Romanis controversiae[1] cum Carthaginiensibus[2] in Hispania[3] erant. Duobus iam imperatoribus Romanis caesis senatus Scipionem adulescentem[4] misit, qui exercitui Romano praeesset[5] bellumque bene gereret. Hic patris ulciscendi[6] causa[7], quem a Poenis[8] interfectum esse audivimus, imperium periculosum[9] accepit. Non enim is erat, qui ullo periculo terreretur. In Hispania oppida quaedam sociorum atque aliorum liberanda[10] curavit et in fidem populi Romani accepit. Tota paene[11] Hispania amissa Hasdrubal, imperator Poenorum, consilium in Italiam proficiscendi cepit, ut Romanos in patria eorum vinceret. Hoc consilio cognito Romani exercitum miserunt, qui eum impediret, ne in Italiam invaderet[12]. Magna pugna ille victus caesusque est.

(96 Wörter)

Hilfen: 1 controversia - Streit, Auseinandersetzung | 2 Carthaginienses - Karthager | 3 Hispania – Spanien | 4 adulescens - (als) junger Mann, jung | 5 praeesse ≈ ducere | 6 ulcisci - rächen | 7 ulciscendi causa = ut ulcisceretur | 8 Poeni - Punier (anderer Name für die Kathager) | 9 periculosus - gefährlich | 10 liberare - befreien | 11 paene ≈ fere | 12 invadere - eindringen

Übersetzung

Scipio in Spanien

Die Römer hatten in Spanien Streit mit den Karthagern. Als schon zwei römische Feldherren umgekommen waren, schickte der Senat den jungen Scipio, damit er das römische Heer leite und den Krieg gut führe. Dieser nahm den gefährlichen Auftrag an, um seinen Vater zu rächen, der - wie wir gehört haben - von den Puniern getötet worden war. Er war nämlich nicht der Mann, der sich von irgendeiner Gefahr schrecken ließ. In Spanien sorgte er dafür, dass man einige Städte von Bundesgenossen und anderen befreite, und er nahm sie unter den Schutz des römischen Volkes. Als fast ganz Spanien verloren war, fasste Hasdrubal den Entschluss, nach Italien zu ziehen, um die Römer in ihrer Heimat zu besiegen. Als die

Römer diese Absicht erkannten, schickten sie ein Heer, das ihn daran hindern sollte, in Italien einzudringen. In einer großen Schlacht wurde er besiegt und kam um.

40. Zwei römische Helden

Tarquinio Superbo[1] rege expulso[2] civibus liberae rei publicae Romanae tanta pericula imminebant[3], quanta vix[4] sustinenda esse viderentur[5]. Cives Romani iure veriti sunt, ne Etrusci, quorum ex gente Tarquinius ortus[6] erat, filios regis Romam[7] reducere studerent[8]. Atque venerunt Etrusci ad urbem oppugnandam[9] regemque ulciscendum[10]. Porsenna, rege eorum, duce montem Ianiculum[11] primo impetu[12] ceperunt et urbem per pontem sublicium[13] iam intraturi erant. Tum Horatius Cocles pro ponte stans solus aciem hostium sustinuit, dum pons rescissus[14] esset, et fortissime pugnans hostes impedivit, ne in urbem invaderent[15]. Ponte rescisso armatus[16] in Tiberim desiliens[17] incolumis[18] ad suos advenit[19].

Cum Porsenna Romam obsidere[20] non desineret, Mucius Cordus a senatu petivit, ut se ad regem interficiendum mitterent. Accepta potestate in castra Porsennae advenit ibique[21] virum aliquem purpuratum[22], qui speciem regis praeberet, falso[23] pro rege occidit. A custodibus quibusdam comprehensus[24] et ad regem ductus manum dexteram in igne posuit eamque combussit[25]. Deinde ad regem versus[26]: Vides" inquit qualem virum effugeris. Idem trecenti[27] coniuravimus[28] ad te tollendum." Tum ille bello finito[29] domum[30] profectus est.

(165 Wörter)

Hilfen: 1 Tarquinius Superbus : 7. und letzter König in Rom | 2 expellere ≈ pellere | 3 imminere - drohen | 4 vix - kaum | 5 videri - scheinen | 6 ortus ≈ natus | 7 Romam: Akk. der Richtung | 8 studere - sich bemühen | 9 oppugnare - bestürmen | 10 ulcisci - rächen | 11 Ianiculum: der JanusHügel (Höhenzug auf dem rechten Tiberufer) | 12 impetus - Angriff, Ansturm | 13 pons sublicius - Pfahlbrücke | 14 rescindere, rescidi, rescissum - abreißen | 15 invadere - eindringen | 16 armatus - bewaffnet | 17 desilire - hinabspringen | 18 incolumis - unversehrt | 19 advenit ≈ venit | 20 obsidere - belagern | 21 ibi – dort | 22 purpuratus - mit Purpurgewand | 23 falso : Adverb | 24 comprehendere ≈ capere | 25 comburere ≈ urere | 26 versus: PPP von vertere | 27 trecenti - 300 | 28 coniurare - sich verschwören | 29 finire - beenden | 30 domum - nach Hause, heim

Übersetzung

Zwei römische Helden

Nach der Vertreibung des Königs Tarquinius Superbus drohten den Bürgern des freien römischen Staates so große Gefahren, dass sie kaum überstehbar erschienen. Mit Recht fürchteten die römischen Bürger, dass die Etrusker, aus deren Volk Tarquinius stammte, versuchen würden, die Königssöhne wieder nach Rom zu bringen. Und tatsächlich kamen die Etrusker, um die Stadt zu bestürmen und den König zu rächen. Unter Führung ihres Königs Porsenna nahmen sie den Janishügel mit dem ersten Ansturm ein und waren schon im Begriff, über eine Pfahlbrücke in die Stadt einzudringen. Da stellte sich Horatius Cocles vor die Brücke und allein hielt er das Heer der Feinde auf, bis die Brücke abgerissen wäre, und aufs tapferste kämpfend hinderte er die Feinde daran, in die Stadt einzudringen. Nach Abbruch der Brücke sprang er bewaffnet in den Tiber und kam unverletzt zu seinen Leuten.

Als Porsenna nicht aufhörte, Rom zu belagern, bat Mucius Cordus den Senat darum, ihn zur Ermordung des Königs zu schicken. Er bekam die Erlaubnis, ging in das Lager des Porsenna und tötete dort versehentlich statt des Königs einen Mann im Purpurgewand, der das Aussehen eines Königs hatte. Von einigen Wächtern ergriffen und zum König geführt, legte er seine rechte Hand in das Feuer und ließ sie verbrennen. Dann wandte er sich an den König und sagte: „Du siehst, was für einem Mann du entkommen bist. Wir haben uns zu 300 Gleichgesinnten verschworen, dich zu beseitigen.“ Da beendete Porsenna den Krieg und zog nach Hause.

Berechnung von Fehlerquotienten und Noten

Auch wenn idealerweise natürlich die Freude am Erlernen einer neuen Sprache im Vordergrund stehen sollte, weiß natürlich jeder, dass es besonders im Fach Latein vor allem darauf ankommt, gute Noten zu bekommen oder auch nur, das Latinum irgendwie zu bestehen.

Aus diesem Grund ist es natürlich für jeden Lateinschüler wichtig zu wissen, wie seine aktuelle Übersetzungsleistung einzuschätzen ist. Entspricht eine Übersetzung einem „gut“ oder doch eher einem „ausreichend“? Würde die Übersetzung ausreichen, um die Prüfung zum Latinum zu bestehen, oder hat man vielleicht so viele Fehler gemacht, dass es Probleme geben könnte?

Unterschiede in der Bewertung von Übersetzungen

Leider gibt es nicht DIE Formel, nach der man durch einfaches Zählen von Wörtern und Fehlern eine eindeutige Note berechnen könnte. Vielmehr fließen viele verschiedene Faktoren in die Bewertung einer Übersetzungsleistung ein. Dazu gehören zum Beispiel diese hier:

Unterschiede zwischen den Bundesländern

Die Kriterien für die Bewertung von Leistungen im Fach Latein unterscheiden sich von Bundesland zu Bundesland. Jedes Bundesland hat eigene Lehrpläne, oft eigene Schulbücher und fast immer unterschiedliche Vorgaben für die Leistungsbemessung von Schülern.

Unterschiede zwischen Lehrern

Auch wenn der Spielraum, den ein Lehrer für die Bewertung einer Leistung hat, im Falle der Übersetzung von lateinischen Texten begrenzt ist, gibt es dennoch oft erhebliche Unterschiede. Das beginnt schon mit ganz einfachen Dingen, wie der Frage, wie Wiederholungsfehler gewertet werden (nur einmal, oder jeder Fehler einzeln?). Wie werden Fehler im übersetzten deutschen Text bewertet? Zählen Interpunktionsfehler? Welchen Einfluss hat der Ausdruck auf eine sachlich korrekte Übersetzung, und so weiter ...

Unterschiedliche Schwierigkeitsgrade der Texte

Man unterscheidet grundsätzlich zwischen didaktisch aufbereiteten Texten und Originaltexten von römischen Autoren. In der Regel sind die Originaltexte deutlich anspruchsvoller, was bedeutet, dass sie auch anders bewertet werden, als didaktisierte Texte.

Bewertung des Textverständnisses

Es gibt Schüler, die einen lateinischen Text mehr oder weniger fehlerfrei übersetzen können, ohne wirklich verstanden zu haben, worum es in dem Text eigentlich geht. Lehrer stellen deshalb manchmal zusätzliche Verständnisfragen.
Auch hier gibt es wieder große Unterschiede dabei, wie das Textverständnis in die Note einfließt.

Rücksprache mit dem bewertenden Lehrer oder Dozenten

Sie sehen, es ist also im Grund kaum möglich, eine allgemeingültige Aussage zu den Kriterien zu machen, die in die Bewertung einer Übersetzungsarbeit einfließen. Die folgenden Formeln zur Berechnung von Fehlerquotienten und Noten sollen deshalb lediglich als Anhaltspunkt dienen. Es macht in jedem Fall sehr viel mehr Sinn, direkt mit dem Lehrer oder Dozenten zu sprechen, der die Bewertung vornehmen wird. Nur er kann detailliert darüber Auskunft geben, nach welchen Kriterien er bewertet und wie stark er einzelne Aspekte einer Arbeit in seine Bewertungen einbezieht.

Der Fehlerquotient

Der sogenannte Fehlerquotient wird errechnet, indem man die Anzahl der Fehler zur Gesamtzahl der Wörter eines Textes in Beziehung setzt. Bei einem Text von 100 Wörtern würden zum Beispiel 15 Fehler einen Fehlerquotienten von 15% entsprechen. Die gleiche Anzahl von Fehlern in einem Text von 200 Wörtern würde dementsprechend einen Fehlerquotienten von 7,5% entsprechen.

Eine in vielen Bundesländern angewandte Faustregel lautet, dass ein Fehlerquotient von 10% - 15% einer ausreichenden Leistung, also einer Vier (4 - 6 Punkte) entspricht. Grundsätzlich gilt dabei, dass die Regel zu Beginn der Spracherwerbsphase eher 15% und in späteren Jahren eher 10% entspricht. Werden mehr Fehler gemacht, gilt die Leistung nicht mehr als ausreichend.

Beispielrechnung:

Text: 165 Wörter

Fehler: 9

Fehlerquotient = Zahl der Fehler mal 100 geteilt durch Zahl der Wörter

9 x 100 geteilt durch 165 = 5,5%

Beispieltabelle: Fehlerqotienten und Noten in der Oberstufe

Fehler-quotient	0 - 3%	4 - 6%	7 - 9%	9,5 - 11%	12 - 14%	> 14%
Note	**1**	**2**	**3**	**4**	**5**	**6**
Punkte	15-13	12-10	9-7	6-4	3-1	0

GRAMMATIKTEIL

Deklinationstabellen

Nomen

A

a-Dekl.	Singular	Plural
Nom.	cas-a	cas-ae
Gen.	cas-ae	cas-ârum
Dat.	cas-ae	cas-îs
Akk.	cas-am	cas-âs
Abl.	cas-â	cas-îs

O

o-Dekl.	Singular	Plural	Singular	Plural	Singular	Plural
Nom.	av-us	av-î	don-um	don-a	puer	puer-î
Gen.	av-î	av-ôrum	don-î	don-ôrum	puer-î	puer-ôrum
Dat.	av-ô	av-îs	don-ô	don-îs	puer-ô	puer-îs
Akk.	av-um	av-ôs	don-um	don-a	puer-um	puer-ôs
Abl.	av-ô	av-îs	don-ô	don-îs	puer-ô	puer-îs

E

e-Dekl.	**Singular**	**Plural**
Nom.	r-ês	r-ês
Gen.	r-eî	r-êrum
Dat.	r-eî	r-êbus
Akk.	r-em	r-ês
Abl.	r-ê	r-êbus

U

u-Dekl.	**Singular**	**Plural**	**Singular**	**Plural**
Nom.	port-us	port-ûs	corn-û	corn-ua
Gen.	port-ûs	port-uum	corn-ûs	corn-uum
Dat.	port-uî	port-ibus	corn-û	corn-ibus
Akk.	port-um	port-ûs	corn-û	corn-ua
Abl.	port-û	port-ibus	corn-û	corn-ibus

I

i-Dekl.2	**Singular**	**Plural**	**Singular**	**Plural**
Nom.	turr-i-s	turr-ês	mar-e	mar-i-a
Gen.	turr-i-s	turr-i-um	mar-i-s	mar-i-um
Dat.	turr-î	turr-i-bus	mar-î	mar-i-bus
Akk.	turr-i-m	turr-î-s (-ês)	mar-e	mar-i-a
Abl.	turr-î	turr-i-bus	mar-î	mar-i-bus

gemischt

Gem. Dekl.	**Singular**	**Plural**
Nom.	nav-is	nav-ês
Gen.	nav-is	nav-ium
Dat.	nav-î	nav-ibus
Akk.	nav-em	nav-ês
Abl.	nav-e	nav-ibus

konsonantisch

kons. Dekl.	Singular	Plural	Singular	Plural
Nom.	orator	orator-ês	tempus	tempor-a
Gen.	orator-is	orator-um	tempor-is	tempor-um
Dat.	orator-î	orator-ibus	tempor-î	tempor-ibus
Akk.	orator-em	orator-ês	tempus	tempor-a
Abl.	orator-e	prator-ibus	tempor-e	tempor-ibus

Bei der kons. Dekl. ist zu beachten, dass die Endungen immer gelten. Man muss jedoch unbedingt den Genitiv mitlernen, damit man an den so gefunden Stamm die entsprechenden Endungen anhängen kann:

miles, milit-is / consul, consul-is / multitudo, multitudin-is / libertas, libertat-is / rex, reg-is etc.

Anmerkungen zu den Deklinationstabellen:

1. Ein `^` über einer Endung bedeutet, dass diese lang gesprochen wird.
2. cf. Auch Genusregeln zur i-Dekl.; wie `mar-e` werden auch auf `-al` und `-ar` dekliniert.

Bemerkungen zu den Genera

Allgemeines

Das natürliche Geschlecht hat Vorrang vor dem grammatischen Geschlecht:

poeta, -ae m. - Dichter / agricola, -ae m. - Bauer

Für alle anderen Genera gibt es Ausnahmen, die u.U. wegen ihrer Fülle unten nicht angegeben sind. Dieses gilt besonders für die gem. und kons. Deklination!

Masculina sind die Bezeichnungen männl. Personen, die Namen von Völkern und Flüssen.

Feminina sind außerdem die Bezeichnung weibl. Personen und Bäume.

Besonderheiten der einzelnen Deklinationen

Deklination	**Genus**
a-Dekl.	Alle Wörter sind Feminina / beachte das natürliche Geschlecht!!!
o-Dekl.	Wörter auf ‚-us' / ‚er' sind Masculina Wörter auf ‚-um' sind Neutra Ausnahme - Feminina: griech. Städte und Ländernamen / humus, -i f. - Boden / Baumnamen
e-Dekl.	Alle Wörter sind Feminina Ausnahme - Masculina: dies, -ei m. - Tag / meridies, -ei m. - Mittag
u-Dekl.	Alle Wörter sind Masculina Ausnahme - Feminina: Baumnamen / acus - Nadel / domus - Haus / manus - Hand; Schar porticus, -us f. - Säulenhalle / tribus, -us f. - Stadtbezirk Idus, -us f. - Iden (des Märzes) Ausnahme - Neutra: Wörter auf -u
i-Dekl.	Alle Wörter auf ‚-is' sind Feminina febris / puppis / securis / sitis / Tiberis / Neapolis Beachte: vis, vim, vi / vires, virium, viribus, vires, viribus

	Alle Wörter auf ‚-e', ‚-al', ‚-er' sind Neutra
gem. Dekl.	In der Regel sind alle Wörter Feminina
kons. Dekl.	In der Regel sind Masculina Wörter auf: ‚-or', ‚os', ‚-er' In der Regel sind Feminina Wörter auf: ‚-o', Konsonant+'-s', ‚-as', ‚-es', ‚-us' In der Regel sind Neutra Wörter auf: ‚-ur' und ‚-us' mit ‚-ris' im Gen. ‚-men' und lac - Milch / caput - Haupt

Konjugationstabellen

Aktiv - Präsensstamm

Endungen: o/m , s , t , mus , tis , nt

Der Präsensstamm wird gebildet, indem man vom Inf. Präs. die Endung ‚re' abstreicht. Bei der kons. Konj. fällt nicht nur ‚re', sondern ‚ere' weg. Die Verben der gem. Konj. werden wie die der kons. konjugiert mit Ausnahme der 1. P. Sg. Ind. Präs. Akt: ‚capior' und der 3. P. Pl. Ind. Präs. Akt.: ‚capiunt' Entsprechendes gilt für den Indikativ Präsens Passiv. (S = Stamm ; E = Endung).

	a-Konj	**e-Konj.**	**i-Konj.**	**kons. Konj.**
Ind. Präs.	S. + E. außer 1. Sg.: am-o	S. + E.	S. + E. außer 3. Pl.: audi-u-nt	S. + ‚i' + E. außer 1. Sg.: leg-o 3. Pl.: leg-u-nt
Ind. Imp.	S. + ‚ba' + E.	S. + ‚ba' + E.	S. + ‚eba' + E.	S. + ‚eba' + E.
Ind. Fut. I	S. + ‚bi' + E. außer 1. Sg.: ama-b-o 3. Pl.: ama-b-u-nt	S. + ‚bi' + E. außer 1. Sg.: dele-b-o 3. Pl.: dele-b-u-nt	S. + ‚e' + E. außer 1. Sg.: audi-a-m	S. + ‚e' + E. außer 1. Sg.: leg-a-m
Konj. Praes.	S. ohne 'a' + ‚e' + E.	S. + ‚a' + E.	S. + ‚a' + E.	S. + ‚a' + E.
Konj. Imp.	Inf. Praes. + E.	Inf. Praes. + E.	Inf. Praes. + E.	Inf. Praes. + E.

Passiv - Präsensstamm

Endungen: r , ris , tur , mur , mini , ntur

	a-Konj	e-Konj.	i-Konj.	kons. Konj.
Ind. Präs.	S. + E. außer 1. Sg.: am-or	S. + E.	S. + E. außer 3. Pl.: audi-u-ntur	S. + ‚i' + E. außer 1. Sg.: leg-or 2. Sg.: leg-e-ris 3. Pl.: leg-u-ntur
Ind. Imp.	S. + ‚ba' + E.	S. + ‚ba' + E.	S. + ‚eba' + E.	S. + ‚eba' + E.
Ind. Fut. I	S. + ‚bi' + E. außer 1. Sg.: ama-b-or 3. Pl.: ama-b-u-ntur	S. + ‚bi' + E. außer 1. Sg.: dele-b-or 3. Pl.: dele-b-u-ntur	S. + ‚e' + E. außer 1. Sg.: audi-a-r	S. + ‚e' + E. außer 1. Sg.: leg-a-r
Konj. Praes.	S. ohne 'a' + ‚e' + E.	S. + ‚a' + E.	S. + ‚a' + E.	S. + ‚a' + E.
Konj. Imp.	Inf. Praes. + E.	Inf. Praes. + E.	Inf. Praes. + E.	Inf. Praes. + E.

Aktiv - Perfektstamm

Endungen für Indikativ : i , isti , it , imus , istis , erunt

Den Perfektstamm erhält man durch die 2. Stammform (= 1. P. Perf.) ohne ‚i'.

	a-Konj.	e-Konj.	i-Konj.	kons. Konj.
Ind. Perf.	S. + Perfekt-E.	S. + E.	S. + E.	S. + E.
Ind. Plsq.	S. + ‚era' + E.	S. + ‚era' + E.	S. + ‚era' + E.	S. + ‚era' + E.
Ind. Fut. II	S. + ‚eri' + E. außer 1. Sg.: amav-er-o 3. Pl.: amav-eri-nt	S. + ‚eri' + E. außer 1. Sg.: delev-er-o 3. Pl.: delev-eri-nt	S. + ‚eri' + E. außer 1. Sg.: audiv-er-o 3. Pl.: audiv-eri-nt	S. + ‚eri' + E. außer 1. Sg.: leg-er-o 3. Pl.: leg-eri-nt
Konj. Perf.	wie Fut.II außer 1. Sg.: amav-erim	wie Fut.II außer 1. Sg.: delev-erim	wie Fut.II außer 1. Sg.: audiv-erim	wie Fut.II außer 1. Sg.: leg-erim
Konj. Plsq.	Inf. Perf. + E.	Inf. Perf. + E.	Inf. Perf. + E.	Inf. Perf. + E.

Passiv - Perfektstamm

Das Perfekt, Plusquamperfekt und Futur II aller Konjugationen wird mit dem PPP (= letzte Stammform) + entsprechenden Formen des Präsensstammes von ‚esse' gebildet.

Weitere Formen

	a-Konj.	e-Konj.	i-Konj.	kons-Konj.
Inf. Präs. Passiv	ama-ri	dele-ri	audi-ri	leg-i
Inf. Perf. Aktiv	Perf.-S.+ ‚isse‘	Perf.-S.+ ‚isse‘	Perf.-S.+ ‚isse‘	Perf.-S.+ ‚isse‘
Inf. Perf. Passiv	PPP + ‚esse‘	PPP + ‚esse‘	PPP + ‚esse‘	PPP + ‚esse‘
Imperativ Sg. / Deponens	Inf. Präs. ohne ‚re‘ horta-re	Inf. Präs. ohne ‚re‘ vere-re	Inf. Präs. ohne ‚re‘ parti-re	Inf. Präs. ohne ‚re‘ sequ-e-re
Imperativ Pl. / Deponens	3.Sg. Präs. + ‚e‘ 2. Pl. Präs. ‚-mini‘	3.Sg. Präs. + ‚e‘ 2. Pl. Präs. ‚-mini‘	3.Sg. Präs. + ‚e‘ 2. Pl. Präs. ‚-mini‘	3.Sg. Präs. ‚e‘ 2. Pl. Präs. ‚-mini‘
Part. Präs. Akt.	S. + ‚ns‘	S. + ‚ns‘	S. + ‚ens‘	S. + ‚ens‘
nd-Form	S. + ‚nd‘ + E.	S. + ‚nd‘ + E.	S. + ‚end‘ + E.	S. + ‚end‘ + E.

Konjugation von ‚esse‘

Ind. Präs.	sum, es, est, sumus, estis, sunt
Ind. Imp.	eram, eras, erat, eramus, eratis, erant
Ind. Fut. I	ero, eris, erit, erimus, eritis, erunt
Konj. Präs.	sim, sis, sit, simus, sitis, sint

Konj. Imp.	essem, esses, esset, essemus, essetis, essent
Ind. Perf.	fui, fuisti, fuit, fuimus, fuistis, fuerunt
Ind. Plsq.	fueram, fueras, fuerat, fueramus, fueratis, fuerant
Ind. Fut. II	fuero, fueris, fuerit, fuerimus, fueritis, fuerint
Konj. Perf.	fuerim, fueris, fuerit, fuerimus, fueritis, fuerint
Konj. Plsq.	fuissem, fuisses, fuisset, fuissemus, fuissetis, fuissent
Imp. Sg. / Pl.	es / este

Konjugation von ‚posse'

Der Infinitiv ‚posse' ist eigentlich zusammengesetzt aus ‚pot-' ‚-se'.

Alle Formen des Präsensstammes werden gebildet, indem man an den eigentlichen Stamm ‚pot-' die entsprechenden Formen von ‚esse' hängt. Zu beachten ist aber, das jedes mal dann aus ‚pot-' ein ‚pos-' wird, wenn die Form von ‚esse' mit einem ‚s' beginnt!

Die Formen des Perfektstammes sind absolut regelmäßig.

Konjugation von ‚velle', ‚nolle', ‚malle'

(velle, volo, volui / nolle, nolo, nolui / malle, malo, malui)

Die Formen des Perfektstammes werden regelmäßig gebildet.

Ind. Präs.	volo, vis, vult, volumus, vultis, volunt nolo, non vis non vult, nolumus, non vultis nolunt malo, mavis, mavult, malumus, mavultis, malunt
Ind. Imp.	volebam, volebas, volebat, volebamus, volebatis, volebant nolebam, nolebas, nolebat, nolebamus, nolebatis, nolebant malebam, malebas, malebat, malebamus, malebatis, malebant

Ind. Fut. I	volam, voles, volet, volemus, voletis, volent nolam, noles, nolet, nolemus, noletis, nolent malam, males, malet, malemus, maletis, malent
Konj. Präs.	velim, velis, velit, velimus, velitis, velint nolim, nolis, nolit, nolimus, nolitis, nolint malim, malis, malit, malimus, malitis, malint
Konj. Imp.	vellem, velles, vellet, vellemus, velletis, vellent nollem, nolles, nollet, nollemus, nolletis, nollent mallem, malles, mallet, mallemus, malletis, mallent
Imp. Sg. / Pl.	noli / nolite

Konjugation von ‚ire' (ire, eo, ii, itum)

Ind. Präs.	eo, is, it, imus, itis, eunt
Konj. Präs.	eam, eas, eat, eamus, eatis, eant

Die anderen Formen werden regelmäßig gebildet.

Konjugation von ‚ferre' (ferre, fero, tuli latum)

Ind. Präs. Akt.	fero, fers, fert, ferimus, fertis, ferunt
Ind. Präs. Passiv	feror, ferris, fertur, ferimur, ferimini, feruntur
Imp. Sg. / Pl.	fer / ferte

Die anderen Formen werden regelmäßig gebildet.

Der Konjunktiv im Lateinischen

Bildungsgesetz

Konjunktiv Präsens Aktiv und Passiv

Bei der a-Konjugation wird der Stammauslaut ‚a' zu ‚e'; daran wird die Personalendung gehängt.

Die e-, i-, konsonantische und gemischte Konjugation bilden den Konj. durch Präsensstamm + ‚a' + Personalendung.

Konjunktiv Imperfekt Aktiv und Passiv

Für alle Konjugationen gilt: Infinitiv Präsens + Personalendung

Konjunktiv Perfekt Aktiv

Für alle Konjugationen gilt: Perfektstamm + Futur von ‚esse' mit der Ausnahme der 1. P. Sg auf ‚erim' und der 3. P. Pl. auf ‚erint'.

Konjunktiv Plusquamperfekt Aktiv

Für alle Konjugationen gilt: Infinitiv Perfekt Aktiv + Personalendung.

Konjunktiv Perfekt Passiv

Für alle Konjugationen gilt: PPP + entsprechende Form des Konjunktiv Präsens von ‚esse'

(sim / sis / sit / simus / sitis / sint).

Konjunktiv Plusquamperfekt Passiv

Für alle Konjugationen gilt: PPP + entsprechen Form des Konjunktiv Imperfekt von ‚esse' oder auch Infinitiv Perfekt Passiv + Personalendung.

Konjunktivfunktionen im Hauptsatz (HS)

Tempus	mögl. Kenn-zeichen	Funktion	Übersetzung
Präsens	Negation: ‚ne' eventuell: ‚utinam' / ‚utinam ne' / ‚ne'	Optativ - erfüllbar gedachter Wunsch der GW	‚hoffentlich' + Indikativ
Präsens: 1. P. Pl.	Negation: ‚ne'	Adhortativus	‚lass/lasst uns...' / ‚wir wollen'
Präsens: 2.+3. P. Sg/Pl.	Negation: ‚ne'	Iussivus	‚soll...' / ‚sollen...'
Präsens: 1. P. Sg./Pl.	Negation: ‚non' Satzzeichen: ‚?'	Deliberativus der GW	‚soll...?' / ‚sollen...?'
Präsens	Negation: ‚non'	Potentialis der GW	durch den dt. Konj.II; es muss deutlich werden, dass die Aussage zwar als möglich gedacht, aber nur angenommen ist. Beispiel: ‚man könnte glauben...'
Imperfekt	Negation: ‚ne' Einleitung: ‚utinam' / ‚utinam ne' / ‚ne'	unerfüllbar gedachter Wunsch der GW	durch den dt. Konj.II: ‚wenn doch...'
Imperfekt	Negation:	Potentialis der	durch den dt. Konj.II; es

	‚non‘	VG	muss deutlich werden, dass die Aussage zwar als möglich gedacht, aber nur angenommen ist. Beispiel: ‚man könnte glauben...‘
Imperfekt	Negation: ‚non‘ eventuell: ‚si‘ / ‚nisi‘ im NS	Irrealis der GW	durch den dt. Konj.II
Imperfekt	Negation: ‚non‘ Satzzeichen: ‚?‘	Deliberativus der VG	‚hätte...sollen?‘
Perfekt	Negation: ‚non‘	Potentialis (zeit-stufenneu-tral)	durch den dt. Konj.II; es muss deutlich werden, dass die Aussage zwar als möglich gedacht, aber nur angenommen ist. Beispiel: ‚man hätte glauben können...‘
Perfekt: 2. P. Sg./Pl.	Einleitung immer durch ‚ne‘	Prohibitivus	Verneinter Imperativ
Plusquamperfekt	Negation: ‚ne‘ Einleitung: ‚utinam‘ / ‚utinam ne‘ / ‚ne‘	unerfüllbar ge-dachter Wunsch der VG	durch den dt. Konj.II: ‚wenn doch...‘
Plusquamperfekt	Negation:	Irrealis der VG	durch den dt. Konj.II

	‚non‘ eventuell: ‚si‘ / ‚nisi‘ im NS		

Konjunktivfunktionen im Nebensatz (NS)

Tempus	**Kennzeichen**	**Funktion**	**Übersetzung**
Präsens	Verneinung: ‚non‘ Einleitung: ‚si‘	Potentialis der GW	durch den dt. Konj.II; es muss deutlich werden, dass die Aussage zwar als möglich gedacht, aber nur angenommen ist. Beispiel: ‚man könnte glauben...‘
Imperfekt	Verneinung: ‚non‘ Einleitung: ‚si‘ / ‚nisi‘	Irrealis der GW	durch den dt. Konj.II
Perfekt	Verneinung: ‚non‘ Einleitung: ‚si‘ / ‚nisi‘	Potentialis der VG	durch den dt. Konj.II; es muss deutlich werden, dass die Aussage zwar als möglich gedacht, aber nur angenommen ist. Beispiel: ‚man hätte glauben können...‘
Plusquamperfekt	Verneinung:	Irrealis der VG	durch den dt. Konj.II

	‚non' Einleitung: ‚si' / ‚nisi'		

Konjunktiv in Relativsätzen

Ein Konjunktiv im Relativsatz zeigt an, dass die attributive Bestimmung des Relativsatzes nicht rein objektiv ist, sondern dass die Meinung des Sprechers/Schreibers größeres Gewicht hat. Er gibt diesem Relativsatz einen ‚Nebensinn'.

Relativsätze mit finalem Sinn

Dieser finale Sinn kann nur durch den Sinnzusammenhang deutlich werden. Das Prädikat des Relativsatzes muss so übersetzt werden, dass die Absicht - der finale Sinn - deutlich wird:

Caesar mittit milites, qui videant....	Caesar schickt Soldaten, die sehen sollen.... / die die Aufgabe haben zu sehen...
Caesar magnum numerum militum cogit, quos ... mittat...	Caesar versammelt eine große Zahl an Soldaten, die er schicken will...

Relativsätze mit konsekutivem Sinn

Ein konsekutiver Sinn liegt dann vor, wenn entsprechend dem vorhergehenden Sinn ein ‚tam', ‚talis', ‚tantus' oder ähnliches ergänzt werden könnte.

Non is (talis) sum, qui ... terrear.	Ich bin nicht (so) einer, der sich erschrecken ließe.

Tempestas secuta est, quae naves deleret.	Es folgte ein (so starkes) Unwetter, das die Schiffe zerstörte.

Ein konsekutiver Sinn liegt ebenfalls vor nach Ausdrücken wie:

... sunt, qui ...	es gibt Leute, die ...
nemo est, qui ...	es gibt niemanden, der ...
quis est, qui ...	wen gibt es, der ...
(non) est, quod ...	es besteht (kein) Grund ...

Wichtig: Nach einem verneinten übergeordneten Satz kann statt ‚qui non, quae non, quod non‘ einfach ‚quin‘ stehen!!!

Wichtige und häufig vorkommende Konjunktionen

Falls ein Tempus angegeben ist, kommt die Konjunktion nur in Verbindung mit dem angegebenen Tempus vor. Ansonsten sind alle Tempora möglich, die dann in den meisten Fällen der consecutio temporum (Zeitenfolgeregel) folgen.

‚cum' mit dem Indikativ

temporale	(damals) als
iterativum	jedes mal wenn; sooft als
inversivum	als; als plötzlich [Präs./Perf.]
coincidens	indem; wenn; dadurch, dass
cum primum	sobald (als) [Perf.]

'cum' mit dem Konjunktiv

historicum	als [Imperf.] nachdem [Plsqpf.]
causale	da; weil
concessivum	obwohl; obgleich
adversativum	während (dagegen)

modale	indem [Präs./Imperf.]

'dum' mit dem Indikativ

temporale	während [nur Präs.]
temporale	solange (als)
temporale	(solange,) bis [Perf.]

'dum' mit dem Konjunktiv

temporal/final	solange, bis; damit inzwischen
konditional/optativ	wenn nur (Negation 'ne')

'ut' mit dem Indikativ

komparativ	wie
komparativ/kausal	wie; da ja [Präs./Imperf.]

,ut' mit dem Konjunktiv

optativ	dass; Inf. mit ,zu' [Präs./Imperf.] Verneinung: ,ne' Nach Verben des Fürchtens, Hinderns und Verweigerns bedeutet ,ne' = ,dass'. Die Verneinung wird durch ,ut' oder ,ne non' ausgedrückt.
final	damit; Inf. mit ,um...zu' [Präs./Imperf.] Verneinung: ,ne'

	Nach Verben des Fürchtens, Hinderns und Verweigerns bedeutet ‚ne' = ‚damit'. Die Verneinung wird durch ‚ut' oder ‚ne non' ausgedrückt.
konsekutiv	so dass [Präs./Imperf./Perf.] Verneinung: ‚non'
konzessiv	gesetzt dass; wenn auch Verneinung: ‚non'

'quod' mit dem Indikativ

kausale / objektiv	da; weil [objektiver Grund]
faktisch	dass; was das anbetrifft, dass; (was) die Tatsache (angeht), dass

'quod' mit dem Konjunktiv

kausale / subjektiv	da; weil [subjektiver Grund]

Consecutio temporum - Zeitenfolgeregel

Tempus im Hauptsatz	**GZ**	**VZ**	**NZ**
Haupttempus: **- Präsens** **- Futur**	Konj. Prä- sens	Konj. Perfekt	-urus sim, sis ...
Nebentempus: **- Imperfekt** **- Perfekt** **- Plusquamperfekt**	Konj. Imper- fekt	Konj. Plusquamper- fekt	- urus essem, esses ...

Inf. Präs. oder PPA bezeichnen immer die GZ; Inf. Perf. und PPP immer die VZ und Inf. Fut. bzw. PFA immer die NZ.

Die nd-Formen

Gerundium (nd-Typ-I)

Das Gerundium stellt den substantivierten Infinitiv dar. Es kommt nur im Neutrum Sg. vor.

Als mögliche Kasusendungen erscheinen nur ‚-i', ‚-o' und ‚-um'. Der Dativ ist sehr selten; er kommt nur in Verbindung mit Adjektiven oder Verben vor, die den Dativ verlangen. Der Akkusativ wird nur in Verbindung mit der Präposition ‚ad' gebraucht.

Deklinationsbeispiel

	a-Konj.	**e-Konj.**	**i-Konj.**	**kons. Konj.**	**gem. Konj**
Nom.	amare	monere	audire	legere	capere
Gen.	ama-nd-i	mone-nd-i	audi-e-nd-i	leg-e-nd-i	capi-e-nd-i
Dat.	ama-nd-o	mone-nd-o	audi-e-nd-o	leg-e-nd-o	capi-e-nd-o
Akk.	ad ama-nd-um	ad mone-nd-um	ad audi-e-nd-um	ad leg-e-nd-um	ad capi-e-nd-um
Abl.	(in) ama-nd-o	(in) mone-nd-o	(in) audi-e-nd-o	(in) leg-e-nd-o	(in) capi-e-nd-o

Übersetzungsmöglichkeiten

Gen.	**ars vivendi**	**die Kunst zu leben**	**Infinitiv mit ‚zu'**
	facultas fugiendi	die Möglichkeit zu fliehen; die Fluchtmöglichkeit	Infinitiv mit ‚zu'; zusammengesetztes Substantiv

Gen. vor ‚causa‘	discendi causa	um zu lernen	Infinitiv mit ‚um zu‘
Dat.	par pugnando; adesse scribendo	gleichwertig zum Kampf; beim Schreiben helfen	Übersetzung entsprechend dem dt. Gebrauch des Adj. bzw. Verbs mit einem Substantiv
Akk. mit ‚ad‘	ad discendum	um zu lernen	Infinitiv mit ‚um zu‘
Abl. ohne Präp.	discendo	durch Lernen; indem er... lernt / dadurch, dass er... lernt	‚durch‘ mit Substantiv; Nebensatz mit ‚indem‘, ‚dadurch, dass‘
Abl. mit ‚in‘	in discendo	beim Lernen; während er... lernt	‚beim‘ mit Substantiv; Nebensatz mit ‚während‘

Das Gerundium kann in allen Kasus durch ein Objekt und/oder ein Adverb näher bestimmt bzw. erweitert werden:

Paratus sum ad discendum linguam Latinam. Paratus sum ad prudenter discendum.

Gerundivum

Das Gerundivum ist sprachgeschichtlich älter als das Gerundium, so dass wir annehmen müssen, dass das Gerundium aus dem Gerundivum hervorgegangen ist.

Es kommt in allen drei Genera und im Sg. und Pl. vor und kann durch ein Adverb näher bestimmt werden.

Gerundivum als Attribut (nd-Typ-II)

Es wird wie ein Adjektiv der o-/a-Deklination dekliniert und hat immer ein Beziehungswort in KNG-Kongruenz.

Deklinationsbeispiel

Singular

Kasus	masculinum	femininum	neutrum
Nom.	ama-nd-us	ama-nd-a	ama-nd-um
Gen.	ama-nd-i	ama-nd-ae	ama-nd-i
Dat.	ama-nd-o	ama-nd-ae	ama-nd-o
Akk.	ama-nd-um	ama-nd-am	ama-nd-um
Abl.	ama-nd-o	ama-nd-a	ama-nd-o

Plural

Nom.	ama-nd-i	ama-nd-ae	ama-nd-a
Gen.	ama-nd-orum	ama-nd-arum	ama-nd-orum
Dat.	ama-nd-is	ama-nd-is	ama-nd-is
Akk.	ama-nd-os	ama-nd-as	ama-nd-a
Abl.	ama-nd-is	ama-nd-is	ama-nd-is

Es gelten die gleichen Übersetzungsmöglichkeiten wie beim Gerundium!!!

Gerundivum in Verbindung mit ‚esse' (Gerundivum als Prädikatsnomen) (nd-Typ-III)

Der eigentliche Charakter des Gerundivums - es ist nämlich im Prinzip ein Partizip Präsens Passiv - wird in Verbindung mit ‚esse' deutlich; es wird dann zum Prädikatsnomen. Es stellt dann ein Verbaladjektiv mit passiver Bedeutung dar, wobei es den Charakter eines ‚Müssens' bzw. nach Verneinung des ‚(nicht) Dürfens' annimmt. Es kann durch Adverbien näher bestimmt werden.

Da es die Funktion eines Prädikatsnomen hat, kann es nur im Nominativ bzw. im Akkusativ als Bestandteil eines ACI vorkommen!

Beispiele:

Industria laudanda est.	Der Fleiß muss gelobt werden.
Industria non laudanda est.	Der Fleiß darf nicht gelobt werden.
Dolores fortiter patiendi sunt.	Die Schmerzen müssen tapfer ertragen werden.

Das Gerundivum eines transitiven Verbs kann in persönlicher Konstruktion als Prädikatsnomen gebraucht werden, wobei die handelnde Person im Dativ (Dat. auctoris) steht:

Tu (Lucius) mihi laudandus es (est)	Ich muss dich (Lucius) loben
Vos (Milites) mihi non laudandi estis (sunt)	Ich darf euch (die Soldaten) nicht loben

Das Gerundivum eines intransitiven Verbs kann nur in unpersönlicher Konstruktion - im Neutrum mit der 3. P. Sg. - als Prädikatsnomen gebraucht werden, wobei die handelnde Person ebenfalls im Dativ (Dat. auctoris) steht:

Eundum est	Man muss gehen
Eundum mihi est	Ich muss gehen

Der Dat. auctoris wird nach dem Gerundivum eines Verbs, welches mit dem Dat. konstruiert wird, zum Abl. mit a/ab.

Beispiel:

Parentibus parendum est	Man muss den Eltern gehorchen
Parentibus a liberis parendum est	Die Kinder müssen den Eltern gehorchen

Prädikativer Gebrauch des Gerundivums (nd-Typ-IV)

Nach den Verben:

concedere; committere; permittere	überlassen; anvertrauen; zugestehen
curare	lassen; besorgen
dare	geben
relinquere	zurücklassen
suscipere	übernehmen; auf sich nehmen
tradere	übergeben

drückt das Gerundivum eine Absicht bzw. einen Zweck aus. Es kann nur im Akkusativ als Objekt bei aktivem Prädikat bzw. im Nominativ als Subjekt bei passivem Prädikat stehen.

Übersetzung:

Do tibi litteras legendas	Ich gebe dir den Brief zu lesen (als einen zu lesenden)
Dantur tibi litterae legendae	Dir wird ein Brief zu lesen gegeben

Partizipialkonstruktionen

Wesensmerkmal der Partizipialkonstruktionen ist, dass zum Partizip immer ein Beziehungswort in KNG-Kongruenz steht.

ablativus absolutus (abl. abs.)

Der Lateiner verwendet den abl. abs. nur dann, wenn das Wort des Ablativs keine Funktion im Satz hat.

participium coniunctum (pc)

Beim participium coniunctum hat das Beziehungswort des Partizips eine weitere Funktion im Satz.

Bildungsgesetz:

Partizip Präsens Aktiv (PPA):

Das PPA drückt immer die Gleichzeitigkeit aus (Übersetzungshilfe: ‚während').

Deklinationsbeispiel Singular:

	a-Konj.	**e-Konj.**	**i-Konj.**	**kons. Konj.**	**gem. Konj**
Nom.	ama-ns	mone-ns	audi-e-ns	leg-e-ns	capi-e-ns
Gen.	ama-nt-is	mone-nt-is	audi-e-nt-is	leg-e-nt-is	capi-e-nt-is
Dat.	ama-nt-i	mone-nt-i	audi-e-nt-i	leg-e-nt-i	capi-e-nt-i
Akk.	ama-nt-em	mone-nt-em	audi-e-nt-em	leg-e-nt-em	capi-e-nt-em
Abl.	ama-nt-e	mone-nt-e	audi-e-nt-e	leg-e-nt-e	capi-e-nt-e

Deklinationsbeispiel Plural:

	a-Konj.	e-Konj.	i-Konj.	kons. Konj.	gem. Konj
Nom.	ama-nt-es	mone-nt-es	audi-e-nt-es	leg-e-nt-es	capi-e-nt-es
Gen.	ama-nt-ium	mone-nt-ium	audi-e-nt-ium	leg-e-nt-ium	capi-e-nt-ium
Dat.	ama-nt-ibus	mone-nt-ibus	audi-e-nt-ibus	leg-e-nt-ibus	capi-e-nt-ibus
Akk.	ama-nt-es	mone-nt-es	audi-e-nt-es	leg-e-nt-es	capi-e-nt-es
Abl.	ama-nt-ibus	mone-nt-ibus	audi-e-nt-ibus	leg-e-nt-ibus	capi-e-nt-ibus

Das PPA wird nach der gemischten Dekl. dekliniert.

Partizip Perfekt Passiv (PPP):

Das PPP stellt die bei den sogenannten unregelmäßigen Verben gelernte letzte Stammform dar. Es wird wie die Adjektive der o-/a-Deklination dekliniert.

Das PPP drückt immer die Vorzeitigkeit aus (Übersetzungshilfe ‚nachdem'). Eine Ausnahme bilden teilweise die Deponentien.

Partizip Futur Aktiv (PFA):

Als Grundlage dient das PPP.

Statt der Endungen -us, -a, -um werden die Endungen -urus, -ura, -urum gesetzt.

Das PFA drückt immer die Nachzeitigkeit aus und muss futurisch übersetzt werden.

Übersetzungsmöglichkeiten (pc und abl. abs.):

Grundsätzlich unterscheiden wir 5 Kategorien:

wörtliche Übersetzung. Eine wörtliche Übersetzung bietet sich häufig beim PPA an, wenn dieses attributiv gebraucht ist.

Übersetzung durch einen Relativsatz. Ein Relativsatz bietet sich nur dann an, wenn das Partizip attributiv gebraucht ist. Dieses ist beim PPP sehr selten der Fall. Beim abl. abs. ist sie nicht möglich!

Unterordnung durch einen Nebensatz (temporal, kausal, konzessiv, konditional, modal)

Beiordnung durch einen Hauptsatz mit logischer Verknüpfung

Einordnung durch einen präpositionalen Ausdruck entsprechend einer logischen Verknüpfung

Übersicht und Beispiel für den Satz ‚Marcus a patre vocatus statim it.‘:

logische Abhängigkeit	Unterordnung	Beiordnung	Einordnung
	Marcus geht sofort,	Marcus wird vom Vater gerufen und geht	Marcus geht
temporal	als; nachdem; sobald	darauf; danach; dann	nach dem Ruf
kausal	da; weil	deshalb; daher	wegen des Rufes
konzessiv	obwohl; obgleich	trotzdem; dennoch	trotz des Rufes
konditional	wenn; falls	in diesem Fall	im Falle eines Rufes
modal	indem; dadurch, dass	(und) so	durch den Ruf
	er vom Vater gerufen worden ist.	sofort.	des Vaters sofort.

Die konditionale und modale Übersetzungsmöglichkeit ist relativ selten.

Akkusativ mit Infinitiv(aci)

Der aci stellt im Prinzip ein Akk. Obj. dar, welches eine abhängige Aussage vor allem nach Verben, die ein Denken, Sagen oder Wahrnehmen ausdrücken, beinhaltet.

Marcus	amicum	intrare	videt
S	S des aci	Inf. = P des aci	P

In der Übersetzung bleibt der HS (Marcus videt); der aci wird in einen dass-Satz verwandelt, wobei das Subj. des aci zum Subj und der Inf., das Prädikat des aci, zum Prädikat des dass-Satzes werden.

Aktionsarten der Vergangenheit (Vergangenheitstempus)

Tempus	**Aktionsart**	**Beispiel**
Imperfekt		Imperator fugitivum interrogabat.
	durativ – Dauer	Der Feldherr befragte den Flüchtling pausen-los.
	conativ – Versuch	Der Feldherr versuchte den Flüchtling auszu-fragen.
	frequentativ - Wiederholung	Der Feldherr befragte den Flüchtling immer wieder.
Perfekt	historisch	im Dt.: Präteritum = die vergangene Handlung hat keine besondere Beziehung zur Gegenwart des Sprechers.
	konstatierend	im Dt.: Perfekt = die vergangene Handlung hat eine Beziehung zur Gegenwart des Sprechers (Ich habe meine Hausaufgaben gemacht). In einer Rede sollte das lat. Perfekt auch im Dt. mit dem Perfekt wiedergegeben werden.

Kasus bei ‚esse'

‚esse' mit	(Kasus-)Funktion	Beispiel
Nominativ	Kopula mit Prädikatsnomen	Gaius agricola est : Gaius ist ein Bauer.
Genitiv	gen. qualitatis	Vir summae fortitudinis est : Der Mann ist (von größter Tapferkeit) sehr tapfer.
	gen. possessivus	Equus imperatoris est : Das Pferd gehört dem Feldherrn. (Der Besitzer wird betont.) Imperatoris est execeritum ducere : Es ist Aufgabe des Feldherrn, ein Heer zu führen.
Dativ	dat. possessivus	Equus imperatori est . Das Pferd gehört dem Feldherrn. (Der Besitz wird betont.)
	dopp. Dat. (dat. finalis)	Salus mihi curae est : Die Gesundheit liegt mir am Herzen / macht mir Sorge.
Akkusativ	Kopula mit Prädikatsnomen im ACI	Dico Gaium agricolam esse : Ich sage, dass Gaius ein Bauer ist.
Ablativ	abl. qualitatis	Murus urbis magna altitudine est : Die Stadtmauer ist (von großer Höhe) sehr hoch.
	nach ‚in' als adverbiale Bestimmung für den Besitz geistiger Eigenschaften	In imperatore magna auctoritas est : Der Feldherr besitzt großes Ansehen / Einfluss.

Komparation

Positiv

Der Positiv stellt die Grundform der Steigerung dar und besteht aus dem ‚normalen' Adjektiv.

Komparativ

Der Komparativ stellt die zweite Steigerungsform dar. Er wird gebildet, indem die Gen.-Sg.-Endung entfällt und für Masculinum und Femininum ‚-ior' und für das Neutrum ‚-ius' angehängt wird.

Wird ein Vergleichsobjekt nicht genannt, übersetzen wir den Komparativ mit dem Positiv und dem Zusatz wie ‚zu', ‚etwas', ‚ziemlich', ‚recht'...

Ein Vergleich kann entweder durch ‚quam' oder durch den abl. comparationis ausgedrückt werden:

Lucius celerior quam Marcus est // Lucius celerior Marco est.

Superlativ

In der Regel wird der Superlativ auf ‚-issimus', ‚-issima', ‚-issimum' gebildet.

Ausnahmen:

Adjektive auf ‚-lis' bilden den Superlativ mit ‚-limus' (facilis -> facillimus).

Adjektive auf ‚-er' bilden den Superlativ mit ‚-rimus' (miser -> miserrimus).

Steht die durch einen Superlativ ausgedrückte Eigenschaft nicht im Vergleich zu schon genannten Eigenschaften, übersetzen wir den Superlativ durch den Elativ (sehr + Positiv).

Kasuslehre: Die Funktion der einzelnen Kasus

Nominativ

Der Nominativ steht auf die Frage: ‚wer? oder was?‘ und bezeichnet immer das Subjekt bzw. Wörter, die sich auf das Subjekt beziehen.

Genitiv

Bezeichnung	**Inhalt**	**Frage**	**Präposition / Signal**
definitivus	Definitionsangabe	-	z.B.: nomen dictatoris = der Titel Diktator.
obiectivus	Angabe des Objektes	-	amor dei = die Liebe zu Gott (der Gen. ist logisches Objekt).
partitivus	Das Ganze eines Teiles	wo von? wessen?	Nach Wörtern, die ein Maß / Menge bezeichnen. Nach subst. gebrauchten Pronomina Nach subst. gebrauchten Quantitätsadverbien bzw. Komparativen / Superlativen.
possessivus	Angabe des Besitzers	wessen?	Betonung des Besitzers
pretii	Wertangabe	-	nach Verben des Geltens und Wertens und nach Quantitätsadjektiven: ‚magni esse‘ = viel wert sein; viel gelten

qualitatis	Eigenschaft	-	nach Zahl-, Maß-, Art- und Wertbestimmung: ‚puer novem annorum'
subiectivus	Angabe des Subjektes	-	amor dei = die Liebe Gottes (der Gen. ist logisches Subjekt).

Dativ

Bezeichnung	**Inhalt**	**Frage**	**Präposition / Signal**
Dativ als Objekt	Objekt	wem?	-
commodi / incommodi	Interesse	für wen?	Person / Sache, zu deren Gunsten / Nachteil etwas geschieht
auctoris	logisches Subjekt	-	bei Gerundivum mit ‚esse'
possessivus	Besitzer	wem?	Betonung des Besitzes
finalis	Zweck	wozu?	doppelter Dativ : praesidio mihi esse = mir zum Schutz dienen

Akkusativ

Bezeichnung	**Inhalt**	**Frage**	**Präposition / Signal**
Akk. als Objekt	Objektsangabe	wen? was?	nach transitiven Verben
Adv. Bestim-	Raum- / Zeitstre-	wie	-

mung der räuml. / zeitl. Ausdehnung	cke	hoch? wie tief? wie lang? wie breit? / wie lange?	
Adv. Bestim-mung der Richtung	Ziel	wohin?	in; ad; sub....
doppelter Akk.	Prädikatsnomen als Zielangabe	wozu?	nach Verben, die ein: - ‚machen‘, ‚wählen‘, ‚ernennen‘ / - ‚haben‘, ‚beurteilen‘ / - ‚sich zeigen‘, ‚sich bewähren‘ ausdrücken.

Ablativ

Bezeichnung	**Inhalt**	**Frage**	**Präposition / Signal**
causae	Grund	weshalb	äußerer und innerer Beweg-grund
comparationis	Vergleich	-	nach Komparativ
instrumentalis	Mittel und Werkzeug	womit? wodurch?	-
limitationis	Beziehung	in welcher Hinsicht?	-

locativus	Ortsangabe	wo?	in ; sub
mensurae	Maß des Unterschieds	um wie viel?	Komparativ bzw. komparativischer Begriff
modi	Art und Weise	wie? wodurch?	ohne ‚cum', wenn adj. Attribut vorhanden; mit ‚cum', wenn kein Attribut vorhanden.
qualitatis	Eigenschaft	-	Angabe von körperl. und geistigen Eigenschaft mit Attribut.
separativus	Trennung	woher? wovon?	a; ab; abs; de; e; ex; sine...
sociativus	Begleitung	mit wem?	cum
temporis	Zeitpunkt	wann?	-

Adverb

Die Adjektive der -o und -a-Dekl. bilden das Adverb auf ‚-e' (Gen.-Sg.-Endung weg + ‚-e').

Die Adjektive der -i-Deklination bilden das Adverb auf ‚-iter' (Gen.-Sg.-Endung weg + ‚-iter').

Die Adjektive mit ‚-nt' als Stammauslaut fügen lediglich ein ‚-er' an.

Der Komparativ eines Adverbs ist identisch mit dem Akk.-Sg.-Neutr. des Komparativs auf ‚-ius'.

Der Superlativ eines Adverbs endet auf ‚-e' (cf. -o/-a-Deklination).

Beispiele:

Positiv	**Positiv-Adverb**	**Komparativ-Adverb**	**Superlativ-Adverb**
validus	valide	validius	validissime
miser	misere	miserius	miserrime
fortis	fortiter	fortius	fortissime
sapiens	sapienter	sapientius	sapientissime

Bedeutungsgruppen

Wie im Deutschen werden auch im Lateinischen bestimmte Eigenschaften von Wörtern durch bestimmte Umformungen bzw. Endungen festgesetzt.

Substantive

‚-(a/i)tor' / ‚trix'	Bezeichnung des Täters : ‚victor' / ‚gladiator'
‚-(t/s)io' / ‚-tus' (u-Dekl.)	Bezeichnung einer Handlung in ihrem Verlauf: ‚dilectio' / ‚fluctus'
‚-os' / ‚-ium'	Bezeichnung eines Verbalabstraktum: ‚amor' / ‚studium'
-'ia' / ‚itia' / ‚-ities' / ‚-tas' / ‚-tus' / ‚-tudo'	Bezeichnung von Eigenschaften : ‚superbia'
‚-men' / ‚-trum' / ‚-c(u)lum' / ‚-bulum'	Bezeichnung von Mittel oder Werkzeug: ‚ornamentum'
‚-ulo-' / ‚-culo-'	Bezeichnung für Deminutiva (Verkleinerungen): ‚adulescentulus'

Adjektive

‚-ilis' / ‚-bilis'	Bezeichnung einer aktiven / passiven Möglichkeit : ‚mobilis'
‚-osus' / ‚-olentus'	Bezeichnung einer Fülle: ‚gloriosus'
‚-eus'	Bezeichnung eines Stoffes: ‚aureus'

Verben

‚-tare‘ / ‚-sare‘ / ‚-itare‘	Bezeichnung einer Verstärkung bzw. Wiederholung: ‚captare‘
‚-urire‘	Bezeichnung eines Verlangens: ‚esurire‘
‚-scere‘	Bezeichnung eines Beginns: ‚crescere‘

Präpositionen

Akkusativ		**Ablativ**	
ad	zu; bei; an	a,ab, abs	von - weg; heraus; Angabe der handelnden Person im Passiv
adversus	gegen(über)	coram	in Gegenwart von
ante	vor	cum	mit
apud	bei	de	von - herab; über
circa / circum	rings (her)um	e, ex	aus
circiter	(ungefähr) um	palam	offen vor; in Gegenwart von
citra	diesseits	prae	vor
contra	gegen(über)	pro	vor; für
erga	gegen	sine	ohne
extra	außerhalb		
in	in; an; auf; nach (wohin?)	in	in; an; auf (wo?)
infra	unterhalb		
inter	zwischen; unter		
intra	innerhalb		
iuxta	dicht bei; neben		

ob	vor - hin; entgegen; wegen		
penes	bei; in Gewalt von		
per	durch		
post	hinter; nach		
praeter	vorbei - an; über - hinaus		
prope	nahe bei		
propter	nahe bei; wegen		
secundum	längs; gemäß; nächst		
sub	unter (wohin?)	sub	unter (wo?)
supra	oberhalb; über		
trans	jenseits; über - hinüber		
ultra	jenseits; über - hinaus		

Bedeutung der Präpositionen und weiteren Vorsilben in zusammengesetzten Verben (Komposita)

a-; ab; abs-	ab-; fort-; weg-	am-; amb-	ringsum-; um
ad-	an-; dabei-; herbei-; hinzu-	dis-	auseinander-; miss-; weg-
ante	vor-; voran-	intro	hinein-

circuì	ringsherum-; um-	ne-; nec-	nicht
co-; com-; con-	zusammen-	por-	dar-; hin-
de-	herab-; hinab-; weg- völlig (als Verstärkung)	re-; red-	wider-; wieder-; zurück-
e-; ex-	aus-; ent-; heraus- völlig (als Verstärkung)	se-	ab-; beiseite-; weg-
in-	ein-; hinein-		
inter-	dazwischen-; unter-		
ob-; obs-	entgegen-		
per-	hindurch- (bis zum Ende) völlig; sehr (als Verstär-kung)		
post-	nach-; hinan-		
prae-	vor-; vorher-; voraus-		
praeter-	vorbei-		
pro-; prod-	hervor-; vor-		
sub-	darunter-; unter-; heimlich		
super-	darüber-; über-		
tra-; trans-	hinüber-; über-		

ACI im Relativsatz

Steht in einem Relativsatz ein ACI und das Relativpronomen stellt den Subjektsakkusativ dar, sprechen wir von einer ‚relativen Verschränkung'.

Übersetzungsregel: Das Relativpronomen wird zum Subjekt des dt. Relativsatzes und der Infinitiv das Prädikat. Das lt. Prädikat wird in Parenthese übersetzt.

Beispiel:

Hostes ad flumen fugerunt,	quod	post oppidum	esse	demonstratum est.
Die Feinde flohen zum Fluss,	der	hinter der Stadt	war / vorbeifloss	wie dargelegt worden ist.

Also: Die Feinde flohen zum Fluss, der - wie dargelegt worden ist - hinter der Stadt vorbeifloss.

Pronomina

quis? quid?	wer? was?
aliquantum	ziemlich viel
aliquantus, aliquanta, aliquantum	ziemlich groß
aliquot	ziemlich viele
alius...alius	der eine ... der andere (bei mehr als zweien)
alter ... alter	der eine ... der andere (von zweien)
alter, altera, alterum	der eine; der andere (von beiden)
hic, haec, hoc	dieser, diese, dieses (bei mir)
idem, eadem, idem	derselbe, dieselbe, dasselbe
ille, illa, illud	jener (da), jene (da), jenes (da) (bei ihm)
ipse, ipsa, ipsum	selbst; unmittelbar; gerade
is, ea, id	dieser, diese, dieses; der, die, das; er, sie, es
iste, ista, istud	dieser da, diese da, dieses da (bei dir)
nemo, nullius, nemini, neminem, nullo	niemand
neuter, neutrius, neutri, neutrum, neutro	keiner (von beiden)
nihil, nullius, nulli, nihil, nulla	nichts

qualis, quale	wie beschaffen; welch ein
quantum	wie (viel)
quantus, quanta, quantum	wie groß
qui, quae, quod	der, die, das
quicumque, quaecumque, quodcumque	wer auch immer; jeder, der; alles, was (Neutr.)
quidam, quaedam, quoddam	ein gewisser
quis; qui; aliquis; aliqui; quisquam; ullus	(irgend)jemand; (irgend)einer; (irgend)etwas Beachte: nach ‚si‘, ‚nisi‘, ‚ne‘ und ‚num‘ fällt das ‚ali‘ um!!!
quisque, quidque; quique, quaeque, quodque	jeder (einzelne)
quisquis, quidquid	wer auch immer; jeder, der; alles, was (Neutr.)
quivis, quidvis; quivis; quaevis, quodvis; quilibet, quidlibet; quilibet; quaelibet,quodlibet	jeder (beliebige)
quot	wie (viele)
talis, talis, tale	so beschaffen; solch
tantum	so viel; nur
tantus, tanta, tantum	so groß
tot	so viele
unus, unius, uni, unum, uno	einer

uter, utrius, utri, utrum, utro	wer (von beiden)
uterque, utraque, utrumque	jeder (von beiden)

Übersetzungsmöglichkeiten des Passivs

Lat. Beispiel-satz	Übersetzung	Übersetzungsart	Sinnrichtung
Puer lavatur	der Junge wird gewaschen	wörtlich	Der Junge leidet unter Umständen darunter; ihm wird etwas angetan
Puer lavatur	der Junge wäscht sich	reflexiv	Der Junge ‚tut sich selbst etwas an'
Puer lavatur	der Junge lässt sich waschen	reflexiv mit lassen	Der Junge hat sein Einverständnis dazu gegeben
Terra movetur	die Erde bebt	intransitiv	andere Übersetzung für: die Erde wird bewegt (von wem?) die Erde bewegt sich (um die Sonne oder??) gemeint ist aber ein Erdbeben
vivitur	man lebt / es wird gelebt	unpersönliches Aktiv	bei Verben, die kein persönl. Passiv bilden können

Adjektive

Adjektive der i-Deklination

Die Adj. der i-Dekl. werden in drei Gruppen eingeteilt:

Adj. mit drei verschiedenen Endungen im Nom. Sg. (eine Endung je Genus)

Adj. mit zwei verschiedenen Endungen im Nom. Sg. (eine Endung für m. + f. und eine für n.)

Adj. mit nur einer Endung im Nom. Sg. für alle Genera.

Alle Endungen (bis auf den Nom. Sg.) sind identisch mit den Endungen der i-Dekl.

Adj. mit drei verschiedenen Endungen im Nom. Sg. (eine Endung je Genus)

In den Vokabeln sind alle drei Endungen angegeben.

Singular	**masculinum**	**femininum**	**neutrum**
Nom.	acer	acr-is	acr-e
Gen.	acr-is	acr-is	acr-is
Dat.	acr-i	acr-i	acr-i
Akk.	acr-em	acr-em	acr-e
Abl.	acr-i	acr-i	acr-i
Plural	masculinum	femininum	neutrum
Nom.	acr-es	acr-es	acr-ia
Gen.	acr-ium	acr-ium	acr-ium
Dat.	acr-ibus	acr-ibus	acr-ibus
Akk.	acr-es	acr-es	acr-ia
Abl.	acr-ibus	acr-ibus	acr-ibus

Adjektive mit zwei Endungen

Adj. mit zwei verschiedenen Endungen im Nom. Sg. (eine Endung für m. + f. und eine für n.)

In den Vokabeln ist eine Form für m. + f. und eine für n. angegeben.

Singular	**masculinum**	**femininum**	**neutrum**
Nom.	crudel-is	crudel-is	crudel-e

Gen.	crudel-is	crudel-is	crudel-is
Dat.	crudel-i	crudel-i	crudel-i
Akk.	crudel-em	crudel-em	crudel-e
Abl.	crudel-i	crudel-i	crudel-i
Plural	masculinum	femininum	neutrum
Nom.	crudel-es	crudel-es	crudel-ia
Gen.	crudel-ium	crudel-ium	crudel-ium
Dat.	crudel-ibus	crudel-ibus	crudel-ibus
Akk.	crudel-es	crudel-es	crudel-ia
Abl.	crudel-ibus	crudel-ibus	crudel-ibus

Adjektive mit einer Endung

Adj. mit nur einer Endung im Nom. Sg. für alle Genera.

In den Vokabeln ist der Nom. Sg. und der Gen. Sg. angegeben.

Singular	**masculinum**	**femininum**	**neutrum**
Nom.	ingens	ingens	ingens
Gen.	ingent-is	ingent-is	ingent-is
Dat.	ingent-i	ingent-i	ingent-i
Akk.	ingent-em	ingent-em	ingens
Abl.	ingent-i	ingent-i	ingent-i
Plural	masculinum	femininum	neutrum

Nom.	ingent-es	ingent-es	ingent-ia
Gen.	ingent-ium	ingent-ium	ingent-ium
Dat.	ingent-ibus	ingent-ibus	ingent-ibus
Akk.	ingent-es	ingent-es	ingent-ia
Abl.	ingent-ibus	ingent-ibus	ingent-ibus

Das Prädikativum

Das Prädikativum ist ein Satzteil oder Satzglied, welches eine Verbindung zum Beziehungswort (Kasus, Numerus, Genus-Kongruenz) und Prädikat besitzt, es kann aus einem Nomen, Adjektiv oder Partizip bestehen.

Adjektivisches Prädikativum (nur über das Textverständnis zu erkennen)

Milites laeti in castra reverterunt.	Die fröhlichen (nicht die traurigen) Soldaten kehrten in das Lager zurück.
	Also kein Prädikativum, sondern Attribut, da ja die Eigenschaft der Soldaten erläutert wird.
Milites laete in castra reverterunt.	Die Soldaten kehrten fröhlich in das Lager zurück.
	ebenfalls kein Prädikativum, sondern Adverb, da ja die Handlungsweise (Prädikat) näher erläutert wird. Die Gangart ist fröhlich, d.h. sie hüpfen etc.
Milites laeti in castra reverterunt.	Häufige Übersetzung: Die Soldaten kehrten fröhlich in das Lager zurück.
	Hier wird laeti wie ein Adverb übersetzt, was ja falsch ist, da laeti kein Adverb ist.
	Sinntreffende Übersetzung: Die Soldaten kehrten als fröhliche (innerlich froh) in das Lager zurück.
	Hier wird deutlich, dass der Wesenszug, der Gemütszustand, der Soldaten beschrieben wird; es liegt ein Prädikativum vor!
Marcus primus ad tumulum venit.	Markus kommt als erster zum Hügel.

	Hier ist primus prädikativ gebraucht; das macht bei der Übersetzung keine Schwierigkeiten. Primus als Attribut: Der erste Markus kommt zum Hügel.

Substantivisches Prädikativum

Caesar imperator in Galliam venit	Der Feldherr Caesar kommt nach Gallien.
	Imperator ist als Apposition gebraucht.
	Caesar kommt (in seiner Eigenschaft) als Feldherr nach Gallien.
	Imperator ist prädikativ gebraucht.

Partizipiales Prädikativum

Die partizipialen Prädikativum (nur beim participium coniunctum möglich) sollten durch einen Adverbialsatz übersetzt werden. Die Übersetzung durch einen Relativsatz hat eher einen attributiven Charakter.

Pronominaladjektive

alius, alia, aliud

alius, alia, aliud - ein anderer, eine andere, ein anderes

SINGULAR	masculinum	femininum	neutrum
Nominativ	alius	alia	aliud
Genitiv	alterius	alterius	alterius
Dativ	alii	alii	alii
Akkusativ	alium	aliam	aliud
Ablativ	alio	alio	alio
PLURAL			
Nominativ	alii	aliae	alia
Genitiv	aliorum	aliarum	aliorum
Dativ	aliis	aliis	aliis
Akkusativ	alios	alias	alia
Ablativ	aliis	aliis	aliis

alter, altera, alterum

alter, altera, alterum - der eine von beiden, die eine von beiden das eine von beiden

SINGULAR	masculinum	femininum	neutrum
Nominativ	alter	altera	alterum

Genitiv	alterius	alterius	alterius
Dativ	alteri	alteri	alteri
Akkusativ	alterum	alteram	alterum
Ablativ	altero	altera	altero

neuter, neutra, neutrum

neuter, neutra, neutrum - wer von beiden ?, welche von beiden ?, was von beiden ?

SINGULAR	**masculinum**	**femininum**	**neutrum**
Nominativ	neuter	neutra	neutrum
Genitiv	neutrius	neutrius	neutrius
Dativ	neutrum	neutri	neutri
Akkusativ	neutrum	neutram	neutrum
Ablativ	neutro	neutra	neutro

nullus, nulla, nullum

nullus, nulla, nullum - keiner, keine, keines (adjektivisch gebraucht)

SINGULAR	**masculinum**	**femininum**	**neutrum**
Nominativ	nullus	nulla	nullum
Genitiv	nullius	nullius	nullius
Dativ	nulli	nulli	nulli

Akkusativ	nullum	nullam	nullum
Ablativ	nullo	nulla	nullo

Bei männlichen Personenbezeichnungen steht nemo statt nullus (nemo civis - kein Bürger)

solus, sola, solum

solus, sola, solum - allein

SINGULAR	**masculinum**	**femininum**	**neutrum**
Nominativ	solus	sola	solum
Genitiv	solius	solius	solius
Dativ	soli	soli	soli
Akkusativ	solum	solam	solum
Ablativ	solo	sola	solo

totus, tota, totum

totus, tota, totum - ganz

SINGULAR	**masculinum**	**femininum**	**neutrum**
Nominativ	totus	tota	totum
Genitiv	totius	totius	totius
Dativ	toti	toti	toti
Akkusativ	totum	totam	totum

Ablativ	toto	tota	toto

ullus, ulla, ullum

ullus, ulla, ullum - irgendeiner, irgendeine, irgendetwas

SINGULAR	**masculinum**	**femininum**	**neutrum**
Nominativ	ullus	ulla	ullum
Genitiv	ullius	ullius	ullius
Dativ	ulli	ulli	ulli
Akkusativ	ullum	ullam	ullum
Ablativ	ullo	ulla	ullo

unus, una, unum

unus, una, unum - einer, eine, eines

SINGULAR	**masculinum**	**femininum**	**neutrum**
Nominativ	unus	una	unum
Genitiv	unius	unius	unius
Dativ	uni	uni	uni
Akkusativ	unum	unam	unum
Ablativ	uno	una	uno

uter, utra, utrum

uter, utra, utrum - wer von beiden ?, welche von beiden ?, was von beiden ?

SINGULAR	masculinum	femininum	neutrum
Nominativ	uter	utra	utrum
Genitiv	utrius	utrius	utrius
Dativ	utrum	utri	utri
Akkusativ	utrum	utram	utrum
Ablativ	utro	utra	utro

Konjugationstabellen

Aktiv Indikativ Präsens

Konj.	**Aktiv Indikativ Präsens**
a	laud-o, lauda-s, lauda-t, lauda-mus, lauda-tis, lauda-nt
e	dele-o, dele-s, dele-t, dele-mus, dele-tis, dele-nt
i	audi-o, audi-s, audi-t, audi-mus, audi-tis, audi-u-nt
kons.	ag-o, ag-i-s, ag-i-t, ag-i-mus, ag-i-tis, ag-u-nt
gemischte	capi-o, capi-s, capi-t, capi-mus, capi-tis, capi-u-nt

Aktiv Indikativ Imperfekt

Konj.	**Aktiv Indikativ Imperfekt**
a	lauda-ba-m, lauda-ba-s, lauda-ba-t, lauda-ba-mus, lauda-ba-tis, lauda-ba-nt
e	dele-ba-m, dele-ba-s, dele-ba-t, dele-ba-mus, dele-ba-tis, dele-ba-nt
i	audi-eba-m, audi-eba -s, audi-eba -t, audi-eba-mus, audi-eba-tis, audi-eba-nt
kons.	ag-eba-m, ag-eba-s, ag-eba-t, ag-eba-mus, ag-eba-tis, ag-eba-nt
gemischte	capi-eba-m, capi-eba-s, capi-eba-t, capi-eba-mus, capi-eba-tis, capi-eba-nt

Aktiv Indikativ Futur

Konj.	**Aktiv Indikativ Futur**
a	lauda-b-o, lauda-bi-s, lauda-bi-t, lauda-bi-mus, lauda-bi-tis, lauda-b-u-nt
e	dele-b-o, dele-bi-s, dele-bi-t, dele-bi-mus, dele-bi-tis, dele-b-u-nt
i	audi-a-m, audi-e-s, audi-e-t, audi-e-mus, audi-e-tis, audi-e-nt
kons.	ag-a-m, ag-e-s, ag-e-t, ag-e-mus, ag-e-tis, ag-e-nt
gemischte	capi-a-m, capi-e-s, capi-e-t, capi-e-mus, capi-e-tis, capi-e-nt

Aktiv Konjunktiv Präsens

Konj.	**Aktiv Konjunktiv Präsens**
a	laud-e-m, laud-e-s, laud-e-t, laud-e-mus, laud-e-tis, laud-e-nt
e	dele-a-m, dele-a-s, dele-a-t, dele-a-mus, dele-a-tis, dele-a-nt
i	audi-a-m, audi-a-s, audi-a-t, audi-a-mus, audi-a-tis, audi-a-nt
kons.	ag-a-m, ag-a-s, ag-a-t, ag-a-mus, ag-a-tis, ag-a-nt
gemischte	capi-a-m, capi-a-s, capi-a-t, capi-a-mus, capi-a-tis, capi-a-nt

Aktiv Konjunktiv Imperfekt

Konj.	**Aktiv Konjunktiv Imperfekt**
a	lauda-re-m, lauda-re-s, lauda-re-t, lauda-re-mus, lauda-re-tis, lauda-re-nt
e	dele-re-m, dele-re-s, dele-re-t, dele-re-mus, dele-re-tis, dele-re-nt
i	audi-re-m, audi-re -s, audi-re -t, audi-re-mus, audi-re-tis, audi-re-nt
kons.	ag-ere-m, ag-ere-s, ag-ere-t, ag-ere-mus, ag-ere-tis, ag-ere-nt
gemischte	cap-ere-m, cap-ere-s, cap-ere-t, cap-ere-mus, cap-ere-tis, cap-ere-nt

Aktiv Indikativ Perfekt

Aktiv Indikativ Perfekt
lauda-v-i, lauda-v-isti, lauda-v-it, lauda-v-imus, lauda-v-istis, lauda-v-erunt

Aktiv Indikativ Plusquamperfekt

Aktiv Indikativ Plusquamperfekt
lauda-v-eram, lauda-v-eras, lauda-v-erat, lauda-v-eramus, lauda-v-eratis, lauda-v-erant

Aktiv Indikativ Futur II

Aktiv Indikativ Futur II
lauda-v-ero, lauda-v-eris, lauda-v-erit, lauda-v-erimus, lauda-v-eritis, lauda-v-erint

Aktiv Konjunktiv Perfekt

Aktiv Konjunktiv Perfekt
lauda-v-erim, lauda-v-eris, lauda-v-erit, lauda-v-erimus, lauda-v-eritis, lauda-v-erint

Aktiv Konjunktiv Plusquamperfekt

Aktiv Konjunktiv Plusquamperfekt
lauda-v-isse-m, lauda-v-isse-s, lauda-v-isse-t, lauda-v-isse-mus, lauda-v-isse-tis, lauda-v-isse-nt

Passiv Indikativ Präsens

Konj.	Passiv Indikativ Präsens
a	laud-o-r, lauda-ris, lauda-tur, lauda-mur, lauda-mini, lauda-ntur
e	dele-o-r, dele-ris, dele-tur, dele-mur, dele-mini, dele-ntur
i	audi-o-r, audi-ris, audi-tur, audi-mur, audi-mini, audi-u-ntur
kons.	ag-o-r, ag-e-ris, ag-i-tur, ag-i-mur, ag-i-mini, ag-u-ntur
gemischte	capi-o-r, cap-e-ris, capi-tur, capi-mur, capi-mini, capi-u-ntur

Passiv Indikativ Imperfekt

Konj.	Passiv Indikativ Imperfekt
a	lauda-ba-r, lauda-ba-ris, lauda-ba-tur, lauda-ba-mur, lauda-ba-mini, lauda-ba-ntur
e	dele-ba-r, dele-ba-ris, dele-ba-tur, dele-ba-mur, dele-ba-mini, dele-ba-ntur
i	audi-eba-r, audi-eba -ris, audi-eba –tur, audi-eba-mur, audi-eba-mini, audi-eba-ntur
kons.	ag-eba-r, ag-eba-ris, ag-eba-tur, ag-eba-mur, ag-eba-mini, ag-eba-ntur
gemischte	capi-eba-r, capi-eba-ris, capi-eba-tur, capi-eba-mur, capi-eba-mini, capi-eba-ntur

Passiv Indikativ Futur

Konj.	**Passiv Indikativ Futur**
a	laud-b-o-r, lauda-be-ris, lauda-bi-tur, lauda-bi-mur, lauda-bi-mini, lauda-bu-ntur
e	dele-b-o-r, dele-be-ris, dele-bi-tur, dele-bi-mur, dele-bi-mini, dele-bu-ntur
i	audi-a-r, audi-e-ris, audi-e-tur, audi-e-mur, audi-e-mini, audi-e-ntur
kons.	ag-a-r, ag-e-ris, ag-e-tur, ag-e-mur, ag-e-mini, ag-e-ntur
gemischte	capi-a-r, capi-e-ris, capi-e-tur, capi-e-mur, capi-e-mini, capi-e-ntur

Passiv Konjunktiv Präsens

Konj.	**Passiv Konjunktiv Präsens**
a	laud-e-r, laud-e-ris, laud-e-tur, laud-e-mur, laud-e-mini, laud-e-ntur
e	dele-a-r, dele-a-ris, dele-a-tur, dele-a-mur, dele-a-mini, dele-a-ntur
i	audi-a-r, audi-a-ris, audi-a-tur, audi-a-mur, audi-a-mini, audi-a-ntur
kons.	ag-a-r, ag-a-ris, ag-a-tur, ag-a-mur, ag-a-mini, ag-a-ntur
gemischte	capi-a-r, capi-a-ris, capi-a-tur, capi-a-mur, capi-a-mini, capi-a-ntur

Passiv Konjunktiv Imperfekt

Konj.	Passiv Konjunktiv Imperfekt
a	lauda-re-r, lauda-re-ris, lauda-re-tur, lauda-re-mur, lauda-re-mini, lauda-re-ntur
e	dele-re-r, dele-re-ris, dele-re-tur, dele-re-mur, dele-re-mini, dele-re-ntur
i	audi-re-r, audi-re –ris, audi-re –tur, audi-re-mur, audi-re-mini, audi-re-ntur
kons.	ag-ere-r, ag-ere-ris, ag-ere-tur, ag-ere-mur, ag-ere-mini, ag-ere-ntur
gemischte	cap-ere-r, cap-ere-ris, cap-ere-tur, cap-ere-mur, cap-ere-mini, cap-ere-ntur

Passiv Indikativ Perfekt

Passiv Indikativ Perfekt
laudatus, -a, -um + sum, es, est, sumus, estis, sunt

Passiv Indikativ Plusquamperfekt

Passiv Indikativ Plusquamperfekt
laudatus, -a, -um + eram, eras, erat, eramus, eratis, erant

Passiv Indikativ Futur II

Passiv Indikativ Futur II
laudatus, -a, -um + ero, eris, erit, erimus, eritis, erunt

Passiv Konjunktiv Perfekt

Passiv Konjunktiv Perfekt
laudatus, -a, -um + sim, sis, sit, simus, sitis, sint

Passiv Konjunktiv Plusquamperfekt

Passiv Konjunktiv Plusquamperfekt
laudatus, -a, -um + essem, esses, esset, essemus, essetis, essent

Infinitive Präsens/Perfekt/Futur Aktiv // Präsens/Perfekt Passiv

Konj.	**Infinitive Präsens/Perfekt/Futur Aktiv // Präsens/Perfekt Passiv**
a	lauda-re / lauda-v-isse / lauda-turum esse // lauda-ri / lau-da-tum esse
e	dele-re / dele-v-isse / dele-turum esse // dele-ri / dele-tum esse
i	audi-re / audi-v-isse / audi-turum esse // audi-ri / audi-tum esse

kons.	age-re / eg-isse / ac-turum esse // ag-i / ac-tum esse
gemischte	cape-re / cep-isse / cap-turum esse // cap-i / cap-tum esse

Imperativ Sg./ Pl. // -nd-Form// Partizip Präsens Aktiv

Konj.	**Imperativ Sg./ Pl. // -nd-Form// Partizip Präsens Aktiv**
a	lauda / lauda-te // lauda-nd-us // lauda-ns
e	dele / dele-te // dele-nd-us, // dele-ns
i	audi / audi-te // audi-end-us // audi-ens
kons.	age / ag-ite // ag-end-us // ag-ens
gemischte	cape / cap-ite // capi-end-us, // capi-ens

esse, sum, fui – sein

Aktiv Indikativ Präsens
su-m, e-s, es-t, su-mus, es-tis, su-nt

Aktiv Indikativ Imperfekt
er-a-m, er-a-s, er-a-t, er-a-mus, er-a-tis, er-a-nt

Aktiv Indikativ Futur I
er-o, er-i-s, er-i-t, er-i-mus, er-i-tis, er-u-nt

Aktiv Konjunktiv Präsens
si-m, si-s, si-t, si-mus, si-tis, si-nt

Aktiv Konjunktiv Imperfekt
es-se-m, es-se-s, es-se-t, es-se-mus, es-se-tis, es-se-nt

posse, possum, potui

Aktiv Indikativ Präsens
pos-sum, pot-es, pot-est, pos-sumus, pot-estis, pos-sunt

Aktiv Indikativ Imperfekt
pot-eram, pot-eras, pot-erat, pot-eramus, pot-eratis, pot-erant

Aktiv Indikativ Futur I
pot-ero, pot-eris, pot-erit, pot-erimus, pot-eritis, pot-erunt

Aktiv Konjunktiv Präsens
pos-sim, pos-sis, pos-sit, pos-simus, pos-sitis, pos-sint

Aktiv Konjunktiv Imperfekt
pos-se-m, pos-se-s, pos-se-t, pos-se-mus, pos-se-tis, pos-se-nt

prodesse, prosum, profui

Aktiv Indikativ Präsens
pro-sum, prod-es, prod-est, pro-sumus, prod-estis, pro-sunt

Aktiv Indikativ Imperfekt
prod-eram, prod-eras, prod-erat, prod-eramus, prod-eratis, prod-erant

Aktiv Indikativ Futur I
prod-ero, prod-eris, prod-erit, prod-erimus, prod-eritis, prod-erunt

Aktiv Konjunktiv Präsens
pro-sim, pro-sis, pro-sit, pro-simus, pro-sitis, pro-sint

Aktiv Konjunktiv Imperfekt
prod-essem, prod-esses, prod-esset, prod-essemus, prod-essetis, prod-essent

ire, eo, ii, itum

	Indikativ	Konjunktiv	Imperativ	Infinitiv nd-Form	Partizip
Präsens	eo is it imus itis eunt	eam eas eat eamus eatis eant	i (Singular) ite (Plural	eundus, -a, -um (nd-Form)	iens, euntis
Imperfekt	ibam ibas ...	irem ires ...			
Futur-I	ibo ibis ...			iturum, - am, -um esse (Infinitiv)	iturus, -a, -um
Perfekt	i-i i-isti / isti i-it i-imus i-istis / istis i-erunt	i-erim i-eris ..		isse (Infini- tiv)	
Plusquam- perfekt	i-eram i-eras ...	isse-m isse-s ...			
Futur-II	i-ero i-eris ...				

Komposita zu ire (Stammformen werden regelmäßig gebildet: Vorsilbe + entsprechende Form von ‚ire')

abire	weggehen
adire	herangehen
circumire	herumgehen; umgehen
exire	herausgehen
inire	hineingehen
interire	untergehen
perire	zugrunde gehen
praterire	vorübergehen
redire	zurückgehen
subire	unternehmen
transire	hinübergehen; überqueren
venire	verkauft werden (= Passiv)

ferre

ferre, fero, tuli, latum - tragen; bringen

ferre wird nach der konsonantischen Konjugation wie legere konjugiert:

Ausnahmen:

Präsens Indikativ Aktiv	fer-o, fer-s, fer-t, fer-imus, fer-tis, fer-u-nt
Imperativ	fer (Singular)

	ferte (Plural)

Komposita zu ferre

afferre	affero	attuli	allatum	herbeitragen
auferre	aufero	abstuli	ablatum	wegtragen
conferre	confero	contuli	collatum	zusammentragen
differre	differo	distuli	dilatum	verschieben
efferre	effero	extuli	elatum	hinaustragen
inferre	infero	intuli	illatum	hineintragen
offerre	offero	obtuli	oblatum	anbieten
perferre	perfero	pertuli	perlatum	ertragen
referre	refero	rettuli	relatum	zum Inhaltbringen; mel-den
tollere	tollo	sustuli	sublatum	aufheben; beseitigen

velle, nolle, malle

Perfekt, Plusquamperfekt und Futur-II werden regelmäßig gebildet!

velle	volo	volui	wollen
nolle	nolo	nolui	nicht wollen
malle	malo	malui	lieber wollen

		velle	**nolle**	**malle**
Präsens	Indikativ	vol-o vis vult vol-umus vultis vol-u-nt	nol-o non vis non vult nol-umus non vultis nol-u-nt	mal-o mavis mavult mal-umus mavultis mal-u-nt
	Konjunktiv	velim velis ...	nolim nolis ...	malim malis ...
Imperfekt	Indikativ	volebam volebas	nolebam nolebas	malebam malebas
	Konjunktiv	vellem velles ...	nollem nolles ...	mallem malles ...
Futur-I		volam voles ...	nolam noles ...	malam males ...
	Imperativ		noli (Singular) nolite (Plural)	
Partizip Präsens		volens	nolens	malens

DIVERSES

Sprichwörter und Redewendungen: Zum Lernen und Angeben:

Lateinische Sprichwörter und Redewendungen findet man in vielen literarischen Texten.

Aber auch in einer gepflegten Unterhaltung mit gebildeten Menschen werden sie gerne verwendet. Damit Sie auch dann noch mitreden können, wenn es über simple Asterix-Zitate hinausgeht, finden Sie hier lateinische Zitate und Redewendungen für alle Gelegenheiten.

Latein	Erläuterung	Deutsch
Aberratio ictus		Den Falschen treffen.
	In der Rechtsprechung: Ein Täter trifft nicht das eigentlich gemeinte Opfer, sondern jemanden oder etwas anderes.	
Ab hinc		Von hier an.
Ab initio		Von Anbeginn oder „von Anfang an.
	Wird häufig in den Naturwissenschaften verwendet.	
Ab origine		Vom Ursprung.
Ab ovo	*Horaz, Ars poetica: „Bellum Troianum orditur ab ovo.*	Vom Ei her. = Vom Ursprung her.

	Bezieht sich auf das Ei der Leda und die Geburt der Helena, deren Entführung später zum Trojanischen Krieg führte.	
Ab urbe condita (A. U. C.)		Im Jahre ... seit der Gründung der Stadt (Rom)
Absolvo te.		Ich spreche dich frei. -
Absolution bei der Beichte. Der ganze Satz lautet: Ego te absolvo a peccatis tuis in nomine Patris et Filii et Spiritus Sancti. Amen. – Ich spreche dich frei von deinen Sünden im Namen des Vaters, des Sohnes und des Heiligen Geistes. Amen.		
Abyssus abyssum invocat.		Ein Fehler zieht den nächsten (einen anderen nach sich).
Accipere quam facere praestat iniuriam.	*Cicero, Tusculanae disputationes – Gespräche in Tusculum*	Unrecht erleiden ist besser als Unrecht tun.
Acta, non verba.		Taten, nicht Worte!
Ad absurdum führen.		Beweisen, nachweisen, dass etwas unsinnig ist.
Ad acta		Zu den Akten
	Etwas zu den Akten legen, als erledigt betrachten.	
Ad astra.		Zu den Sternen.

	Per aspera ad astra: Über Raues (Mühen) zu den Sternen (zum Erfolg).	
Addito salis grano		Unter Hinzufügung eines Körnchens Salz
	Wird heute verwendet, um darauf hinzuweisen, dass eine Aussage nicht uneingeschränkt gültig ist.	
Ad hoc		Für das Vorliegende.
	Für diesen Augenblick gemacht, zu dieser Sache passend. Aber auch: Improvisiert, aus dem Stegreif.	
Ad honorem.		Zu Ehren.
Adhuc flagranti crimine		Auf frischer Tat - Vergleiche In flagranti
Ad infinitum		Ins Unendliche
Ad libitum (ad lib)		Nach Lust und Laune
	Dies ist eine Aufforderung zum freien musikalischen Improvisieren.	
Ad multos annos.		Auf viele Jahre.
Ad oculos demonstrare.		Vor Augen führen. Etwas beweisen.

Ad rem!		Zur Sache!
Advocatus diaboli.		Anwalt des Teufels.
Jemand, der um der Diskussion willen einen unpopulären Standpunkt (den er persönlich nicht teilt) vertritt. Aus dem Heiligsprechungsverfahren der römisch-katholischen Kirche: derjenige, der Argumente gegen eine Heiligsprechung vorbringen muss.		
Aequis aequus.		Den Rechten recht.
Alea iacta est.		Der Würfel ist gefallen.
Der römische Schriftsteller Sueton berichtet, dass Julius Caesar am 10. Januar 49 v. Chr. unschlüssig mit seiner Armee am Grenzfluss Rubikon stand als ein Hirte kam, einem Soldaten die Trompete entriss und den Fluss überschritt. Darauf sagte Caesar: *Eatur quo deorum ostenta et inimicorum iniquitas vocat. Iacta alea est. – Dorthin führt der Weg, wohin die Zeichen der Götter und die Schandtaten der Feinde rufen.*		
Alma mater		Nährende Mutter -
	Ausdruck für die Universität, die jemand besucht oder besucht hat. Das Wort Immatrikulation ist von mater abgeleitet.	
Alter ego.		Das andere Ich. Ein Stellvertreter.
	Ursprünglich ein Mensch, der einem geistig sehr nahe steht, ein guter Freund. Heute oft eine zweite Facette einer Per-	

	sönlichkeit oder eine stellvertretende Figur.	
Altera Pars.		Die andere Partei.
Ama et fac quod vis!	*Augustinus*	Liebe und tue was du willst!
A maiore ad minus		Vom Größeren zum Kleineren
	Schlussfolgerung z. B. vom Allgemeinen auf das Einzelne. Das Gegenteil: A minore ad maius - Schluss vom Kleineren auf das Größere	
Amantes amentes.		Liebende sind Verrückte. - Terenz, Andria I, 3
Amicus certus in re incerta cernitur.		In der Not erkennst du den wahren Freund
Anima Mundi	*Platon*	Weltseele
Laut Platon auf die gesamte Natur verteilt. Die Weltseele ist die Bewegerin der Welt. Sie enthält alles Körperliche und seine Elemente in sich. Sie erkennt alles.		
Animal bipes implume		Federloser Zweibeiner
Platon erklärte seinen Schülern der Mensch gehöre zum Tierreich, gehe auf zwei Beinen, besitze aber weder Fell noch Federn. Dies hörte Diogenes, rupfte einen vorbeilaufenden Hahn und rief: Da, verehrter Platon, da hast du deinen Menschen! Platon erweiterte daraufhin seine Definition: Animal implume, bipes, latis unguibus - Der Mensch ist ein zweibeiniges Lebewesen ohne Federn mit breiten Nägeln.		

Anno Domini (A. D.)		(Im) Jahr des Herrn -
	Bezeichnet ein Jahr, das nach dem traditionellen Geburtsjahr Christi berechnet ist: n. Chr	
Annuntio vobis gaudium magnum - Habemus Papam.		Ich verkünde euch eine große Freude. Wir haben einen (neuen) Papst.
	Mit diesen Worten wird nach einem erfolgreichen Konklave der neue Papst der Öffentlichkeit vorgestellt. Siehe auch Habemus Papam.	
Ante christum.		Vor Christi Geburt.
Ante meridiem (a. m.)		Vor Mittag - In der Zeit von Mitternacht bis Mittag. Siehe auch post meridiem
	Die Bezeichnungen a.m. und p.m. findet man heute z.B. bei Zeitangaben im englischsprachigen Raum.	
Apelles post tabulam		Apelles hinter dem Bild
	Der griechische Maler Apelles hört sich angeblich hinter seinem Gemälde	

	versteckt das Urteil der Betrachter über seine Gemälde an.	
A posteriori		Im Nachhinein
	Nur durch Erfahrung gültig. Bezogen auf die Geltung von Wahrheiten (Erkenntnisse / Wissen / Einsichten)	
A priori		Von vornherein.
	Vor jeder Erfahrung bzw. unabhängig von Erfahrung gültig.	
Aquae furtivae dulciores sunt		Gestohlene Wasser sind süßer.
Ars longa, vita brevis.		Die Kunst ist lang, das Leben kurz.
Ars vitae		Lebenskunst
Ars vivendi		Die Kunst zu leben
Artem non odit nisi ignarus.		Nur der Dumme verachtet die Kunst.
	Inschrift über dem Portal des Neuen Museums auf der Museumsinsel in Berlin	
Audacter calumniare, semper aliquid haeret.	*Plutarch*	Verleumde dreist, etwas bleibt immer

		hängen.
Audiatur et altera pars.		Auch die andere Partei soll gehört werden.
	Maxime, die auf Römisches Recht zurückgeht: In einem Rechtsstreit genügt es nicht, nur eine Seite zu Wort kommen zu lassen.	
Aurea mediocritas		Die goldene Mitte
Aurora Borealis		Polarlicht
Aurora war die griechische Göttin der Morgenröte, Boreas der Nordwind. Genau genommen ist Aurora borealis das Nordlicht in der Arktis und Aurora australis das Südlicht in der Antarktis.		
Aut prodesse volunt aut delectare poetae.	*Horaz*	Dichter wollen entweder nützen oder unterhalten. -
	Nach Horaz die Wirkung von Dichtung, die sich auf ästhetisches Vergnügen und gesellschaftlichen Nutzen richtet.	
Ave!		Sei gegrüßt!
Ave imperator (Caesar)! Morituri te salutant.	*Gruß der Gladiatoren*	Sei gegrüßt Kaiser! Die Todgeweihten grüßen dich.
	Angebliche Grußformel der Gladiatoren vor dem	

	Kampf.	
A verbis legis non est recendum.		Von den Worten des Gesetzes gibt es kein Abweichen.
Barba non facit philosophum.	*Nach Aulus Gellius.*	Der Bart macht keinen Philosophen.
Barbarus hic ergo sum, quia non intellegor ulli.	*Ovid*	Ein Barbar bin ich hier, da ich von keinem verstanden werde.
Beate enim vivendi cupiditate incensi omnes sumus.	*Cicero: De finibus bonorum et malorum 5.86*	Wir alle sind beseelt von der Begierde, glücklich zu leben.
Beatae memoriae		Seligen Andenkens (v. Verstorbenen)
Beati pauperes spiritu	*Zitiert nach der Vulgata, Evangelium nach Matthäus 5, 3*	Selig sind die Armen im Geist.
	Eine der Seligpreisungen aus der Bergpredigt.	
Beatus ille, qui procul negotiis.		Glücklich ist der, der fern von Geschäften/Pflichten ist.
Bella matribus detesta	*Horaz*	Die von den Müttern verfluchten Kriege.
Bellum e bello seritur, ultio trahit ultionem.	*Erasmus von Rotterdam: Querela pacis 28*	Ein Krieg entsteht aus dem anderen, Rache zieht Rache nach sich.

Bellum omnium contra omnes	*Thomas Hobbes*	Krieg aller gegen alle
	Nach Hobbes bestünde dieser, wenn es keine Staatsgewalt gäbe	
Bene docet, qui bene distinguit		Gut lehrt, wer die Unterschiede klar darlegt.
Beneficium accipere est libertatem vendere.	*Publilius Syrus: Sententiae 48*	Einen Gefallen anzunehmen, bedeutet seine Freiheit zu verkaufen.
Bipes asellus	*Juvenal: Saturae 9,92*	Zweibeiniger Esel
Bis dat, qui cito dat	*Zitat aus den Varronischen Sentenzen des Dichters Publilius Syrus*	Doppelt gibt, wer gleich gibt.
Bona fide		In gutem Glauben.
	Begriff aus der Rechtswissenschaft. Dabei handelt es sich um einen Vertrauensschutz in einen Rechtsschein.	
Boni pastoris est tondere pecus non deglubere.	*Äußerung des römischen Kaisers Tiberius über seine Statthalter, laut Sueton*	Ein guter Hirte schert sein Vieh, er zieht ihm nicht das Fell ab.
Bonus vir semper tiro	*Martial*	Ein guter Mensch bleibt immer Anfänger.

Breve enim tempus aetatis satis longum est ad bene honesteque vivendum.	*Cicero: Cato maior de senectute 70*	Auch eine kurze Lebenszeit reicht aus, um gut und ehrenhaft zu leben.
Caecus casus	*Cicero: De divinatione 2.15*	Blinder Zufall
Caesar ad Rubiconem		Caesar am Rubikon
Am Scheideweg. Der Rubikon war der Grenzfluss zwischen der römischen Provinz Gallia cisalpina und dem eigentlichen Italien. Bekannt wurde der Rubikon durch Gaius Julius Caesar. Als der Römische Senat beschloss, dass Caesar sein Heer entlassen müsse, überschritt dieser den Grenzfluss (mit der Bemerkung, dass die Würfel geworfen seien; im Original ein Zitat des griechischen Dichters Menander - bekannt in der lateinischen Fassung alea iacta est – der Würfel ist geworfen/gefallen).		
Canem timidum vehementius latrare quam mordere.	*Curtius Rufus: Historiae Alexandri Magni 7.4,13*	Ein ängstlicher Hund bellt heftiger, als er beißt.
Captatio benevolentiae	*Begriff aus der Rhetorik*	Wohlwollen zu erreichen suchen
Caput mundi		Haupt der Welt
	In der Formel Roma Caput Mundi, Rom als Hauptstadt der Welt.	
Carpe diem!	*Horaz*	Nutze den Tag!
Casus belli	*Cicero: Ad familiares 6.1,7*	Ereignis (Anlass, Rechtfertigung) für einen Krieg; Ursache des Krieges.
Cave canem !		Warnung vor dem

		Hund
	Oft auf Toren von Grundstücken, die von einem Hund bewacht werden. Sozusagen die intellektuelle Form von „Vorsicht, bissiger Hund!“	
Cave Idius Martius.	*Sueton*	Hüte dich vor den Iden des März!
Der römische Historiker Sueton berichtet, der Seher Spurinna habe Gaius Iulius Caesar gewarnt an den Iden (Mitte März) in den Senat zu gehen. Am 15. März 44 v. Chr. wurde Cäsar auf dem Weg zum Senat von Verschwörern erstochen.		
Cessante causa cessat effectus		Entfällt die Ursache, entfällt auch die Wirkung
Ceterum censeo carthaginem esse delendam.	*Senator Marcus Porcius Cato (der Ältere)*	Im übrigen bin ich der Meinung,dass Karthago zerstört werden muss.
	Heute umgangssprachlich für wiederholte Forderung.	
Cibi condimentum fames.	*Sokrates bei Cicero: De finibus bonorum et malorum 2.90*	Hunger würzt die Speise.
	Entspricht dem deutschen Sprichwort Hunger ist der beste Koch.	
Citius, altius, fortius	*Motto der Olympischen*	Schneller, höher, stär-

	Spiele	ker
Civis totius mundi	*Cicero: De legibus 1.61.*	Weltbürger
	- Der Begriff geht auf das griechische kosmopolitēs zurück, mit dem sich der Kyniker Diogenes von Sinope selbst bezeichnete.	
Clericus clericum non decimat		Ein Kleriker fordert vom anderen keine Abgabe. (Kollegialität)
Cogito, ergo sum	*Descartes*	Ich denke, also bin ich.
	Denken als Existenzbeweis. Wenn ich mit meinem Denken jede Sinneserkenntnis in Zweifel ziehen kann, bleibt als letzte Gewissheit die Existenz meines Denkens.	
Commodius tarde navigare quam omnino non navigare.	*Cicero: Ad Atticum 16.4,4*	Es ist besser, langsam zu reisen als überhaupt nicht.
Communi consensu	*Caesar: De bello Gallico 1. 30,5*	Unter allgemeiner Zustimmung
Concursus creditorum		Zusammenlauf der Gläubiger (= Konkurs)
Conscientia mille testes.	*Quintilian: Institutio oratoria 5.11,41*	Das Gewissen steht für tausend Zeugen.

Consensu mutuo	*Corpus Iuris Civilis, Codex Iustinianus 5.34,5,1*	In gegenseitiger Übereinstimmung
Consensu omnium	*Cicero: Pro Scauro 21*	Mit Zustimmung aller
Consuetudinis magna vis est.	*Cicero: Tusculanae disputationes 2.40*	Groß ist die Macht der Gewohnheit.
Consuetudo (quasi) altera natura	*Cicero*	Die Gewohnheit ist die zweite Natur des Menschen.
Consuetudo consuetudine vincitur.	*Thomas a Kempis: De imitatione Christi 1.21,9*	Eine Gewohnheit wird durch eine andere überwunden.
Contradictio in adiecto		Widerspruch in der Beifügung
	In der traditionellen Logik eine widersprüchliche Begriffsbildung, bei der einem Substantiv ein mit ihm logisch unvereinbares Attribut zugesprochen wird; z. B. hölzernes Eisen, schwarzer Schimmel	
Contra legem	*Cicero: In Verrem 2.1,123*	Gegen das Gesetz
Contra vim mortis non est medicamen in hortis	*Salerno*	Gegen den Tod ist kein Kraut gewachsen.
Coram publico		In aller Öffentlichkeit.
Corpus delicti		Gegenstand des Verbrechens

	Z. B. die Tatwaffe, durch die ein Täter einer Straftat überführt werden kann	
Credula res amor est.	*Ovid*	Ein leichtgläubiges Ding ist die Liebe.
Crescit amor nummi, quantum ipsa pecunia crescit.		Die Liebe zum Geld nimmt zu, je mehr das Geld selbst zunimmt. - Zitat aus den Werken des Dichters Juvenal
Crocodili lacrimae	*Plinius der Ältere*	Krokodilstränen
Plinius unterstellte in seiner historia naturalis, die Krokodile weinten ihren Opfern nach, das heißt, sie heuchelten Trauer über ihre Beutetiere.		
Cui bono?	*Z. B. vor Gericht: Wer den Nutzen von einer Straftat hat, ist (oftmals) auch der Täter.*	Wem nützt das?
Cui honorem, honorem	*Paulus*	Ehre, wem Ehre gebürt
Cui prodest?	*Seneca*	Wem nützt es?
	Kurz für cui prodest scelus, is fecit in Senecas Medea: Der Täter ist der, der den Vorteil von der Tat hat.	
Cuiusvis hominis est errare, nullius nisi insipientis perseverare in errore.	*Cicero, Orationes Philippicae (Die Philippischen Reden) 12,5)*	Jeder Mensch kann sich irren, doch nur ein Narr verharrt im Irrtum.

Cuius regio eius religio	*Kernsatz d. Augsburger Religionsfriedens 1555*	Wessen Gebiet es ist, der bestimmt die Religion
Cum laude		Mit Lob (Note)
Cum grano salis		Mit einem Korn Salz
	mit Vorbehalt, mit Einschränkungen	
Cum tacet clamant		Indem sie schweigen, rufen sie.
Curriculum vitae		Lebenslauf
Dat census honores	*Ovid*	übertr.: Reichtum bringt Ansehen
De audito		Vom Hörensagen
De duobus malis minus est eligendum.	*Cicero, De officiis 3.3*	Von zwei Übeln muss man das kleinere wählen.
De facto		Tatsächlich
De gustibus non est disputandum.	*Scholastiker-Sprichwort*	Über Geschmäcker ist nicht zu streiten.
De jure	*Oft im Gegensatz zu „De facto". De jure: So, wie es sein sollte. De facto: So, wie es tatsächlich ist.*	Nach (geltendem) Recht:
De lege lata		Vom erlassenen Gesetz her

De mortuis nil nisi bene		Über die Toten nur gutes
De profundis clamavi ad te domini	*Beginn des Psalms 130 (129)*	Aus den Abgründen habe ich zu dir gerufen, Herr.
Dei gratia		Von Gottes Gnaden
Deo gratias		Gott sei Dank
Deus ex machina	*Platon*	Der Gott aus der Maschine
Difficile est saturam non scribere	*Juvenal*	Es ist schwierig, (darüber) keine satire zu schreiben
Discite iustitiam moniti et non temnere divos!	*Vergil*	Lernet, gewarnt, rechttun und nicht mißachten die Götter!
Divide et impera	*angebl.: Ausspruch Ludwigs XI.*	Teile und herrsche.
Do ut des		Ich gebe, damit du gibst
Docendo discimus		Durch Lehren lernen wir.
Dum spiro spero.		Solange ich atme, hoffe ich.
Doctor iuris utriusque		Doktor beider Rechte (weltl. und kirchl.)

Dominium generosa recusat	*Wappenspruch d. Stadt Pisa*	Die Stolze will keinen Herrn.
Dulce et decorum est pro patria mori	*Horaz*	Süß und ehrenvoll ist es, fürs Vaterland zu sterben.
Dum spiro spero		Solange ich atme, hoffe ich.
Duo cum faciunt idem, non est idem.		Wenn zwei das Gleiche tun, ist es noch lange nicht das selbe.
E contrario		Im Gegenteil
Editio princeps		Ersterscheinung eines Werkes (Buches)
Ego sum, qui sum		Ich bin der, der ich bin
Emeritus		Jemand, der ausgedient hat, im Ruhestand ist
Epistula non erubescit	*Cicero*	Der Brief errötet nicht. (Papier ist geduldig.)
Ergo bibamus!		Drum laßt uns trinken!
Errare humanum est.	*Hieronymus*	Irren ist menschlich.
Et cetera		Und das weitere, und so weiter
Et tu Brute?	*Caesar*	Auch du (mein Sohn) Brutus?

	Angeblicher Ausspruch Caesars bei seiner Ermordung.	
Etiam tacere est respondere		Schweigen ist auch eine Antwort
Ex cathedra		Vom (Papst)stuhl aus.
Cathedra steht für den herausgehobenen Platz eines Bischofs. (In diesem Fall eines B. von Rom). Gemeint ist eine Entscheidung, die unfehlbar und endgültig ist.		
Ex iniuria ius non oritur		Aus Unrecht entsteht kein Recht
Expressis verbis		Ausdrücklich
Extra ecclesiam nulla salus	*Cyprian, Bischof v. Karthago*	Außerhalb der Kirche (findet man) kein Heil.
Fabula docet		Die Fabel lehrt (Die Moral ist ...)
Factum infectum fieri non potest.		Geschehenes kann nicht ungeschehen gemacht werden.
Fama crescit eundo		Das Gerücht wächst im weiterschreiben.
Fas est et ab hoste doceri.	*Ovid*	Auch vom Feind lernen ist Recht.
Favete linguis!	*Horaz*	Hütet eure Zungen!
Felix qui potuit rerum cognoscere causas.	*Vergil*	Glücklich, wem es gelang, den Grund der Dinge zu erkennen.

Fiat iustitia et pereat mundus	*Kaiser Ferdinand I.*	Es geschehe Recht, auch wenn die Welt darüber zugrunde geht.
Fiat lux	*Schöpfungsspruch Gottes (Genesis)*	Es werde Licht!
Finis coronat opus.		Das Ende krönt das Werk.
Festina lente.		Eile mit Weile.
Fluctuat nec mergitur	*Inschrift des Stadtwappens von Paris*	Von den Wogen geschüttelt, wird es doch nicht untergehen.
Fortes fortuna adiuvat	*Terenz*	Den Tüchtigen hilft das Glück.
Fortuna caeca est.	*Cicero (Über die Freundschaft) 54*	Fortuna ist blind.
	Diese Feststellung bezieht sich darauf, dass Glück und Unglück für alle Menschen gleich sind.	
Gaudeamus igitur iuvenes dum sumus.	*Anfang eines Studentenlie des v. W. Kindleben 18.Jh.*	Freuen wir uns also, solange wir jung sind.
Greaca sunt non leguntur		Es ist griechisch, man liest es nicht.
	Wurde im Mittelalter verwendet, wenn der Lehrer bei einer Vorlesung auf	

	einen griechischen Text stieß, den er nicht übersetzen konnte.	
Gutta cavat lapidem.	*Ovid*	Steter Tropfen höhlt den Stein.
Habeas corpus	*Anfang mittelalterl. Haftbefehle in England*	Du habest den Körper
Habemus papam qui sibi imposuit nomen X.	*Verkündung bei der Papstwahl*	Wir haben einen Papst, der sich den Namen X. zugelegt hat.
Habent sua fata libelli	*Terentianus Maurus*	Bücher haben ihre Schicksale
Hannibal ad (falsch: ante) portas	*Warnruf der Römer/ 2. Punischen Krieg*	Hannibal vor den Toren!
Heu me miserum	*Terenz*	Weh mir Armem
Hic et nunc		Hier und jetzt
Hic iacet		Hier liegt begraben....
	Grabsteininschrift	
Hic Rhodos hic salta!	*Äsop: Aus der Fabel „Der Fünfkämpfer als Prahlhans“*	Zeige hier, was du kannst!
Homines sumus nun dei	*Petronius*	Wir sind Menschen, keine Götter
Homo homini lupus	*Maccius Plautus (später zitiert von Hobbes)*	Der Mensch ist dem Menschen ein Wolf.

	Heutige Bedeutung: Der Mensch verhält sich anderen Menschen gegenüber oft nicht menschlich.	
Homo ludens		Der spielende Mensch
Homo novus		Neuer Mensch, Emporkömmling
Homo proponit sed deus disponit		Der Mensch denkt, Gott lenkt
Homo sapiens		Der vernuftbegabte Mensch
Honoris causa	*Doktortitel ehrenhalber (h.c.)*	Ehrenhalber, wegen besonderer Verdienste
Hypotheses non fingus	*Newton*	Ich mache keine Hypothesen
Ibidem		Ebenda (Hinweis zu Büchern)
Ibi fas ubi proxima merces	*Lucanus*	Wo der Gewinn am höchsten, da ist das Recht.
Id est (i.e.)		Das ist, das heisst
Idem (id.)		Der- oder dasselbe
Idem ius omnibus		Gleiches Recht für alle
Idem velle atque idem nolle, ea demum firma		Dasselbe wollen und dasselbe nicht wollen,

amicitia est.		das erst ist feste Freundschaft
Imago animi vultus	*Marcus Tullius Cicero*	Das Gesicht ist ein Abbild der Seele
Ignoramus, ignarobimus		Wir wissen es nicht, wir werden es nicht wissen (den Schlüssel zur Lösung der letzten Rätsel).
Ignorantia iuris nocet		Unkenntnis schützt nicht vor Strafe.
Impavidi progrediamur	*Ernst Haeckel*	Unverzagt wollen wir vorwärtsschreiten.
Impressum	*Oft als Bezeichnung für die (vorgeschriebenen) Herkunftsangaben in Publikationen oder auch auf Webseiten.*	Gedruckt
in absentia		In Abwesenheit
In abstracto		Ganz allgemein
In aeternum		Auf ewig - für immer
In alio mundo		In einer anderen Welt
In articulo mortis		Zum Zeitpunkt des Todes
In Baccho et Venere		Bei Bacchus und Venus

	Bacchus ist der Gott des Weines und Venus die Göttin der Liebe	
In brevi		Im kurzem
In camera		In der Kammer - Im Geheimen
In casu		In jedem Fall
In casum		Für den Fall
	z.B. In casum contraventionis - im Übertretungsfall oder In casum necessitatis - im Notfall	
In concreto		In Wirklichkeit
In corpore		insgesamt, zusammen
In cunabulis		In der Wiege
In dubio pro reo	*gr. Rechtsauffssung nach Aristoteles. So lange man dem Beschuldigten seine Schuld nicht zweifelsfrei nachweisen kann, gilt er als unschuldig.*	Im Zweifel für den Angeklagten - Grundsatz der Rechtsprechung
In duplo		In doppelter (Ausfertigung)
In effigie		Im Abbild - Im Gegensatz zu in Fleisch und Blut oder in persona

In extenso		In ausgedehnter Form - d. h. vollständig, ungekürzt
In fidem		Zum Vertrauen - Zur Verifizierung durch
In fine (i. f.)		Am Ende
In flagrante delicto		Im flammenden Verbrechen - d. h. auf frischer Tat
In flore		In der Blüte
In foro		Auf dem Forum - Vor Gericht
In hoc signo vinces		In diesem Zeichen wirst du siegen
In illo tempore		In jener Zeit - Leitet oft den Evangelientext eines Gottesdienstes ein.
In loco		Am Orte - Wie z. B.: Die Wasserproben wurden in loco analysiert.
In loco parentis		An eines Elternteiles statt
In manus tuas commendo spiritum meum	*Lukas-Evangelium 23, 46 die letzten Worte Jesu am Kreuz*	In deine Hände empfehle ich meinen Geist

In medias res	*Horaz*	(oft auch medias in res) Mitten hinein in die Dinge
	Bezieht sich auf die literarische Technik, eine Erzählung in der Mitte oder gegen Ende der Handlung einsetzen zu lassen. Der Gegensatz dazu ist ab ovo.	
In memoriam		Zum Gedenken an - d.h. in Erinnerung an eine (verstorbene) Person
In natura		In Wirklichkeit - z.B. Er steht in natura vor mir – Er ist wirklich anwesend.
In necessariis unitas, in dubiis libertas, in omnibus caritas	*Rupertus Meldenius*	Im Notwendigen herrsche Einmütigkeit, im Zweifelhaften Freiheit, über allem aber Nächstenliebe
In nomine Patris et Filii et Spiritus sancti		Im Namen des Vaters, des Sohnes und des heiligen Geistes
	Wird in der katholischen Kirche zum Kreuzzeichen nach Matthäus 28,19 gesprochen.	

In nova fert animus mutatas dicere formas	*Anfang der Metamorphosen des Ovid*	Lust wird rege zum Sang, wie sich Formen in andere Körper wandelten. -
In nuce	*Cicero*	In einer Nussschale - In Kürze, auf den Punkt gebracht
	Laut Cicero soll eine Kurzfassung der Ilias in einer Nussschale Platz gehabt haben.	
In omnia paratus		Zu allem bereit
In partibus infidelium		Im Gebiet der Ungläubigen
Ungläubige meint hier Nichtchristen. Nach der Eroberung eines beträchtlichen Teils des römischen Reiches durch den Islam wurden die dortigen Bischofssitze formal nicht aufgegeben und als Ehrentitel an Weihbischöfe vergeben.		
In patriam reducere.		In das Vaterland zurückführen.Mit der Bedeutung von: Erobern
In pectore		In der Brust
	Im Busen - Als Redewendung für im Geheimen. Ursprung des deutschen etwas in petto haben. Ein Kardinal in pectore ist ein vom Papst ernannter Kar-	

	dinal, dessen Name geheim gehalten wird.	
In perpetuam memoriam		Zum ewigen Gedenken
In pluribus unum	*Viele Jahre das de facto Motto der USA*	In der Vielfalt ist die Einheit
praemissis praemittendis, in pp.	*Teil der Grußformel in historischen Briefen*	Unter Vorausschickung des Vorauszuschickenden
In principio erat verbum.	*Anfang des Johannesevangeliums*	Im Anfang war das Wort.
In re		In der Sache (Juristischer Begriff)
In rerum natura		In der Natur der Dinge
In saeculo		In der (profanen) Welt - Also z. B. außerhalb des Klosterlebens oder vor dem Tod.
In salvo		In Sicherheit
In statu nascendi		Im Zustand des Geborenwerdens - Beginn
In situ		Am Platze
An der ursprünglichen Stelle, in der ursprünglichen Position oder Anordnung. In medizinischen Zusammenhängen meint der Ausdruck, dass die Krankheit noch an der ursprünglichen Stelle ist und sich nicht ausgebreitet hat.		
In spe		In der Hoffnung auf, bevorstehend, voraus-

		sichtlich
In toto		Im Ganzen - völlig, gänzlich.
In triplo		In dreifacher (Ausfertigung)
In tyrannos		Gegen die Tyrannen
	Motto von Friedrich Schillers Schauspiel „Die Räuber“	
In varietate concordia		In Vielfalt geeint
	Europamotto, das zur Schaffung einer europäischen Identität beitragen soll.	
In vino feritas.		Im Wein ist Leidenschaft.
In vino veritas.	*Plinius der Ältere*	Im Wein ist Wahrheit.
Invitatio ad offerendum		Aufforderung zur Abgabe eines Angebotes
In vitro		Im Glas
	- Experiment oder Vorgang, der in einer nicht natürlichen Laboranordnung abläuft, zum Beispiel in einem Reagenzglas. Gegenteil: „In vivo“	

In vivo		Im Lebendigen
	Experiment oder Vorgang, der am lebenden Objekt ausgeführt wird, im Gegensatz zu „in vitro“	
Incipite pollicitis addere facta tuis.		Beginnt euren Versprechungen Taten hinzuzufügen!
Inde datae leges, ne firmior omnia posset.		Deshalb gibt es Gesetze, damit der Stärkere nicht alles kann.
Index Librorum Prohibitorum		Index der verbotenen Bücher
Liste von Büchern, die von der katholischen Kirche als häretisch eingestuft sind und daher nicht gelesen werden dürfen. Zuletzt umfasste das Verzeichnis, welches erst 1966 abgeschafft wurde, 6.000 Bücher.		
Infantes perhibent et stultos dicere verum.		Kinder und Narren sagen die Wahrheit.
Infausta		Prognose: verzweifelt - Medizinischer Fachausdruck; siehe auch Prognosis
Infra correcturam (i. c.)		Unterhalb der Korrektur
	Eine Korrektur nicht wert. Ein Korrekturvermerk, der besagt, dass eine Klausur so deutlich die Anforde-	

	rungen verfehlt, dass es nicht lohnt, sie bis zum Ende zu korrigieren.	
Iniqua nunquam regna perpetuo manent.	*Seneca*	Ungerechte Herrschaft bleibt niemals dauernd.
Iniquissimam pacem iustissimo bello antefero.	*Cicero*	Den ungerechtesten Frieden ziehe ich dem gerechtesten Krieg vor.
Initia in potestate nostra sunt, de eventu fortuna iudicat.		Die Anfänge sind in unserer Macht, über den Ausgang entscheidet das Schicksal.
Initio		Am Anfang von
Initium sapientiae timor Domini.		Der Anfang der Weisheit ist die Furcht vor dem Herrn.
Integer vitae scelerisque purus	*Zitat aus den Werken des Dichters Horaz*	Unberührt vom Leben und rein von Verbrechen.
Intellectus agens	*Begriff aus der Theologie des Kirchenlehrers Thomas von Aquin in Anschluss an Aristoteles.*	Tätige Vernunft
	Die tätige Vernunft strukturiert die durch die Sinne gewonnenen Vorstellungen und stellt sie der mög-	

	lichen Vernunft zur Verfügung.	
Intellectus purus	*Begriff aus den Schriften des Philosophen Descartes in Anschluss an Aristoteles.*	Reine Vernunft
	Mit der reinen Vernunft werden die angeborenen Ideen ohne Rückgriff auf die Sinne erkannt.	
Intellego, ut credam.		Ich sehe es ein, um zu glauben.
Interpretatio Christiana		Christliche Auslegung
	Umdeutung heidnischer Bräuche in christliche Bräuche, wie zum Beispiel das Weihnachtsfest	
Inter alia		Unter anderem
Inter Arma Enim Silent Leges	*Cicero aus Pro T. Annio Milone*	Denn unter den Waffen schweigen die Gesetze
Inter cetera		Unter anderem - Titel einer päpstlichen Bulle
Interregnum		Zwischen den Regierungen - Vorübergehende Zeit ohne Regierung
Inter spem et metum		Zwischen Hoffnung

		und Furcht
Inter vivos		Unter Lebenden
Interim fit aliquid.	*aus der Andria des Dichters Terenz*	Inzwischen geschieht etwas. Kommt Zeit, kommt Rat.
Interim velim a sole non obstes.	*Diogenes von Sinope*	Inzwischen möchte ich, dass du mir nicht in der Sonne stehst.
	Diese Worte soll Diogenes von Sinope zu Alexander dem Großen gesagt haben als dieser ihn aufsuchte. Er sagte dies natürlich auf Griechisch.	
Intra muros		Innerhalb der Mauern - D. h. nicht öffentlich
Intra vires		Im Machtbereich
Invidia dolor est ex alienis commodis.	*Publilius Syrus: Sententiae*	Neid ist Leiden unter den Vorteilen anderer. -
Invidia gloriae comes.	*Cornelius Nepos: De excel-lentibus ducibus exterarum gentium*	Neid ist der Begleiter des Ruhms.
Iovem lapidem iurare.		Bei dem Stein Jupiter schwören
Iovi Optimo Maximo		Dem besten und größ-ten Jupiter. Oft auf

		Grabsteinen, die Jupiter geweiht waren
Ipse dixit.		Er selbst hat es gesagt.
Betont, dass eine Behauptung von einer Autorität aufgestellt wurde. Die Anhänger des Pythagoras sollen oft auf dieses Argument (griech. autós epha) zurückgegriffen haben. ER selbst hat es gesagt, galt bei seinen Jüngern als unerschütterliches Argument im Streitgespräch.		
Ipsissima verba		Genau die Worte selbst - D. h. streng Wort für Wort
Ipso facto		Durch die Tatsache selbst.
Eine unvermeidbare, direkte Folge nach sich ziehend. Im juristischen Sinne ein Vertragsbestandteil in der ein später eintretender Umstand eine Folge für den Vertrag nach sich zieht.		
Ipso iure		Von Rechts wegen
	Eine Folge, die nach dem Gesetz ohne weiteres zutun eintritt. Zum Beispiel eine Erbschaft.	
Ira furor brevis.		Der Zorn ist eine kurze Raserei.
	Der ganze Satz lautet: Ira furor brevis est, animum rege, qui nisi paret, impe-	

	rat. Der Zorn ist eine kurze Raserei, beherrsche deine Leidenschaft, wenn sie nicht gehorcht, befiehlt sie.	
Ira initium insaniae.		Der Zorn ist der Anfang des Wahnsinns.
Ire docetur eundo.		Gehen lernt man durch Gehen.
Is fecit, huic prodest.		Der hat es getan, dem es nützt.
Ita est vita hominum.		So ist das Leben der Menschen.
Ita vero		So (ist es) gewiss - Ja, gewiss. Das Lateinische kennt kein eigenes Wort für ja.
Ite, missa est.		Geht, (die Versammlung) ist aufgehoben
	Schlussworte des Priesters in der lateinischen Heiligen Messe. Von dieser Formel ist auch das Wort Messe abgeleitet. Die Antwort lautet Deo gratias.	
Iudex damnatur, cum nocens absolvitur.		Der Richter wird verurteilt, wenn der Schuldige freigesprochen wird.

	Durch ein falsches Urteil macht sich der Richter selbst schuldig, wenn er einen Unschuldigen unterliegen lässt.	
Iudice Fortuna cadat alea.	*Zitat aus dem Satiricon des Dichters Titus Petronius (122,174)*	Mit der Glücksgöttin als Richterin falle der Würfel.
Iudicis est innocentiae subvenire.		Es ist Aufgabe des Richters, der Unschuld zu Hilfe zu kommen.
Iudicium dei		Gottesurteil - Auch iudicium divinum oder ordalium.
	Dem Gottesurteil liegt die Vorstellung zugrunde, ein höheres Wesen greife im Zusammenhang eines Rechtsfindungsprozesses ein, um den Sieg der Gerechtigkeit zu garantieren.	
Iunctis viribus		Mit vereinten Kräften.
Iura novit curia.		Das Gericht kennt das Recht.
Iure		Mit Recht
Iure meritoque		Mit Recht und nach Verdienst. Mit vollem Recht

Iuris praecepta sunt haec; honeste vivere, alterum non laedere.		Die Vorschriften des Rechts sind folgende; ehrenhaft leben, einen anderen nicht schädigen.
Ius civile		Bürgerliches Recht
Im römischen Recht die Gesamtheit aller Rechtsnormen, die ausschließlich auf die römischen Staatsbürger angewandt wurden. Es stand im Gegensatz zu den Bestimmungen, welche den Umgang mit Ausländern regelten und die als Ius gentium bezeichnet wurden.		
Ius divinum		Göttliches Recht
Ius gentium		Völkerrecht , Recht für nicht-Römer
Ius posterius derogat priori.		Späteres Recht bricht früheres Recht.
Ius Sanguinis		Recht des Bluts
Prinzip, nach dem ein Staat seine Staatsbürgerschaft an Kinder verleiht, deren Eltern oder mindestens ein Elternteil selbst Staatsbürger dieses Staates sind. Es wird daher auch Abstammungsprinzip genannt.		
Ius Soli		Recht des Bodens
	Prinzip, nach dem ein Staat seine Staatsbürgerschaft an alle Kinder verleiht, die auf seinem Staatsgebiet geboren werden.	
Ius summum saepe summa est iniuria.		Das höchste Recht ist oft das höchste Unrecht.

Iuvat o miminisse beati temporis.		Oh es erfreut, sich an eine glückliche Zeit zu erinnern!
Iuventus Mundi		Jugend der Welt
	Motto der Don Bosco-Stiftung, die weltweit Straßenkindern hilft	
Korrigenda et Addenda		Druckfehlerverzeichnis und Zusätze
Labor imperantis militum est securitas.	*Caecilius Balbus: Sententiae (F) 103*	Die Sicherheit der Soldaten liegt beim Anführer.
Labor ingenium miseris dat.	*Manilius: Astronomica 1.80.*	Not gibt den Unglücklichen Einfälle. Entspricht dem deutschen Sprichwort Not macht erfinderisch.
Labor omnia vincit.	*Vergil*	Arbeit besiegt alles
	Dieses Motto des US-Bundesstaates Oklahoma ist angelehnt an den berühmten Satz aus Vergils 10. Ekloge Amor Vincit Omnia (Liebe besiegt alles.).	
Laborat magister docens tardos.	*Augustinus: De Musica 4.*	Geplagt ist ein Lehrer, der Schwachköpfe unterrichtet.

Labores Herculis	*Properz: Elegiae 2.23,7–8*	Die Arbeiten des Herkules/ Herakles.
Lacrima nihil citius arescit.	*Cicero.*	Nichts trocknet schneller als eine Träne.
Lapidem, non hominem putes.	*Terenz*	Für einen Stein, nicht für einen Menschen hältst du (mich).
Lapis philosophorum		Stein der Philosophen - Stein der Weisen.
Lapsus calami		Fehler des Schreibrohrs -
	Geringfügiger Schreibfehler.	
Lapsus linguae		Fehler der Zunge
	Geringfügiger Versprecher.	
Lapsus memoriae		Fehler der Erinnerung
	Erinnerungsfehler.	
Latet anguis in herba.	*Zitat aus Vergils Eklogen (3, 93)*	Es lauert eine Schlange im Gras
	Sprichwort, das sich auf eine verborgene Gefahr bezieht.	
Latet error equo. Ne credite, Teucri.	*Zitat aus der Aeneis des römischen Dichters Vergil.*	Es verbirgt sich eine Irreführung in dem Pferd. Traut (ihm)

		nicht, Teukrer!
Warnung vor dem Trojanischen Pferd durch Laokoon. Der nächste Satz ist der berühmte Ausspruch: Quidquid id est, timeo Danaos et dona ferentis. Teukrer ist ein anderer Name für die Trojaner, nach ihrem ersten König Teukros oder Teucer.		
Laudator temporis acti	*Zitat aus den Werken des Dichters Horaz (Ars Poetica 173).*	Lobredner einer vergangenen Zeit: Jemand, der behauptet, dass früher alles besser war.
Laudetur Jesus Christus		Gelobt sei Jesus Christus: Grußformel unter katholischen Christen.
Laus alit artes.		Lob nährt die Künste.
Laus deo.	*Joseph Haydn*	Gelobt sei Gott!
Der Komponist war frommer Katholik, der oft seinen Rosenkranz zur Hand nahm, wenn er bei einer Komposition festgefahren war. Wenn er eine Komposition beendet hatte, pflegte er Laus deo oder eine ähnliche Wendung an das Ende des Manuskripts zu schreiben.		
Laus in ore proprio foetescit.		Lob im eigenen Mund stinkt. - Vergleiche das deutsche Sprichwort Eigenlob stinkt.
Lavabo inter innocentes manos meas.	*Zitat aus der Geschichte um Hiob.*	Ich werde meine Hände unter Unschuldigen waschen.
Lavi in innocentia manos meas.	*Pontius Pilatus*	Ich habe meine Hände in Unschuld gewaschen. - Pontius Pilatus

		nach der Verurteilung Jesu.
Legatus a latere		Päpstlicher Gesandter: Apostolischer Nuntius.
Lector benevole.		Geneigter Leser!
Lectori salutem.		Gruß dem Leser!
Lege artis		Nach den Regeln der Kunst - Vorschriftsmäßig
Hierunter versteht man, dass eine Handlung entsprechend den anerkannten Regeln und unter Anwendung aller Erkenntnisse und technischen wie personellen Fähigkeiten und Kenntnisse ausgeübt wurde.		
Legem brevem esse oportet.	*Poseidonios bei Seneca (Epistulae 94, 38)*	Ein Gesetz muss kurz sein.
Der ganze Satz, lautet: *Legem brevem esse oportet, quo facilius ab imperitis teneatur.* *Ein Gesetz muss kurz sein, damit es von Unkundigen umso leichter behalten werden kann.*		
Legum denique idcirco omnes servi sumus ut liberi esse possimus	*Cicero, Pro Cluentio 53, 146.*	Den Gesetzen gehorchen wir nur deswegen, um frei sein zu können
Legibus solutus		Von den Gesetzen entbunden
	Im Feudalismus unterlagen die Herrschenden nicht den Gesetzen des Landes.	

Legitime		Pflichtteil
	Rechtsbegriff der Legitimität für den Anteil am Besitz eines Verstorbenen, von dem seine Familie nicht enterbt werden kann.	
Leti mille repente viae.	*Zitat aus den Elegien des Dichters Albius Tibullus (1,3,50).*	Tausend Wege führen jetzt plötzlich in den Tod.
Lex mihi ars.		Die Kunst ist mir Gesetz.
Libenter homines id, quod volunt, credunt.	*Caesar.*	Gern glauben die Menschen das, was sie wollen.
Liber signatum septem sigillis.	*Zitat aus der Offenbarung des Johannes (5.1).*	Ein Buch bezeichnet mit sieben Siegeln.
Libertas academica		Akademische Freiheit
Libertas est potestas faciendi id quod jure licet.	*Zitat aus den Werken des Dichters Cicero.*	Freiheit ist die Macht, das zu tun, was nach dem Recht erlaubt ist.
Libertatem, quam peperere maiores, digne studeat servare posteritas.	*Inschrift am Hamburger Rathaus.*	Die Freiheit, die die Vorfahren sich verschafft haben, sollte die Nachkommenschaft würdig zu bewahren streben.
Licentia poetica	*Zitat aus den Werken des*	Dichterische Freiheit

	Philosophen Seneca	
Licentia vatum	*Zitat aus den Werken des Dichters Ovid*	Dichterische Freiheit
Licet.		Es ist erlaubt. - Es steht frei.
Ligna in silvam ferre		Holz in den Wald tragen
Ligneis equis insidere	*Zitat aus den Werken des Dichters Cicero.*	In dem hölzernen Pferd sitzen
	- Hinterlistig wie die Griechen im Trojanischen Pferd.	
Lignum tortum haud umquam rectum.	*Erasmus von Rotterdam: Adagia 1942 (nach Diogenianos)*	Ein krummes Holz wird nie gerade.
Lingua gravius castigatur quam ullum probrum.	*Curtius Rufus: Historiae Alexandri Magni 4.6,6*	Eine lästernde Zunge ist schwerer zu bestrafen als eine Schandtat. -
Lingua haeret metu.	*Terenz: Eunuchus 977*	Die Zunge stockt mir vor Angst.
Lingua ligata tibi multos acquirit amicos.	*Monosticha Catonis A51*	Wenn du deine Zunge bändigst, gewinnst du viele Freunde.
Litterae Bellerophontes		Bellerophontusbrief:
Brief mit dem Auftrag, den Überbringer zu töten. Bellerophontes war Enkel von		

<table>
<tr><td></td><td></td><td></td></tr>
<tr><td colspan="3">Sisyphos. Die Frau des Königs Proitos beschuldigte ihn zu Unrecht, versucht haben zu wollen, sie zu verführen. Der König schickte Bellerophontes darauf zu seinem Schwiegervater Iobates, mit der verschlüsselten Nachricht, ihn zu töten.</td></tr>
<tr><td>Loci communes</td><td></td><td>Gemeinplätze</td></tr>
<tr><td colspan="3">Hohle Phrasen, abwertende Bezeichnung für eine abgenutzte, unbezweifelte, aber nichts sagende Redensart oder Redewendung. Damit waren in der Antike auswendig gelernte Sätze gemeint.</td></tr>
<tr><td>Loco citato</td><td></td><td>An der angeführten Stelle</td></tr>
<tr><td>Loco sigilli</td><td></td><td>Anstelle des Siegels - Durch Unterschrift beglaubigt.</td></tr>
<tr><td>Locum tenens</td><td></td><td>Platzhalter</td></tr>
<tr><td></td><td>Davon abgeleitet Leutnant. Der Leutnant war der Stellvertreter des militärischen Führers.</td><td></td></tr>
<tr><td>Locus amoenus</td><td></td><td>Lieblicher Ort - Literarischer Topos.</td></tr>
<tr><td>Locus communis</td><td></td><td>Gemeinplatz: Abgedroschene Redensart.</td></tr>
<tr><td>Locus classicus</td><td></td><td>Eine klassische Stelle:</td></tr>
<tr><td></td><td>Zitat aus einem klassischen Text, welches als Beispiel für etwas anderes herangezogen wird.</td><td></td></tr>
<tr><td>Locus delicti</td><td></td><td>Ort des Verbrechens:</td></tr>
</table>

		Tatort.
Locus minoris resistentiae		Ort des geringeren Widerstandes: Achillesferse.
Locus sigilli		Stelle des Siegels.
	In Urkundsabschriften bezeichnet die Abkürzung L.S. für locus sigilli den Umstand, dass das Original mit einem Siegel (das ist heutzutage zumeist ein Stempelabdruck) versehen ist.	
Locus standi		Standort: Gesichtspunkt.
Longe absit.		Das sei ferne!
Longe fugit, qui suos fugit.	*Zitat aus den Werken des Dichters Varro*	Weit flieht, wer die Seinen flieht.
Longe lateque		Weit und breit
Lorem ipsum	*De finibus bonorum et malorum, Abschnitte 1.10.32 und 1.10.33 von Cicero,*	
Ein verstümmeltes Fragment aus Ciceros De Finibus Bonorum et Malorum (Vom höchsten Gut und größten Übel, das in der Typographie als Blindtext eingesetzt wird. Der Text selbst ist kein richtiges Latein, schon das erste Wort Lorem existiert nicht.		

Ludendum licite, talos abbate ferente.		Ihr dürft spielen, wenn der Abt würfelt.
Ludi paganorum		Spiele der Heiden
Ludus ad iudices	*Livius*	Das Spiel zu den Richtern - Das Kinderspiel Räuber und Gendarm bei Livius.
Lumen naturale		Das natürliche Licht: Die Vernunft.
Lumen supranaturale		Das übernatürliches Licht: Die göttliche Vernunft.
Lupus est homo homini.	*Plautus: Die Eselskomödie, Akt 2, Szene 4, 495*	Ein Wolf ist der Mensch dem Menschen.
Meist zitiert als Homo homini lupus, auch Homo hominis lupus (Der Mensch ist des Menschen Wolf.). Der Satz bedeutet, dass im Naturzustand jeder Mensch ein Feind des anderen ist. *Ursprünglich steht das Wort in der Komödie Asinaria (Die Eselskomödie) von Plautus.*		
Lupus in fabula	*Ursprung des Zitats ist wahrscheinlich eine Fabel von Äsop,*	Wie der Wolf in der Fabel.
Lupus in fabula ist ein Spiel mit der Doppelbedeutung der Wortes fabula, sowohl Fabel als auch Unterhaltung. Die Übersetzung kann daher lauten (Wie) der Wolf in der Fabel oder Der Wolf, von dem die Rede ist. *Das Wort drückt das Erstaunen über das unverhoffte Auftauchen einer Person, über die man gerade geredet hat, aus. Entspricht dem deutschen Sprichwort*		

Wenn man des Teufels nennt, schon kommt er gerennt.		
Lupus non curat numerum.	*Vergil*	Der Wolf kümmert sich nicht um die Zahl.: Das heißt, er frisst, laut Vergil, auch gezählte Schafe.
Lupus pilum mutat, non mentem.		Ein Wolf wechselt sein Haar, aber nicht seine Absicht.
Lux aeterna		Ewiges Licht
Lux in tenebris		Licht in der Finsternis
Lux mundi		Licht der Welt
Macte animo!	*Statius: Thebais 7.280*	Sei gepriesen für deine Gesinnung!
Macte virtute esto!	*Horaz: Sermones 1.2,31–32*	Sei gepriesen wegen deiner Tugend!
Magis amicorum est cavenda invidia quam insidiae hostium.	*Publilius Syrus: Sententiae A276*	Vor dem Neid der Freunde muss man sich mehr in Acht nehmen als vor dem Hinterhalt der Feinde.
Magis deos miseri quam beati colunt.	*Seneca Maior: Controversiae 8.1,1*	Die Unglücklichen verehren die Götter mehr als die Glücklichen.
Magister alius casus.		Ein anderer Lehrer ist der Zufall.

<table>
<tr><th></th><th></th><th></th></tr>
<tr><td>Magister in emendando, quae corrigenda sunt, non acerbus minimeque contumeliosus.</td><td>Quintilian: Institutio oratoria 2.2,7</td><td>Beim Verbessern dessen, was berichtigt werden muss, sei der Lehrer nicht scharf und keineswegs beschimpfend. -</td></tr>
<tr><td>Magister artium liberalium (M. A.)</td><td></td><td>Lehrer der freien Künste</td></tr>
<tr><td colspan="3">Im Mittelalter waren Magisterium und Doktorat noch gleichrangig und unterschieden sich nur nach den Disziplinen. Die freien Künste (Septem artes liberales) sind ein in der Antike entstandener Kanon von sieben Studienfächern, die nach römischer Vorstellung die einem freien Mann ziemende Bildung darstellten.</td></tr>
<tr><td>Magister est posterioris prior dies.</td><td></td><td>Der vorhergehende Tag ist der Lehrer des folgenden Tages</td></tr>
<tr><td colspan="3">Spruch auf einer Sonnenenuhr in Ligurien, den es auch in einer anderen Form gibt:
Discipulus est prioris posterior dies.
Der spätere (Tag) ist der Schüler des vorausgegangenen Tages.</td></tr>
<tr><td>Magistra vitae philosophiae.</td><td></td><td>Lehrmeisterin des Lebens ist die Philosophie.</td></tr>
<tr><td>Magistrum memet ipsum habeo.</td><td></td><td>Ich habe mich selbst zum Lehrer.</td></tr>
<tr><td>Magna Charta Libertatum</td><td></td><td>Großer Freibrief</td></tr>
<tr><td colspan="3">Die meist nur kurz als Magna Charta bezeichnete Urkunde ist eine von Johann Ohneland zu Runnymede in England am 15. Juni 1215 unterzeichnete Vereinbarung mit dem revoltierenden englischen Adel. Sie gilt als die wichtigste englische verfassungsrechtliche Rechtsquelle.</td></tr>
</table>

Magna cum laude		Mit großem Lob
	Entspricht bei der Doktorarbeit einer Note sehr gut. Bezeichnung als eine besonders anzuerkennende Leistung; numerische Angabe mit 1,0.	
Magna ingenia conspirant.	*Zitat aus den Werken des Dichters Vergil.*	Große Geister stimmen überein.
Magna Mater		Große Mutter -
	Magna Mater deum Idea war eine römische Göttin, welche 204 v. Chr. in Rom eingeführt wurde und der ursprünglich aus Phrygien stammenden Göttin Kybele entsprach.	
Magni constant regum amicis bona consilia.	*Zitat aus den Werken des Philosophen Seneca.*	Teuer zu stehen kommen den Freunden der Könige gute Ratschläge.
Magni nominis umbra	*Zitat aus den Werken des Dichters Lucan.*	Der Schatten eines großen Namens -
Magno cum gaudio		Mit großer Freude
Magnum opus	*Zitat aus den Werken des Philosophen Seneca.*	Großes Werk
Magnum timoris reme-		Ein großes Heilmittel

dium clementia est.		gegen Angst ist Milde.
Magnus inter opes inops		Mitten in großem Reichtum arm
Mala fide		Bösen Glaubens
	Wissentlich etwas Unrechtes tun oder zu Unrecht besitzen; in böser Absicht.	
Male secum agit aeger, qui medicum haeredem facit.	*Zitat aus den Werken des Dichters Publilius Syrus.*	Schlecht dient sich der Kranke, der den Arzt als Erben einsetzt.
Mali corvi, malum ovum		Schlechter Rabe, schlechtes Ei
Malis avibus		Mit schlechten Vögeln
	Mit schlimmem Vorzeichen aus der Vogelschau.	
Malum discordiae		Apfel der Zwietracht
	- Gemeint ist damit der Zankapfel, den die Göttin der Zwietracht mit der Aufschrift „Der Schönsten" unter die versammelten Götter warf und der letzten Endes den Trojanischen Krieg auslöste.	
Malum in se		Übel in sich
	Übel unabhängig von den	

	Umständen und gesetzlichen Bestimmungen; Gegensatz: Malum prohibitum.	
Malum prohibitum		Verbotenes Übel
	Etwas, das nur durch den derzeitigen Konsens der Gesellschaft oder durch die momentanen Gesetze schlecht ist, aber nicht durch seine eigene Natur; Gegensatz: Malum in se.	
Malleus maleficarum		Hexenhammer
	Buch, das der Dominikaner Heinrich Kramer 1486 in Speyer veröffentlichte und das maßgeblich für die Hexenverfolgung war.	
Malleus manubrio sapientior.	*Nach Plautus.*	Der Hammer will klüger sein als der Handgriff
Manum in pallio habere		Die Hand im Mantel halten.
	Die Fäuste ballen und tatenlos zusehen.	
Manum tendere		Die Hand darreichen.
Manus manum lavat.		Eine Hand wäscht die

		andere.
Manu propria (m. p.)		(Getan mit) eigener Hand
Manu scriptum		Mit der Hand geschrieben.
	Daher das Wort Manuskript	
Mare apertum		Das offene Meer
Mare mediterraneum		Meer zwischen den Ländern -
	Bezeichnung für das Mittelmeer bei Isidor von Sevilla im 7. Jahrhundert.	
Mare Nostrum		Unser Meer
	Römische Bezeichnung für das Mittelmeer, denn das Römische Reich (Imperium Romanum) umschloss zeitweise das gesamte Mittelmeer. Im engeren Sinne das Mittelmeer rund um Italien.	
Mare Tranquillitatis		Meer der Stille
	„Mondmeer“ auf dem Erdmond, in dem 1969 zum ersten Mal Menschen den Mond betraten	

Mare verborum gutta rerum		Ein Meer an Worten, an Taten ein Tropfen
Mater certa, pater incertus est.		Die Mutter ist sicher, der Vater nicht
	Das lateinische Rechtssprichwort Mater semper certa est (die Mutter ist immer sicher) bezieht sich auf die Mutter im Rechtssinne. Mutter des Kindes ist die Frau, die es geboren hat.	
Mathesis universalis	*Von Leibniz*	Universale Wissenschaft:
	Gedanke einer universalen Wissenschaft, die sich an den Methoden der Logik und Mathematik orientieren soll.	
Me transmitte sursum, Caledoni!	*J*	Beam' mich hoch, Scotty - Berühmtes Zitat aus der TV-Serie Raumschiff Enterprise, in der Zeichentrickserie South Park scherzhaft ins Lateinische übersetzt. Dieser Schriftzug steht über dem Eingang des örtli-

		chen Planetariums.
Mea (maxima) culpa		(Durch) meine (übergroße) Schuld
	In christlichen Gebeten und Beichten gebraucht:	
Medice, cura te ipsum.o mori	*aus dem Evangelium nach Lukas*	Arzt, heile dich selbst! -
Medicus curat, natura sanat.		Der Arzt behandelt, die Natur heilt.
Medio flumine quaerere aquam		Mitten im Fluss das Wasser suchen
	Beschreibung für etwas Überflüssiges.	
Memento homo, quia pulvis es et in pulverem reverteris.		Mensch, denke daran, dass du aus Staub bist und zum Staube zurückkehren wirst.
Memento mori. (eigtl .: Memento moriendum esse.)		Bedenke, dass Du sterblich bist
	Die ursprüngliche Form „Memento moriendum esse" wurde im mittelalterlichen Mönchslatein zu dem heute bekannteren „Memento mori" verkürzt.	
Mens sana in corpore	*Aus Satire 10 des Juvenal;*	Ein gesunder Geist in

sano.		einem gesunden Kör-per.
	Es geht dort um die wahren Bedürfnisse des Menschen: Worum man die Götter bitten soll, ist, dass ein gesunder Geist in einem gesunden Körper sei. Auch als Animus sanus in corpore sano bekannt.	
Militem aut monachum facit desperatio.		Soldat oder Mönch macht die Verzweiflung. Soldat oder Mönch wird man aus Verzweiflung.
Minima non curat praetor.		Um Kleinigkeiten kümmert sich der Prätor nicht.
	Der Prätor war einer der höheren Beamten der römischen Ämterlaufbahn und hatte auch richterliche Aufgaben wahrzunehmen. Im heutigen Rechtsgebrauch heißt das, dass sich das Gericht nicht um Kleinigkeiten kümmert.	
Minimum eripit fortuna, cui minimum dedit.		Am wenigsten nimmt das Schicksal dem,

		dem es am wenigsten gegeben hat.
Miro modo		Wunderbarerweise
Modus operandi (M. O.)		Art und Weise des Vorgehens
Modus procedendi		Art des Vorgehens - Vorgangsweise, Art und Weise des Vorgehen
Morbus sacer		Die heilige Krankheit
	Von der Epilepsie betroffene Menschen galten in manchen antiken Kulturen als Heilige, da ihnen der Übergang in Trancezustände so leicht fiel. Bei den Griechen galt Epilepsie als Besessensein von der göttlichen Macht.	
More geometrico	*Spinoza*	Nach geometrischer Art
	Eine Darstellung, die wie die euklidische Geometrie geordnet ist, das heißt als deduktives System mit Grundsätzen, Axiomen und abgeleiteten Sätzen, Theoremen.	

More majorum		Nach Art der Vorfahren
More patrio		Nach väterlicher Sitte
Mos maiorum		Sitten der Vorfahren
Im alten Rom die Bezeichnung für traditionelle Verhaltensweisen und Gebräuche, die als Grundlage der beispiellosen Erfolgsgeschichte des Aufstiegs Roms zur Weltmacht galten und von all denen, die öffentliche Ämter anstrebten, zu beachten und möglichst getreu einzuhalten waren.		
Morituri te salutant.		Die sterben werden, grüßen Dich.
	Verkürzung von Ave Caesar, morituri te salutant (Ave Caesar, die Todgeweihten grüßen Dich). Gilt gemeinhin als Gruß der Gladiatoren im Römischen Reich.	
Mors certa, hora incerta		Der Tod ist sicher, die Stunde unsicher
Freier übersetzt: Sicher ist nur, dass wir eines Tages dem Tod gegenübertreten, aber den Zeitpunkt kennen wir nicht. Wird manchmal scherzhaft übersetzt mit Todsicher geht die Uhr falsch.		
Mors porta vitae aeternae		Der Tod ist die Pforte zum ewigen Leben
	Grabinschrift und gelegentlich auf Todesanzeigen gesichtete Trostworte	
Mors sola		Der Tod allein

	Gemeint ist: Der Tod allein kann uns trennen.	
Mox nox.		Bald ist es Nacht. - Spruch auf Sonnenuhren
Mox tamen ardentis accingar ducere pugnas.	*Vergil in den Georgica (III 46–48)*	Aber dann rüst' ich mich bald, die heißen Schlachten zu singen -
	Andeutung von Vergil, ein Epos (die Aeneis) zu schreiben:	
Mortua manus		Die tote Hand - Auch: Manus mortua.
	Gemeint sind damit die Besitzungen der Kirche, die für die weltliche Gewalt unangreifbar waren.	
Multa docet fames.		Vieles lehrt der Hunger.
Multae sunt causae bibendi.		Es gibt viele Gründe zu trinken.
Multi sunt vocati, pauci electi.		Viele sind berufen, wenige ausgewählt.
Multum in parvo		Viel in wenig
	Lateinische Redewendun-	

	gen sagen oft multum in parvo, weil sie in wenigen Worten viel ausdrücken.	
Mundus vult decipi, ergo decipiatur.		Die Welt will betrogen sein, darum sei sie betrogen
	Die lateinische Version, ohne den Nachsatz, ist eine Übersetzung des deutschen Spruchs aus Sebastian Brants Narrenschiff.	
Mutabor.	*Wilhelm Hauff*	Ich werde verwandelt werden.
	Zauberwort aus Wilhelm Hauffs Märchen Kalif Storch: *Selim fing an zu übersetzen: Mensch, der du dieses findest, preise Allah für seine Gnade. Wer von dem Pulver in dieser Dose schnupft und dazu spricht: mutabor, der kann sich in jedes Tier verwandeln und versteht auch die Sprache der Tiere.*	
Mutatio rerum		Veränderung der Dinge
Mutato nomine de te fabula narratur.		Mit verändertem Namen erzählt die Fabel

		von dir. - Die Rede ist von dir.
Natura abhorret vacuum.		Die Natur schreckt vor der Leere zurück
	Die Hypothese geht auf Aristoteles zurück und wurde noch von Galileo Galilei bekräftigt. Davon abgeleitet ist der Begriff Horror vacui.	
Natura fundit ingenium, provehit usus.		Die Natur begründet die Begabung, der Gebrauch fördert sie.
Natura naturans		Die schaffende Natur
Natura naturata		Die geschaffene Natur
Natura nihil frustra facit.	*Zitat aus den Schriften des Aristoteles.*	Die Natur macht nichts umsonst.
Natura sanat, medicus curat.		Die Natur heilt, der Arzt behandelt.
Natura semina nobis scientiae dedit, scientiam non dedit.		Die Natur gab uns den Samen des Wissens, das Wissen (selbst) gab sie nicht.
Naturae convenienter vive.		Lebe der Natur gemäß!
Navigare necesse est.		Seefahren ist notwendig.:

Naviget Anticyram		Er soll nach Antikyra fahren.:
Die ehemalige Stadt Antikyra im Golf von Korinth war berühmt für ihren Nieswurz, ein Kraut, mit dem man angeblich Wahnsinn kurieren konnte. Die griechische Redewendung wurde häufig als Anspielung auf jemandes Geisteszustand benutzt.		
Navita de ventis, de tauris narrat arator, enumerat miles vulnera, pastor oves.	*Zitat aus den Elegien des Dichters Properz,*	Der Seemann erzählt von Winden, von Stieren der Pflüger, seine Wunden zählt der Soldat auf, der Hirte die Schafe.
	Das Zitat beschreibt, dass jeder von dem spricht, was ihn am meisten beschäftigt.	
Ne bis in idem		Nicht zweimal in derselben Sache
	Römischer Rechtsgrundsatz, demzufolge nicht zwei Mal in derselben Sache geklagt werden darf.	
Ne quid nimis		Nichts im Übermaß
Ne sutor ultra crepidam.		Schuster, bleib bei

<table>
<tr><td></td><td></td><td></td></tr>
<tr><td></td><td></td><td>deinem Leisten! -</td></tr>
<tr><td colspan="3">Das geflügelte Wort Schuster, bleib bei deinem Leisten geht auf eine Anekdote über Apelles zurück, der sich gerne hinter seinen Bildern versteckte, um den Betrachtern zu lauschen. Einst hätte ein Schuster bemängelt, die gemalten Schuhe hätten eine Öse zu wenig. Apelles habe das Bild korrigiert. Doch nun habe der Schuster auch etwas an den Schenkeln auszusetzen gehabt. Daraufhin habe Apelles ihm entgegnet: Was über dem Schuh ist, kann der Schuster nicht beurteilen. (Ne sutor ultra crepidam. (wohl die häufigste Variante) oder Sutor, ne ultra crepidam!)</td></tr>
<tr><td>Nec aspera terrent</td><td></td><td>(Selbst) Schwierigkeiten (wörtlich: die rauen Dinge) schrecken uns nicht. -</td></tr>
<tr><td></td><td></td><td></td></tr>
<tr><td>Nec desiderabis domum proximi tui, non agrum, non servum, non ancillam, non bovem, non asinum et universa, quae illius sunt.</td><td>Zehntes Gebot</td><td>Du sollst nicht begehren deines Nächsten Haus, seinen Acker, seinen Sklaven, seine Magd, sein Rind, seinen Esel und alles, was ihm gehört</td></tr>
<tr><td>Nec loqueris contra proximum tuum falsum testimonium.</td><td>Achtes Gebot</td><td>Du sollst kein falsches Zeugnis ablegen wider deinem Nächsten.</td></tr>
<tr><td></td><td></td><td></td></tr>
<tr><td>Nemine contradicente (nem. con.)</td><td></td><td>Ohne dass jemand widerspricht:</td></tr>
<tr><td></td><td>Ohne Widerspruch; Wird besonders bei Konferenzen</td><td></td></tr>
</table>

	gebraucht, wenn ein Antrag nem. con. angenommen wird.	
Nemo dat quod non habet.		Niemand gibt, was er nicht hat. Niemand kann Besitzrechte weitergeben, über die er selbst nicht verfügt.
Nemo ante mortem beatus.	*Sprichwort nach Ovid, Metamorphosen III, 136 f.*	Niemand ist vor seinem Tode glücklich.
Nemo ita pauper vivit quam natus est.		Niemand lebt so arm, wie er geboren wird.:
Nemo nascitur sapiens, sed fit	*Seneca*	Niemand wird weise geboren, sondern man wird es erst..
	Soviel wie: Es ist noch kein Meister vom Himmel gefallen.	
Nemo tenetur se ipsum accusare		Niemand ist gehalten, sich selbst zu belasten:
	Rechtsgrundsatz, dessen Ausprägung das Selbstbelastungsverbot im Strafverfahren ist.	
Neque caro est neque piscis.		Es ist weder Fleisch noch Fisch.: Bezieht sich auf das kirchliche Verbot, an Freitagen

		und in der Fastenzeit, Fleisch zu essen.
Neque mel neque apes		Kein Honig, keine Bienen
Neque semper arcum tendit Apollo.	*Horaz*	Apollon spannt nicht immer seinen Bogen
	Der Dichter will damit ausdrücken, dass der Gott Apollon nicht immer droht.	
Nervi rei publicae		Die Nerven des Staates - Laut Cicero die Steuern
Nervus rerum		Der Nerv der Dinge - Das Wesentliche der Sache
Nihil est in intellectu, quod non sit prius in sensu.		Nichts ist im Verstand/Geist, was nicht zuvor in den Sinnen war.
	- Der Ausspruch wird unter anderem Aristoteles De anima, Thomas von Aquin De verit. II, 3 und John Locke zugeschrieben.	
Nihil fit sine causa.		Nichts geschieht ohne Grund.
Nihil nocere		Nicht schaden

Grundsatz in der Medizin, dass man dem Patienten nicht schaden darf. Primum nil nocere (zuerst einmal nicht schaden), ist ein Grundsatz der hippokratische Tradition.		
Nihil obstat		Es spricht nichts dagegen.
Ein Vermerk, gewöhnlich auf einer Titelseite, der besagt, dass ein katholischer Zensor ein Werk durchgesehen und nichts dem Glauben Widersprechendes oder moralisch Anstößiges in seinem Inhalt gefunden hat.		
Nihil per os (n. p. o.)		Nichts zur Einnahme durch den Mund - Anweisung bei ärztlichen Verschreibungen
Nil admirari	*Nach Pythagoras.*	Nichts bewundern:
Nil dictum quod non dictum prius.		Nichts ist gesagt, was nicht früher gesagt worden ist.
Nil fit, quod Deus non vult.		Nichts geschieht, was Gott nicht will.
Nil nisi bene		Nichts außer gut
Nil supra deos lacesso.		Nichts weiter begehre ich.
Nil volenti difficile.		Nichts ist dem Wollenden schwierig.
Nocebo		Ich werde schaden.
Der Nocebo-Effekt ist die Umkehrung des Placebo-Effektes, der auftritt, wenn einem Patienten ein Präparat ohne pharmazeutischen Wirkstoff verabreicht wird und dieses dennoch negative, krank machende Auswirkungen hat.		

Nocere facile est, prodesse difficile.	*Zitat aus den Werken des Quintilian.*	Schaden ist leicht, nützen schwierig.
Nocet empta dolore voluptas.	*Zitat aus den Werken des Dichters Horaz.*	Ein mit Schmerz erkauftes Vergnügen schadet.
Nolens (aut) volens		Ob jemand will oder nicht - Im Sinne von unfreiwillig, wohl oder übel, notgedrungen verwendet.
Noli equi dentes inspicere donati.		Einem geschenkten Gaul schaut man nicht ins Maul.
Noli me tangere		Rühr mich nicht an!
	Nach dem Johannes-Evangelium die Worte Christi an Maria Magdalena nach seiner Auferstehung am Ostermorgen.	
Noli turbare circulos meos.	*Archimedes*	Störe meine Kreise nicht!
	Ausruf des Mathematikers Archimedes von Syrakus, als ein römischer Soldat bei der Eroberung Syrakus ihn beim Zeichnen im Staub störte.	
Nolle in causa est, non		Nicht wollen ist der

posse praetenditur.		Grund, nicht können der Vorwand.
Nolle prosequi		Auf ein Strafverfahren verzichten
Im englischen Rechtssystem der Antrag des Staatsanwaltes oder eines Klägers auf Einstellung des Verfahrens, gewöhnlich zum Zwecke einer außergerichtlichen Einigung.		
Nomen est omen.	*Plautus, Persa (Die Perser)*	Der Name hat Bedeutung.
Nomen nescio/Nomen nominandum (N. N.)		Ich weiß den Namen nicht. - Name unbekannt/noch zu nennender Name, beispielsweise als Platzhalter in Namenslisten.
Nomina sunt odiosa.	*Bei Ovid handelte es sich um eine Aufzählung verhasster Orte. Cicero spricht in seiner Rede pro Roscio Amer. (16, 47):*	Namen sind verpönt.
	Das heißt, die Namen werden besser nicht genannt. D. h. es ist oft schon schlimm, nur den Namen zu nennen.	
Non causa pro causa		Ein logischer Fehlschluss.
Non compos mentis oder		Nicht Herr seiner Sin-

Non compos sui		ne/seiner selbst
Non decipitur, qui scit se decipi	*Ulpian*	Es wird nicht getäuscht, wer weiß, dass er getäuscht wird.
	Römische Rechtsregel	
Non habebis deos alienos in conspectu meo.		Du sollst keine anderen Götter reben mir haben.: Erstes Gebot.
Non licet omnibus Corinthum adire.		Nicht jedem ist es erlaubt, Kor nth anzulaufen.
Non mihi solum		Nicht für mich allein
Non multa, sed multum.		Nicht vielerlei, sondern viel!:
	Nicht vielerlei treiben, sondern eine Sache intensiv und genau.	
Non nescio.		Ich weiß nicht nicht. = Ich weiß sehr wohl.
	Doppelte Verneinung bedeutet Verstärkung	
Non nobis solum nati sumus.	*(Cicero, De officiis 1,22)*	Wir sind nicht für uns allein geboren.
Non obstante veredicto		Ungeachtet des Urteils.

	Antrag an das Gericht, das Urteil der Geschworenen zu ignorieren, fälschlich oft Non obstante verdicto.	
Non occides.	*Fünftes Gebot.*	Du sollst nicht töten.
Non omnia possumus omnes.		Wir können nicht alle alles.
Non quia difficilia sunt non audemus, sed quia non audemus difficilia sunt.	*Seneca*	Nicht weil es schwer ist, wagen wir es nicht, sondern weil wir es nicht wagen, ist es schwer..
Non vitae, sed scholae discimus.	*Seneca Epistulae morales 106,12.*	Nicht für das Leben, sondern für die Schule lernen wir.:
	Senecas Meinung über das römische Schul- und Bildungssystem.	
Non scholae, sed vitae discimus		Nicht für die Schule, sondern für das Leben lernen wir.:
	Umkehrung einer Klage Senecas	
Non sequitur		Es folgt nicht daraus: eine Folgerung, die auf fehlerhafter Logik gründet.

Non testatum		Nicht geprüft:
	Als n. t. abgekürzt angebliche Herkunft des Wortes von der Zeitungsente.	
Non ut edam vivo, sed ut vivam edo		Nicht um zu essen, lebe ich, sondern um zu leben, esse ich.: Zitat aus den Werken des Quintilian.
Nosce te ipsum.		Erkenne dich selbst! -
Übersetzung der griechischen Inschrift Gnothi seauton auf dem Apollo-Tempel in Delphi. Titel eines Buchs von Ferdinand Hommel (Nosce te ipsum. Die Ethik des Peter Abälard) aus dem Jahr 1947.		
Noscitur ex socio, qui non cognoscitur ex se.	*Thomasius*	An seinem Gefährten wird erkannt, wer nicht aus sich selbst erkannt wird.
	Entspricht der deutschen Redensart: Sage mir, mit wem du umgehst, und ich sage dir, wer du bist.	
Nosse suos morbos, haec est via prima salutis.	*Thomasius.*	Seine Krankheiten zu erkennen, das ist der erste Weg der Heilung.
Nota bene (n. b.)		Merke wohl! - Bitte beachten, wichtiger Hinweis. Der Plural der Floskel ist notate bene.

Notus a vespere solis ad ortus	*Zitat aus den Werken des Dichters Ovid*	Bekannt von der Abendsonne bis zum Aufgang.
Novus rex, nova lex		Neuer König, neues Gesetz.
	Wird auch verwendet, wenn jemand ein neues Amt antritt und neue Regeln einführt.	
Nulla dies sine linea.	*Plinius der Jüngere.*	Kein Tag ohne Zeile!
	Aufforderung an Verfasser von Texten, jeden Tag wenigstens eine Zeile weiter zu kommen.	
Nulla poena sine culpa		Keine Strafe ohne Schuld -
Rechtsgrundsatz, demzufolge niemand für eine Tat bestraft werden darf, wenn ihn keine Schuld trifft (Schuldprinzip).		
Nulla poena sine lege	*Ulpian*	Keine Strafe ohne Gesetz -
	Rechtsgrundsatz, der als Rückwirkungsverbot im Strafrecht bezeichnet wird. Der Begriff wurde als römische Rechtsregel bereits von Ulpian im 2. Jahrhundert zitiert.	

Nulla salus bello.	*Zitat aus der Aeneis des römischen Dichters Vergils*	Nichts ist heilig im Krieg. -
	Das Zitat lautet vollständig: Nulla salus bello, pacem te poscimus. - Kein Heil ist im Krieg, Frieden fordern wir alle von dir.	
Nulla unda tam profunda quam vis amoris furibunda.		Keine Quelle, so tief und schnelle ... Als der Liebe reißend' Welle.
Numerantur sententiae, non ponderantur.		Sie zählen die Meinungen, sie gewichten sie nicht.
Numerus clausus		Begrenzte Anzahl
	Allgemein gebräuchlich zur Bezeichnung von Begrenzungen einer Anzahl.	
Numquam accedo, quin a te abeam doctior.	*nach Horaz, Carmina 1,37*	Niemals gehe ich zu dir, ohne dass ich dich gelehrter verlasse.
Nunc est bibendum.		Nun muss getrunken werden.:
	Trinkspruch in Studentenverbindungen. Nunc est bibendum, nunc pede libero pulsanda tellus. (Nun heißt es trinken, nun mit	

	dem freien Fuße den Boden stampfen.)	
Nunc tuum ferrum in igne est.		Jetzt ist dein Eisen im Feuer.
Nusquam est, qui ubique est.	*Aus den Werken des Philosophen Seneca: Moralische Briefe an Lucilius (Epistulae morales ad Lucilium, I, II, 2).*	Nirgends ist, wer überall ist.
Nutrimentum spiritus		Der Frieden nährt die Ceres, Freundin des Friedens ist Ceres.
	Ceres ist die römische Göttin des Ackerbaus, der Ehe und des Todes.	
Nutritur vento, vento restinguitur ignis.		Feuer wird vom Wind genährt, vom Wind gelöscht.
O dulce nomen libertatis.	*Cicero, In Verrem 2. 5,163*	O süßer Name Freiheit!
O Fortuna.	*Anfangsworte aus den Carmina Burana (1. Fortuna Imperatrix Mundi)*	O Glück!
O mater pulchra filia pulchrior.	*Zitat aus den Oden des Horaz*	Oh, schöne Mutter einer schöneren Tochter

	Bbedeutet soviel wie Tochter, die du noch schöner bist als deine schöne Mutter!	
O mihi praeteritos referat si Iuppiter annos!	*Zitat aus der Aeneis des Vergil*	O brächte Jupiter mir die vergangenen Jahre zurück!
O tempora, o mores!	*Marcus Tullius Cicero, Catilina I, 1, 2.*	Was für Zeiten! Was für Sitten!
Ob defectum		In Ermangelung
Oculi plus vident quam oculus.		Augen sehen mehr als (ein) Auge.
Oculum pro oculo et dentem pro dente	*- 2. Buch Mose 21*	Auge um Auge, Zahn um Zahn.
Oderint dum metuant.	*Aus einer Tragödie des Lucius Accius, zitiert zuerst bei Cicero (Philippica 1); später das Motto des Kaisers Caligula.*	Mögen sie mich hassen, wenn sie mich nur fürchten.
	In der Neuzeit Ausspruch Bismarcks über das preußisch-französische Verhältnis.	
Oderunt hilarem tristes.		Die Traurigen hassen den Heiteren.
Odi et amo.	*Catull.*	Ich hasse und liebe (sie) zugleich.

Olet lucernam.		Das riecht nach Öl. Das riecht nach der Öllampe, nach Nachtarbeit.
Olim meminisse iuvabit.	*Vergil*	Einst wird es erfreuen, sich zu erinnern.
Omne animal se ipsum diligit.	*Cicero: De finibus bonorum et malorum*	Jedes Lebewesen liebt sich selbst.
Omne vivum ex ovo.		Alles Lebende kommt aus dem Ei.
Omne initium difficile est.		Aller Anfang ist schwer.
Omnia ad maiorem Dei gloriam.	*Wahlspruch des Jesuitenordens*	Alles zur höheren Ehre Gottes.
Omnia vincit amor	*Nach einer Ekloge des Vergil, Eclogen 10,69, Bucolica*	Alles besiegt die Liebe.
Omnia vincit amor, et nos cedamus amori. (Die Liebe besiegt alles: auch wir wollen uns der Liebe hingeben.)		
Omnibus		Für alle - Über französisch voiture omnibus (Fahrzeug für alle).
	Die Bezeichnung Omnibus soll durch den Reklameschriftzug Omnes omnibus	

	eines französischen Kaufmanns namens Omnes angeregt worden sein.	
Omnibus unus		Einer für alle
Omnium enim rerum principia parva sunt.	*Cicero, De finibus (5,58)*	Aller Dinge Anfang ist klein. -
Omnium rerum homo mensura est.		Der Mensch ist das Maß aller Dinge.
Opera omnia		Gesammelte Werke - Gesamtwerk eines Künstlers
Opera postuma (opera posthuma)		Postume Werke
	D.h. solche, die nach dem Tod des Autors veröffentlicht werden.	
Opere citato (op. cit.)		Im (schon) zitierten Werk -
Wird in akademischen Schriften gebraucht, um auf eine Stelle in einem zuvor genannten Werk zu verweisen.		
Operibus credite et non verbis		Glaube Taten und nicht Worten.
Ophidia in herba		Eine Schlange im Gras
	Eine verborgene Gefahr oder ein unbekanntes Risiko. Vgl. auch: Latet	

	anguis in herba.	
Opinio communis		Die öffentliche Meinung
Opus		Werk -
	Bezeichnung für ein Werk, insbesondere eines Komponisten oder eines anderen schöpferischen Künstlers.	
Ora et labora		Bete und arbeite! -
Vollständig lautet dieser Grundsatz der benediktinischen Klöster: Ora et labora (et lege), Deus adest sine mora. Bete und arbeite (und lese), Gott ist da (oder: Gott hilft) ohne Verzug.		
Orandum est, ut sit mens sana in corpore sano.	*Juvenal, Satiren (10,356).*	Bitten sollte man darum, dass in einem gesunden Körper ein gesunder Geist sei.
	Es muss darum gebeten werden, dass ein gesunder Geist in einem gesunden Körper ist.	
Ora pro nobis.		Bitte für uns!
	Gebetsformel in der katholischen Kirche	
Oratio pro domo	*Marcus Tullius Cicero*	Rede für das (eigene) Haus - In eigener Sache.

Sie rührt von einer Rede, die Marcus Tullius Cicero nach seiner Rückkehr aus dem Exil gehalten haben soll, um sein konfisziertes Haus zurückzuerhalten.		
Orbis scientiarum		Kreis der Wissenschaften
Orbis terrarum		Der Kreis der Länder: Der Erdkreis, die ganze Welt
Otiosis locus hic non est. Discede morator.		Für Faulenzer ist hier kein Platz. Hinweg Müßiggänger!
Otium cum dignitate	*Cicero in seiner Schrift Pro Sestio*	Muße mit Würde - Würdevoller Ruhestand.

Pace		Mit Frieden - d.h. Der anschließend Benannte möge meine Bemerkung mit Gleichmut tragen.
	Man gebraucht den Ausdruck um klarzustellen, dass man mit einer Ansicht in Widerspruch zu einer anderen Autorität tritt	
Pace facta		Nach dem Friedensschluss
Pace tua		Mit deiner Erlaubnis
Pace tua dixerim.	*Cicero: Ad familiares 7.*	Ich möchte das mit deiner

	17,1	Erlaubnis sagen. - Nimm es mir nicht übel!
Pacem in terris	*Enzyklika des Papstes Johannes XXIII. aus dem Jahr 1963*	Friede auf Erden
Pacem orare manu, praefigere puppibus arma. Pacem orare manu, praefigere puppibus arma.	*Vergil: Aeneis 10.80*	Mit den Händen bitten sie um Frieden, doch die Schiffe bestücken sie mit Waffen.
Pacem reduci velle victori expedit, victo necesse est.	*Seneca: Hercules furens 368–369*	Den Frieden wiederherstellen zu wollen ist für den Sieger nützlich, für den Besiegten notwendig.
Pacemne huc fertis an arma?	*Vergil: Aeneis 8. 114*	Bringt ihr Frieden oder Krieg? -
Pacem volo, bellum paro.		Den Frieden will ich, daher rüste ich zum Krieg.
Pacta conventa servari oportet.	*Corpus Iuris Civilis, Codex Iustinianus 5. 3,20,5*	Geschlossene Verträge müssen eingehalten werden.
Pacta non possunt facere licita, quae alias illicita sunt.		Verträge können nicht erlaubt machen, was sonst unerlaubt ist. (Rechtsregel)
Pacta, quae contra leges constitutionesque vel contra bonos	*Corpus Iuris Civilis, Codex Iustinianus 2. 3,6*	Verträge, die gegen Gesetze und Verordnungen oder gegen die guten

mores fiunt, nullam vim habere indubitati iuris est.		Sitten getroffen werden, haben zweifelsfrei keine rechtliche Wirkung.
Pacta sunt servanda.	*Cicero: De officiis 3.92.*	Verträge sind einzuhalten.
	Beschreibt das Prinzip der Vertragstreue im öffentlichen und privaten Recht.	
Pallida mors aequo pulsat pede pauperum tabernas regumque turres. Horaz: Carmina 1. 4,13–14.		Der bleiche Tod klopft mit gleichem Fuß an die Schenken der Armen und die Türme der Reichen. -
	Entspricht in etwa dem deutschen Sprichwort Arm oder reich, der Tod macht alle gleich.	
Pane egeo iam mellitis potiore placentis.	*Zitat aus den Briefen des römischen Dichters Horaz*	Brot brauche ich mehr als süßen Kuchen.
Panem et circenses	*Der Ausdruck stammt vom römischen Dichter Juvenal*	Brot und Zirkusspiele
Juvenal, der in einer Satire das römische Volk kritisiert, das die Macht an Feldherren verliehen habe und sich nur noch diese beiden Dinge wünsche: Brot und Spiele.		
Panem nostrum cotidianum da nobis hodie.	*Bitte aus dem Vaterunser die auch unter Panem nostrum supersubstantialem da nobis hodie bekannt ist*	Unser tägliches Brot gib uns heute.

	(Evangelium nach Matthäus 6,11)	
Papa potest extra ius, supra ius et contra ius.	*- Ambrosius nach mündlicher Überlieferung*	Der Papst kann außerhalb des Rechts, über das Recht und gegen das Recht (entscheiden).
Par et impar		Gleich und ungleich
Par pari respondere	*Plautus: Truculentus 939.*	Gleiches mit Gleichem vergelten -
	Entspricht dem deutschen „mit gleicher Münze heimzahlen".	
Parce sepulto.	*Zitat aus der Äneis des römischen Dichters Vergil. 3.41*	Verschone den Bestatteten! - Im Sinne von Lasst die Toten ruhen.
Parens patriae	*Cicero: In Pisonem 6*	Vater des Vaterlands. - Ehrentitel für Verdienste um den Staat (s. auch Pater patriae).
Pares cum paribus facillime congregantur.		Gleich und Gleich gesellt sich sehr leicht.
Pari passu		Im gleichen Schritt - Im Gleichschritt oder Zug um Zug
Pari partu		Zu gleichen Teilen
Pars pro toto		Ein Teil für das GanzePro Kopf. Kopf steht hier als

		pars pro toto für Mensch.
Parva leves capiunt animos.	*- Ovid: Ars amatoria 1.159*	Kleinigkeiten kommen bei schlichten Gemütern an.
Parva saepe scintilla contempta, magnum excitavit incendium.	*- Curtius Rufus: Historiae Alexandri Magni 6.3,11*	Ein kleiner Funke, den man nicht beachtet hat, hat schon oft einen großen Brand verursacht.
Parvum addas parvo, magnus acervus erit.		Kleines gib zu Kleinem und es wird ein großer Haufen sein.
Pater familias		Familienoberhaupt
	Das Familienoberhaupt bzw. der Herr im Haus – meist der älteste oder ranghöchste Mann im römischen Haushalt.	
Pater historiae	*Cicero*	Vater der Geschichtsschreibung - Der griechische Historiograf Herodot laut Cicero
Pater noster		Vater unser -
Das Vaterunser ist das bekannteste Gebet des Christentums. Der Anfang lautet: Pater noster, qui es in caelis - Vater unser, der du bist im Himmel.		
Pater patriae		Vater des Vaterlands
Vom Senat verliehener Titel. Der erste, der ihn erhielt, war der Senator Marcus Tullius Cicero für seinen Anteil an der Unterdrückung der Verschwörung des Catilina während seines Konsulats. Landesvater		

<table>
<tr><td>Patres (et) conscripti</td><td></td><td>Väter (und) Beigeordnete - Senatoren und Plebejer</td></tr>
<tr><td>Patris est filius.</td><td></td><td>Er ist seines Vaters Sohn.</td></tr>
<tr><td>Patria est, ubicumque est bene.</td><td>Zitat aus den Werken des Dichters Cicero</td><td>Das Vaterland ist, wo immer es gut ist. -. Vergleiche Ubi bene, ibi patria.</td></tr>
<tr><td>Pax Augusta</td><td></td><td>Augusteischer Frieden -</td></tr>
<tr><td></td><td>Die langanhaltende innere Friedenszeit, die mit der Herrschaft des römischen Kaisers Augustus begann.</td><td></td></tr>
<tr><td>Pax Augustana</td><td></td><td>Augsburger Frieden -</td></tr>
<tr><td colspan="3">Der Augsburger Reichs- und Religionsfrieden wurde 1555 auf dem Reichstag zu Augsburg zwischen Ferdinand I., der seinen Bruder Kaiser Karl V. vertrat, und den Reichsständen geschlossen. Als Reichsgesetz für das Heilige Römische Reich Deutscher Nation sicherte er den Anhängern der Confessio Augustana Frieden und ihre Besitzstände zu.</td></tr>
<tr><td>Pax Dei</td><td></td><td>Göttlicher Frieden -</td></tr>
<tr><td>Pax Romana</td><td></td><td>Römischer Frieden - Aufgezwungene Herrschaft Roms über die Völker im Römischen Reich. Befriedetes Gebiet des römischen Kaiserreichs. Identisch mit Pax Augusta</td></tr>
<tr><td colspan="3">Gottesfriedensbewegung, die im 10. Jahrhundert in Frankreich aufkam. Die Kirche fühlte sich durch die Privatkriege des Adels und seine Übergriffe auf das Kirchengut bedroht und versuchte, durch Anteilnahme an der Friedenswahrung Einfluss auf das politische Leben zu gewinnen.</td></tr>
</table>

Pax tecum.		Friede sei mit Dir.
Pax vobiscum.		Friede sei mit euch.
	Aus der Liturgie der katholischen Kirche. Die Gemeinde antwortet darauf mit „Et cum spiritu tuo“ Und mit deinem Geiste.	
Pecunia est nervus belli.	*Zitat aus den Werken des Dichters Cicero*	Geld ist der Nerv des Krieges.
Pecunia non olet.	*Titus Flavius Vespasian*	Geld stinkt nicht.
- Das Zitat geht auf den römischen Kaiser Titus Flavius Vespasian und dessen Idee zurück, auf die Benutzung der Bedürfnisanstalten eine Steuer zu erheben. Überliefert vom Geschichtsschreiber Sueton in seinem Werk Vespasian.		
Pecuniae imperae oportet, non servire.		Man muss dem Geld befehlen, nicht dienen.
Pendente lite		In hängendem Streit - Bei schwebendem Verfahren vor Gericht
Per annum		Pro Jahr - Aufs Jahr gerechnet.
	Begriff aus dem Finanzwesen. Fälschlich oft Per anno; siehe Pro anno.	
Per aspera ad astra	*Aus Seneca, Hercules furens.*	Durch Mühsal (gelangt man) zu den Sternen. - Eine Variante ist Ad astra per aspera.
Per capsulam		Durch ein Behältnis -

		Gemeint ist damit brieflich.
Per caput oder per capita		Pro Kopf
	Der Kopf steht hier als Pars pro toto für die ganze Person.	
Per curiam		Für das Gericht - Im Namen des Gerichts
Per definitionem		Durch die Definition - Der Definition nach, erklärtermaßen
Per maiora		Durch (Stimmen)Mehrheit
	Durch Stimmenmehrheit, mit Majoritätsbeschluss	
Per mensem		Monatlich
Per os (p. o.)		Durch den Mund
	Auf ärztlichen Verschreibungen: oral. Gegenstück zu per rectum, rektal	
Per pedes Apostolorum		Auf den Füßen der Apostel - Verkürzt auch per pedes
	Zu Fuß gehen statt mit einem Fahrzeug.	
Per se		Von sich selbst aus - Als

		solches; d. h. ohne Bezug auf etwas anderes, intrinsisch, ohne Einschränkungen etc.
Persona non grata		Unerwünschte Person
	In der Diplomatensprache, ein Vertreter eines Landes, der vom Gastland abgelehnt wird.	
Periculum in mora		Gefahr im Verzug - Wenn Zögern verhängnisvoll erscheint
Perpetuum mobile		Ständig Bewegliches
Etwas, das sich ohne Energiezuführung in ununterbrochener Bewegung befindet. Erste Berichte über mechanische Perpetua Mobilia stammen aus Indien und dem Orient. Um 1230 ersann der französische Baumeister Villard de Honnecourt ein Perpetuum mobile, welches aus pendelnd an einem Rad aufgehängten Hämmern bestand.		
Pessima res publica, plurimae leges.	*- Zitat aus den Annalen (3.28) des Tacitus.*	Je schlechter der Staat, desto mehr Gesetze.
Pessimum genus inimicorum laudantes.		Die schlimmste Art von Feinden sind die Lobredner.
Philosophia prima		Erste Philosophie
	Bezeichnung für die Metaphysik des Aristoteles	
Pia fraus	*Zitat aus den Werken des Dichters Ovid;*	Frommer Betrug

	Täuschung oder Verheimlichung in vermeintlich guter Absicht, oft für Betrug zum Wohle der Kirche gebraucht.	
Piscem natare doces.	*u.a. Erasmus von Rotterdam*	Du lehrst einem Fisch schwimmen.
Es ist der Inbegriff für etwas völlig Unnötiges. Es gibt außerdem die Version des Humanisten Erasmus von Rotterdam Delphinum natare doces - Du lehrst einem Delfin schwimmen, bei der der Fisch durch einen Delfin ersetzt wird.		
Placebo.		Ich werde gefallen.
	Bezeichnung für ein Medikament ohne Wirkstoffe, das nur durch die Erwartung (Einbildung) des Patienten wirk. Das Gegenteil: Nocebo	
Placet.		Es gefällt. - Eingedeutscht als Plazet. Mit einem Plazet zeigt jemand sein Einverständnis an.
Pleno iure		Mit vollem Recht
Pleno titulo		Mit vollem Titel
Plenus venter non studet libenter.		Voller Bauch studiert nicht gern. - Schülerspruch mit der weniger bekannten Variante: Plenus si venter, renuit studere libenter.

<table>
<tr><td>Pluralis auctoris</td><td></td><td>Autorenmehrzahl -</td></tr>
<tr><td></td><td>Der Autor meint sich selbst, will jedoch durch die Verwendung von wir statt ich Einverständnis mit dem Leser ausdrücken.</td><td></td></tr>
<tr><td>Pluralis maiestatis</td><td></td><td>Majestätische Mehrzahl</td></tr>
<tr><td colspan="3">Auch „Pluralis maiestaticus“, demzufolge der Herrscher wir statt ich sagt. Hintergrund der Wahl der Mehrzahl ist, dass Monarchen oder andere Autoritäten immer für ihre Untergebenen sprechen und gleichzeitig eine Hervorhebung der eigenen Person stattfindet.</td></tr>
<tr><td>Pluralis modestatis / Pluralis modestiae</td><td></td><td>Bescheidenheitsmehrzahl</td></tr>
<tr><td></td><td>Teils mit dem Pluralis auctoris gleichzusetzen. Die Mehrzahl wird gewählt, um ein permanentes Ich zu vermeiden und Bescheidenheit auszudrücken.</td><td></td></tr>
<tr><td>Plus dolet, quam necesse est, qui ante dolet, quam necesse est.</td><td>Zitat aus Seneca, Epistulae morales, 98, 8</td><td>Mehr leidet, als nötig ist, wer vorher leidet, bevor es nötig ist.</td></tr>
<tr><td>Plus vident oculi quam oculus.</td><td></td><td>(Zwei/Mehrere) Augen sehen mehr als ein Auge.</td></tr>
<tr><td>Poeta doctus</td><td></td><td>Gelehrter Dichter</td></tr>
<tr><td colspan="3">- Als Poeta doctus wird ein Schriftsteller bezeichnet, der in seinen Werken die Kenntnis der Literatur seiner Vorgänger voraussetzt und darauf Bezug nimmt. In der Antike waren die Dichter gelehrte Dichter, weil sie ausnahmslos auf den Inhalt der Epen Homers Bezug nahmen</td></tr>
</table>

Poetae nascuntur, oratores fiunt.	*Zitat aus den Werken des römischen Redners Marcus Tullius Cicero,*	Dichter werden geboren, Redner gemacht.
	Zitat, das besagen soll, dass man zum Dichter geboren sein muss, zum Redner wird man durch eigene Anstrengung.	
Poetica licentia		Dichterische Freiheit
Damit werden Abweichungen vom üblichen Sprachgebrauch und Abänderungen historischer Gegebenheiten aus stilistischen Gründen oder zur Steigerung der poetischen Intensität bezeichnet. So kann zum einen die Wortfolge des Reimes wegen oder die Ereignisfolgen einer dichterischen Idee zuliebe abgeändert werden.		
Pons asini		Eselsbrücke
	- Mnemotechnik zum Einprägen von Fakten. Es gibt auch die Mehrzahlvariante pons asinorum	
Pontifex Maximus		Der oberste Brückenbauer -
	Römisches Kultamt und dann traditionelles Epithet für den Papst	
Post hoc, non propter hoc.		Danach, nicht deswegen - Ein logischer Fehlschluss
Post meridiem (p. m.)		Nach Mittag
Die Zeit zwischen 12:00 und 23:59 Uhr, und wird im englischsprachigen Raum auch als pm oder p. m. Uhrzeitangaben nachgestellt (Beispiel: 19:00 Uhr schreibt		

man: 7:00 pm) Zwischen Mittag und Mitternacht.		
Post mortem		Nach dem Tod
	- Der Begriff wird in der Medizin oder Kriminologie benutzt. Wenn etwas nach dem Tod mit dem toten Körper passiert.	
Post nubila Phoebus.		Nach den Wolken (kommt) Phoebus.
	Phoebus ist ein Beiname des Gottes Apollon, der auch mit dem Sonnengott Helios gleichgesetzt wird.	
Post scriptum (p. s.)		Nachträglich Geschriebe-nes
	Briefzusatz nach der Unter-schrift. Während im Schriftverkehr der eigentli-che Text unterschrieben wird, so tut man dies nicht mit dem Postskriptum.	
Post urbem conditam		Nach der gegründeten Stadt -
	Nach der Stadtgründung Roms, d. h. 753 v. Chr. Gleichbedeutend mit ab urbe condita.	
Potus non frangit ieiu-nium.		Trinken bricht das Fasten nicht.

	Klosterregel, geschätzt als Begründung für den Genuss von Wein und Bier in der Fastenzeit	
Praecepta ecclesiae		Gebote der Kirche
	Fünf Kirchengebote der Katholiken, die oft als Weisungen bezeichnet werden um sie von den Zehn Geboten abzusetzen.	
Praedicare de Romulo et Remo		Von Romulus und Remus erzählen
Romulus und Remus waren die sagenhaften Begründer der Stadt Rom. Vergleiche Ab ovo. Entspricht der deutschen Redewendung Bei Adam und Eva anfangen.		
Praetereunt anni more fluentes aquae.		Die Jahre gehen vorbei nach Art fließenden Wassers.
Praeterita mutare non possumus.		Vergangenes können wir nicht ändern.
Prima facie		Auf den ersten Blick -
	Dem ersten Anschein nach – bezeichnet in einer Gerichtsverhandlung einen einleuchtenden aber nicht sicheren Beweis.	
Prima vista		Auf den ersten Blick
primus inter pares		Erster unter Gleichen
Mitglied einer Gruppe, das dieselben Rechte innehat wie alle anderen auch, aber		

trotzdem eine erhöhte Ehrenstellung genießt. Der Begriff primus wurde unter Kaiser Augustus eingeführt, um seine Stellung im römischen Staatsgefüge zu beschreiben.		
Principiis consentit exitus.	*Zitat aus den Werkend des Dichters Cicero*	Das Ende passt zu den Anfängen.
Principiis obsta.	*Nach Ovid aus Remedia Amoris, 91 (Mittel gegen die Liebe).*	Wehre den Anfängen!
	Vernichte das Übel im Keim;	
Pro anno		Pro Jahr
	Fälschlich oft „Pro annum"; siehe „Per annum"	
Probatum est.		Es hat sich bewährt. - So ist es erwiesen.
Prognosis		Prognose, Vorhersage
	Unter einer Prognose versteht man in der Medizin die Vorhersage des wahrscheinlichen Krankheitsverlaufs	
Pro et contra	*- Cicero: De oratore 2.118*	Das Für und Wider
Pro forma	*Macrobius: Commentarium in Somnium Scipionis 1. 5,8*	Der Form halber - Zum Schein
Pro mille (p.m.)		Je Tausend

	Die Bezeichnung Promille wird bei in Tausendstel ausgedrückten Bruchteilen benutzt.	
Pro rata		Im Verhältnis - D. h. proportional
Prosit.		Es möge nützen
	Trinkspruch aus der Studentensprache zu Beginn des 18. Jahrhunderts, der eingedeutscht Wohl bekomm's! lautet.	
Pro tempore	*Caesar: De bello Gallico 5. 8,1*	Für den Augenblick - D. h. vorläufig, den Umständen entsprechend
Punctum saliens	*Aristoteles*	Der springende Punkt
Mit dem springenden Punkt meinte Aristoteles ursprünglich das Herz eines Küken-Embryos, das bei Gegenlicht als zuckender Punkt im Ei zu sehen ist. Erst später wurde aus diesem Begriff die entscheidende Frage.		
Quae Caesaris Caesari, quae Dei Deo.	*Jesus*	Dem Kaiser, was des Kaisers, Gott, was Gottes.
	Antwort Jesu auf die Fangfrage, ob es Juden erlaubt sei, dem römischen Kaiser Steuern zu zahlen.	
Quae volumus, credimus libenter.	*Cicero.*	Was wir wollen, das glauben wir gerne.
Quaere!		Untersuche

Aufforderung, besonders in der Rechtssprache, einen zweifelhaften Sachverhalt näher zu untersuchen.		
Quandoque bonus dormitat Homerus.	*Aus Horazens Ars poetica.*	Manchmal schläft sogar der große Homer.
Qui amant, ipsi sibi somnia fingunt.	*Zitat aus den Werken des römischen Dichters Vergil.*	Die, die lieben, schaffen sich selbst Träume.
Qui dormit, non peccat.		Wer schläft, sündigt nicht.
Qui pro quo?		Wer für wen? -
	Quiproquo bedeutet Verwechslung von Personen in Lustspielen.	
Qui vitia odit, homines odit.	*Zitat aus den Werken des römischen Dichters Plinius d. J.*	Wer Fehler hasst, der hasst die Menschen.
Quid est libertas? Potestas vivendi, ut velis.	*Zitat aus den Werken Ciceros.*	Was ist Freiheit? Die Möglichkeit zu leben, wie du willst.:
Quid non mortalia pectora cogis, auri sacra fames?	*Zitat aus Vergils Aeneis (3.56).*	Wozu treibst du nicht die sterblichen Herzen, verfluchter Hunger nach Gold?
Quinctili Vare, redde legiones.	*Kaiser Augustus*	Quinctilius Varus, gib mir die Legionen wieder!
Laut seinem Biografen Sueton (Vita divi Augusti 23,2) soll Kaiser Augustus noch Monate nachdem der Feldherr Publius Quinctilius Varus die Schlacht im Teutoburger Wald verloren habe, diese Worte oft ausgerufen und mit seinem Kopf gegen die Tür gestoßen haben.		
Qui tacet, consentiere		Wer schweigt, der scheint

videtur.		zuzustimmen.
Quod licet Iovi, non licet bovi.		Was Jupiter erlaubt ist, ist dem Rindvieh noch lange nicht erlaubt.
Quo vadis?	*Petrus*	Wohin gehst du?:
	Nach christlicher Legende stellte Petrus diese Frage, als ihm Jesus auf der Via Appia vor Rom erschien.	
Quod erat demonstrandum (q. e. d.)	*Euklid zugeschrieben*	Was zu beweisen war
	. - Oft am Ende eines mathematischen/logischen Beweisgangs	
Quo errat demonstrator (q. e. d.)		Worin sich der Beweisende irrt
	Ironische Abwandlung von obigem.	
Quod licet Iovi, non licet bovi.	*Terenz*	Was dem Jupiter erlaubt ist, ist dem Ochsen noch lange nicht erlaubt
Quodlibet		Wie es beliebt
	Ein Musikstück, in dem Melodien kombiniert werden, die ursprünglich nichts miteinander zu tun haben.	

Quorum		Von welchen
	Ein Quorum ist die Zahl der Stimmberechtigten, die sich an einer Abstimmung beteiligen müssen, damit diese gültig ist.	
Quot capita, tot sensus	*Horaz, Satiren II 1, 27:*	So viele Meinungen wie Köpfe.
Ratio legis		Sinn des Gesetzes - Sinn und Zweck der gesetzlichen Grundlage.
Redeo inhumanior, quia inter homines fui.	*Zitat aus den Werken des Philosophen Seneca*	Ich kehre unmenschlicher zurück, weil ich unter Menschen war.
Reductio ad absurdum		Rückführung ins Absurde -
Eine Beweistechnik, bei der die These bewiesen wird, indem man beweist, dass ihr Gegenteil absurd oder logisch unhaltbar ist; häufig in der Mathematik und Philosophie.		
Referat.		Er soll berichten!
	Ein Referat ist heute ein Vortrag über ein Thema, der in einer begrenzten Zeit gehalten wird.	
Regina Coeli		Himmelskönigin -
	Das Regina coeli (Regina caeli) ist eine Antiphon zu Ehren Marias, die während der Osterzeit gesungen	

	wird:	
Religio deos colit, superstitio violat.	*Seneca: De clementia 2.5,1*	Die Religion verehrt die Götter, der Aberglaube entehrt sie. -
Rem acu tetigisti.	*aus den Werken des Dichters Plautus.*	Du hast die Sache mit der Nadel berührt.
	Wenn jemand etwas auf den Punkt gebracht hat. Zitat	
Rem tene, verba sequentur.	*Zitat aus den Werken des Historikers, Schriftstellers und Staatsmanns Marcus Porcius Cato.*	Beherrsche die Sache, die Worte werden dann schon folgen.
Repetitio		Wiederholung
Rhetorische Figur der Wiederholung. Es werden einzelne Satzglieder wiederholt, wobei die Aussage verstärkt und die Eindringlichkeit gesteigert wird.		
Repetitio est mater studiorum.		Wiederholung ist die Mutter des Studierens.
Requiem aeternam dona eis, Domine		Ewige Ruhe schenke ihnen, o Herr!
	- Das Requiem ist die Messfeier für Verstorbene (auch Missa pro defunctis).	
Requiescat in pace. (R. I. P.)		Ruhe in Frieden.
	Totensegen; oft auf Grabsteinen	

Res publica		Öffentliche Sache - Staat, Gemeinwesen. Davon abgeleitet ist das Wort Republik.
Respice finem.	*Geht auf eine Fabel Äsops zurück.*	Bedenke das Ende.,
	Kurzform des bekannten Zitats Quidquid agis prudenter agas et respice finem	
Rex regnat, sed non gubernat.	*- Zitat aus den Werken des Dichters Horaz.*	Der König herrscht, aber er regiert nicht.
Rigor mortis		Totenstarre
	- die nach dem Tod (post mortem) eintretende Erstarrung der Muskulatur	
Rigorosum		Das Strenge -
	Eine Form der mündlichen Promotionsprüfung an einer Hochschule.	
Roma aeterna	*Zitat aus den Werken des Tibull.*	Das ewige Rom:
Roma locuta, causa finita.	*Zitat aus den Schriften des Kirchenlehrers Augustinus.*	Rom hat gesprochen, der Fall ist beendet.
	Innerhalb der römisch-katholischen Kirche geprägter Ausdruck um die Endgültigkeit einer Ent-	

	scheidung zu unterstreichen.	
Rosa de spinis floret.	*Zitat aus den Schriften des Kirchenlehrers Hieronymus.*	Eine Rose blüht zwischen Dornen.
Sacra populi lingua est.	*Seneca d. Ä.: Controversiae 1.1,10*	Heilig ist die Stimme des Volks. -
Sacrilegia minuta puniuntur, magna in triumphis feruntur.	*- Seneca: Epistulae morales 87,23*	Kleine Verbrechen werden bestraft, große im Triumph gefeiert.
Saepe autem satius fuit dissimulare quam ulcisci.	*Seneca: De ira 2.33,1*	Oft ist es besser, etwas zu übersehen, als es zu ahnden.
Salus civitatis in legibus sita est.	*- Cicero: Pro Cluentio 53*	Das Staatswohl beruht auf den Gesetzen.
Salus populi suprema lex esto.	*- Cicero: De legibus 3.8*	Das Heil des Volkes sei das höchste Gesetz.
Salve!		Sei gegrüßt!
Salvete, discipuli.		Seid gegrüßt, Schüler! -
	Lateinische Begrüßung bei Unterrichtsbeginn	
Saxum Sisyphi volvere	*Zitat aus den Werken des Dichters Terenz*	Den Stein des Sisyphus wälzen.
	Terenz beschreibt, wie Sisyphus den Stein den Berg hinauf wälzt.	
Saxum volutum non obducitur musco.	*Sentenz des Dichters Publilius Syrus,*	Ein Stein, der gewälzt wird, wird nicht von Moos

		überwachsen. -
Scio me nihil scire.	*Sokrates*	Ich weiß, dass ich nichts weiß.
	Ausspruch des griechischen Philosophen in seiner Verteidigungsrede vor Gericht	
Sed quis custodiet ipsos custodes?	*Juvenal*	Wer, außer den Wächtern selbst, wacht über die Wächter?
	Dieser Satz von bedeutet soviel wie: Wer kontrolliert die Kontrolleure?	
Semel emissum volat inrevocabile verbum.	*Zitat aus den Schriften des römischen Dichters Horaz*	Einmal ausgesandt fliegt unwiderruflich das Wort.
Semper aliquid ad discendum est.	*Zitat aus den Werken Ciceros*	Immer gibt es etwas dazuzulernen.
Semper fidelis	*Motto einiger Institutionen, z. B. des US Marine Corps und einiger Städte, wie zum Beispiel Exeter und Lemberg*	Stets treu
Semper paratus	*Motto der Küstenwache der USA*	Immer bereit
Senatus Populusque Romanus (SPQR)		Der Senat und das Volk von Rom
	Offizieller Name der Römischen Republik. Gemeint sind damit die Aristokraten	

	und das gemeine Volk. Diese Abkürzung stand auch auf den Standarten der römischen Legionen.	
Septem artes liberales		Sieben freie Künste
Die Sieben freien Künste sind ein in der Antike entstandener Kanon von sieben Studienfächern, die nach römischer Vorstellung die ‚einem freien Mann' ziemende Bildung darstellten. Die Freien Künste waren so bezeichnet, um sie gegenüber den praktischen Künsten (Artes mechanicae) als höherrangig zu bewerten.		
Servus servorum Dei		Diener der Diener Gottes - Ein Titel des Papstes
Si libet, licet.		Wenn es gefällt, ist es erlaubt.
Sic luceat lux.	*Zitat aus der Schöpfungsgeschichte im 1. Buch Mose*	Es werde Licht! -
Sic transit gloria mundi		So vergeht der Ruhm der Welt
Wenn ein römischer Feldherr im Triumphzug einzog, hatte ein Sklave vor ihn zu treten, einen Flocken Wolle zu verbrennen und diesen Spruch zu rufen. Der Brauch wurde für den feierlichen Einzug eines neu gewählten Papstes übernommen.		
Silent leges inter arma.		Unter den Waffen schweigen die Gesetze.
Simile gaudet simili.		Ähnliches freut sich über Ähnliches.
Similia similibus curantur.		Ähnliches heilt Ähnliches.
	Grundsatz der Homöopathie: Ähnliches wird durch	

	Ähnliches geheilt.	
Sine ira et studio	*Tacitus*	Ohne Zorn und Eifer - D. h. unparteiisch.
	Eine solche Darstellung kündigt am Anfang seiner Annalen an.	
Sine loco (s. l.)		Ohne Ort
	Wird in Bibliographien benutzt und gibt an, dass der Erscheinungsort unbekannt ist.	
Sine loco et anno (s. l. e. a.)		Ohne Ort und Jahr
	Wird in Bibliographien benutzt und gibt an, dass der Erscheinungsort und das Erscheinungsjahr unbekannt sind.	
Si vis pacem para bellum.		Wenn du den Frieden willst, bereite den Krieg vor.
Sine tempore (s. t.)		Ohne Zeit
	Vorlesungsbeginn ohne akademische Viertelstunde Verspätung.	
Si vis pacem, para bellum.		Wenn du Frieden willst, bereite den Krieg vor.

Sine ira et studio		Ohne Zorn und Eifer.
Sol lucet omnibus	*Ursprünglich von Titus Petronius Arbiter aus dem Satyricon (Kapitel 100)*	Die Sonne scheint für alle.
Somnus est imago mortis.	*Zitiert nach Ciceros Tusculanae disputationes (1, 38).*	Der Schlaf ist ein Abbild des Todes.
Spiritus rector		Geist als Führer
Dieser Phraseologismus bezeichnet eine Person, von der sich eine Gemeinschaft geistig leiten lässt. In der Alchemie war spiritus rector eine Bezeichnung für das geistige Prinzip, das alle Dinge zusammenhält		
Stante pede		Stehenden Fußes
	Sofort. Bezeichnet auch etwas, das aus einer Situation heraus entstanden ist oder sofort erledigt worden ist.	
Status quo (ante)		Der Zustand, in dem (sich etwas befindet/zuvor befand) - Nämlich zu einem bestimmten Zeitpunkt oder vor einem bestimmten Ereignis
Stultorum plena sunt omnia.	*Cicero*	Die Welt ist ein Irrenhaus -
Suae quisque fortunae faber est.	*Zitat aus den Schriften des römischen Schriftstellers Sallust;*	Jeder ist seines Glückes Handwerker.
	Vorbild für das deutsche Sprichwort Jeder ist seines	

	eigenen Glückes Schmied.	
Sui generis		Eigener Gattung - Einzigartig
Summa cum laude		Mit höchstem Lob
	Bei akademischen Prüfungen die bestmögliche Benotung: ausgezeichnet, hervorragend	
Suum cuique.	*unter anderem bei Cicero, De legibus 1, 6 19*	Jedem das Seine.
Tabula rasa		Leere Tafel:
Die Römer schrieben gewöhnlich auf Wachs-Täfelchen, die man radierte, indem man mit dem flachen Ende des Schreibgriffels (Stylus) darüberstrich. John Locke gebrauchte den Ausdruck, um den menschlichen Geist bei der Geburt, vor dem Erwerb jeglicher Kenntnisse, zu beschreiben.		
Tam similis et quam ovo ovum.	*Vergleich aus den Werken des Philosophen Seneca.*	So ähnlich und wie in Ei einem Ei:
Tamen movetur	*soll Galileo Galilei auf seinem Sterbebett oder beim Verlassen des Gerichtssaals gemurmelt haben.*	Und sie bewegt sich doch! Und sie [die Erde] bewegt sich doch
Te Deum	*Anfang eines Lob- und Dankgesangs der katholischen Kirche.*	Dich, Gott [loben wir]
Te ipsum cura, medice.		Arzt, heile dich selbst!
Tempora mutantur nos et mutamur in illis.	*Kaiser Lothar I. im 9. Jh. zugeschrieben.*	Die Zeiten ändern sich und wir ändern uns mit ihnen. -

Tempus curat omnia.		Die Zeit heilt alles.
Tempus fugit.		Die Zeit flieht.
Tempus ipsum affert consilium.		Kommt Zeit kommt Rat.
Tempus vincit omnia.		Die Zeit besiegt alles.
Terminus, ante quem		Zeitpunkt, vor dem
Terminus, post quem		Zeitpunkt, nach dem
Terra firma		Fester Grund
Terra incognita		Neues Land: Lateinischer Name für Neufundland.
Terra nullius		Niemandsland: Unbesiedeltes Land; Land, das niemandes Eigentum ist.
	Das Konzept der terra nullius spielte eine wichtige Rolle bei der ideologischen Rechtfertigung von Kolonisation.	
Timeo Danaos et dona ferentes!	*Warnung des Priesters Laokoon vor dem Trojanischen Pferd in Vergils Aeneis (2, 49).*	Ich fürchte die Danaer, auch wenn sie Geschenke bringen.
Timidus se vocat cautum; avarus parcum.	*Zitat aus den Werken des Dichters Publilius Syrus.*	Der Ängstliche nennt sich vorsichtig; der Geizige nennt sich sparsam.

Toga candida		Weiße Toga:
	Wurde von den Bewerbern um Staatsämter getragen. Daher leitet sich das deutsche Wort Kandidat her.	
Toga picta		Bemalte Toga:
	Eine purpurne Toga, mit goldenen Sternen verziert, die der Triumphator anlegte.	
Tota erras via.	*Zitat aus den Werken des römischen Dichters Terenz.*	Du irrst den ganzen Weg lang.
Totus mundus agit histrionem.		Die ganze Welt handelt als Schauspieler. - Die ganze Welt ist ein Theater.
Inschrift auf dem Globe Theatre in London, das vor allem durch Aufführungen von Werken William Shakespeares einen bedeutenden Platz in der Theatergeschichte einnimmt.		
Tu quoque fili?	*- Julius Caesar zugeschrieben, als er Marcus Iunius Brutus unter den Attentätern sah.*	Auch du, mein Sohn?:
Tunica propior pallio est.	*aus einer Komödie des römischen Dichters Plautus*	Die Tunica ist näher als der Mantel.
	Diese Redensart entspricht dem deutschen Sprichwort Das Hemd ist näher als der Rock.	

Ubi bene ibi patria.	*Hat seinen Ursprung im Werk Der Reichtum des griechischen Dichters Aris-tophanes*	Wo es gut ist, da ist das Vaterland.
ultima ratio		das letzte Mittel; der letzte Ausweg
Ululas Athenas (porta-re)	*Sie geht auf den Dichter Aristophanes zurück, der den Ausspruch in seiner satirischen Komödie Die Vögel prägte*	Eulen nach Athen tragen.
	Die Wendung steht für eine überflüssige Tätigkeit..	
Una domus non alit duos canes.		Ein Haus ernährt nicht zwei Hunde.
Una voce	*Zitat aus den Werken des römischen DichtersCiceros.*	Mit einer Stimme
Unus multorum	*(Horaz).*	Einer von vielen - Eine zufällige Person
Urbi et orbi		Für die Stadt (Rom) und den Erdkreis
Urbs aeterna	*Tibull.*	Die ewige Stadt - Die Stadt Rom laut
Usus magister est op-timus.	*(Cicero).*	Gewohnheit ist der beste Lehrer.: Erfahrung ist der beste Lehrmeister
Ut ameris, amabilis esto.	*Zitat aus den Werken des Dichters Ovid.*	Damit du geliebt werdest, sollst du liebenswürdig

		sein.:
Ut infra		Wie unten: Bei Schriftstücken und Büchern.
Ut retro		Wie umseitig oder wie auf der Rückseite.
Ut sementem feceris, ita metes.	*Zitat aus den Werken des Dichters Cicero*	Wie du säst, so wirst du ernten.
Ut supra		Wie oben.
Ut desint vires, tamen est laudanda voluntas.		Wenn auch die Kräfte schwach waren, so ist der Wille zu loben.
Vade mecum.		Geh' mit mir!:
Vademecum ist eine Bezeichnung für ein Handbuch mittelalterlicher wandernder Studenten mit Adressen und Hinweisen für akademische Belange. Heute wird Vademecum als Bezeichnung für einen Ratgeber oder Leitfaden zu einem bestimmten Thema benutzt.		
Vade retro!	*Die Wendung stammt vom römischen Komödiendichter Terenz, Formio I, 4, 203.*	Geh' zurück! Auch Bleib' zurück!, fort!
Vae victis!	*Brennus*	Wehe den Besiegten!
	Diese Drohung geht zurück auf den keltischen Fürsten Brennus, der 390 v. Chr. Rom eroberte, laut Livius, Römische Geschichte.	
Vanitas vanitatum, omnia vanitas	*Zitat aus dem alttestamentlichen Buch Ecclesiastes, 1:2.*	Eitelkeit, Eitelkeit, alles ist Eitelkeit:

Vare, redde mihi legiones meas!		Varus, gibt mir meine Legionen zurück!:
	Nach der Niederlage der römischen Armee bei der Schlacht im Teutoburger Wald dachte Kaiser Augustus, dass Publius Quinctilius Varus mit den Legionen geflohen wäre.	
Variatio delectat.	*Cicero, De natura deorum.*	Abwechslung erfreut.
	Lateinische Übersetzung eines Zitats aus Sophokles' Drama Elektra.	
Veni, vidi, vici.	*Julius Caesar*	Ich kam, Ich sah, Ich siegte. -
Text einer Nachricht, die von Julius Caesar an den Römischen Senat geschickt wurde, um seinen Krieg gegen König Pharnakles von Pontus im Jahr 47 zu beschreiben.		
Vera causa		Der wahre Grund (von)
Verba volant scripta manent.		Gesprochenes vergeht, Geschriebenes bleibt.
Verbis parvam rem magnam facere	*Zitat aus den Schriften des römischen Dichters Livius.*	Mit Worten eine kleine Sache zu einer großen machen -
Vice versa		Mit vertauschten Plätzen: In umgekehrter Ordnung, umgekehrt.

Victrix causa diis placuit, sed victa Catoni.	*Zitat aus den Werken des Dichters Lukan (Pharsalia, 1,128).*	Die siegreiche Sache gefiel den Göttern, aber die besiegte dem jüngeren Cato.:
Vide, sed cui fide.		Trau, schau wem?
Vinum bonum deorum donum.		Ein guter Wein ist ein Geschenk der Götter.
Vis legis		Kraft des Gesetzes
Vita brevis, ars longa.	*Seneca/Hippokrates*	Das Leben ist kurz, die Kunst ist lang.
	Dieses Zitat stammt ursprünglich von dem griechischen Arzt Hippokrates, wurde aber vom römischen Dichter Seneca überliefert.	
Vivat.		Möge es leben! - Er lebe [hoch]! Gegenstück zu Pereat (Er gehe unter!),
Volens nolens		Wollend nicht wollend - Wohl oder übel; vgl. Nolens volens.
	Bezeichnung einer unvermeidlichen Handlung, die jemand tun muss, wenn auch u.U. widerwillig.	
Vox populi vox dei		Die Stimme des Volkes ist die Stimme Gottes.:

Römische Zahlzeichen

Römische Zahlen bzw. Ziffern werden aus 7 verschiedenen Zeichen (I, V, X, L, C, D, M) gebildet.

I	V	X	L	C	D	M	Ɖ	Φ
1	5	10	50	100	500	1000	5000	10000

Lateinische Ziffern und die dazugehörigen arabischen Zahlen

Es handelt sich um ein sogenanntes additives Zahlsystem, bei dem die Werte der einzelnen Ziffern einfach addiert werden.

Beispiel:

M + D + CCCC + L + XXX + IIII =
MDCCCCLXXXIIII

1 × 1000 + 1 × 500 + 4 × 100 + 1 × 50 + 3 × 10 + 4 × 1 =
1984

Subtraktionsregel:

Als Mittel zur Verkürzung allzu langer Ziffernfolgen und um zu vermeiden, vier gleiche Ziffern in direkter Aufeinanderfolge zu schreiben, gelten die folgenden Regeln:

Wenn eines der Zahlzeichen I, X oder C vor einem größeren Zahlzeichen steht, wird ihr Wert von dem des nachfolgenden Zeichens abgezogen:

I vor V: IV = 4 (5 - 1)

I vor X: IX = 9 (10 - 1)

X vor L: XL = 40 (50 - 10)

X vor C: XC = 90 (100 - 10)

C vor D: CD = 400 (500 - 100)

C vor M: = 900 (1000 - 100)

M + CM + L + XXX + IV = MCMLXXXIV

$$1 \times 1000 + (-1 \times 100 + 1 \times 1000) + 1 \times 50 + 3 \times 10 + (-1 \times 1 + 1 \times 5) = 1984$$

Ein Zeichen für 0 (Null) gibt es nicht, da es in einem solchen additiven Zahlsystem nicht benötigt wird. Dementsprechend kannten die Römer zwar die Begriffe „nullum“ (nicht etwas) und „nihil“ (nichts), aber keine mathematische Schreibweise für die Null.

Die lateinischen Ziffern dienten im Übrigen nur zur Darstellung von Zahlen, nicht aber zum Rechnen. Hierfür wurden zum Beispiel das Rechenbrett und der Abakus verwendet.

Heute ist die Schreibung mit Großbuchstaben üblich (IIIX) es gab und gibt aber auch Schreibungen in Kleinbuchstaben (iiix). Diese sind nicht zuletzt wegen der Verwechslungsgefahr von i und l aber nur relativ selten zu finden.

Obwohl die römischen Zahlen etwa ab dem 12. Jahrhundert fast überall von den heute verwendeten arabischen Zahlen abgelöst wurden, finden sie in einigen Bereichen weiterhin Verwendung. Dazu gehören zum Beispiel die Nummerierung von Buchkapiteln, die Ziffernblätter von Uhren oder die Namen von Herrschen und Würdenträgern. Z. B. Papst Benedikt XVI (der 16.) oder Louis XIV (Ludwig der 14.).

Römische Geschichte

Kenntnisse der römischen Geschichte sind für die Übersetzung lateinischer Texte sehr hilfreich. Viele Texte lassen sich erst dann vollständig erfassen, wenn man sie in dem korrekten historischen Kontext liest.

Im Folgenden finden Sie daher die wichtigsten Jahreszahlen und Ereignisse der römischen Geschichte von der Gründung im Jahre 753 vor Christus bis zur Zeit der Soldatenkaiser.

Jahr	**Ereignis**
753 v.Chr.	Gründung Roms durch Romulus. Romulus tötete später seinen Zwillingsbruder Remus. Romulus und Remus wurden der Sage nach von ihren Eltern, dem Kriegsgott Mars und der Vestalin Rhea Silvia im Kleinkindalter auf dem Tiber ausgesetzt. Sie wurden dadurch gerettet, dass eine Wölfin sie säugte. Der Name Roma ist wahrscheinlich von einem etruskischen Geschlecht, den Rumlna, abgeleitet. Das Gründungsdatum Roms ist zugleich der Beginn der Zeitskala des Römischen Kalenders, wofür die lateinische Angabe a.u.c. (ab urbe condita) steht.
475 v. Chr.	Rom wird eine Republik. Es folgte eine Zeit von Ständekämpfen zwischen Arm und Reich, zwischen den Plebejern und den Adligen. Rom beginnt zu dieser Zeit zu expandieren.
390 v. Chr.	Invasion der Kelten. Zum Schutz wird die Servianische Mauer errichtet.
312 v. Chr.	Bau des ersten Aequaducts (Wasserleitungen, die oft auf gewölbten Bogenstellungen verliefen). Bau der Via Appia.

264 – 146 v. Chr.	Punische Kriege (Kriege zwischen Rom und Kathargo)
133 v. Chr.	Tiberius Grachus und sein Bruder Gaius Grachus führen die Landreform (Lex Sempronia agraria/ager publicus) durch. Der Volkstribun Octavius wird durch Beschluss der Volksversammlung abgesetzt. Es folgen Auseinandersetzungen zwischen Anhängern des Senats (Optimaten) und Anhängern der Reformer (Popularen), in deren Verlauf Tiberius Grachus und 200 seiner Anhänger erschlagen werden.
59 v. Chr.	Das Erste Triumvirat (Crassus, Pompeius, Caesar) setzt Caesars Wahl zum Konsul durch.
58 v. Chr.	Caesar marschiert in Gallien ein.
52 v. Chr.	In der Schlacht bei Alesia wird der Widerstand Galliens gebrochen.
49 v. Chr.	Caesar überschreitet mit einer 5000 Mann starken Armee den Grenzfluss Rubikon. Hier soll Caesar gesagt haben alea jacta est" (Der Würfel ist gefallen).
48 v. Chr.	Caesar zieht gegen Pompeius zu Felde. Dieser flieht nach Ägypten und wird dort ermordet. Caesar folgt Pompeius nach Ägypten, wo ihm dessen Kopf überreicht wird. Caesar trifft Cleopatra, eine Liebesaffäre beginnt.
46 v. Chr.	Caesar kehrt aus Ägypten zurück. Caesars Triumphzug in Rom. Caesar lässt sich zum Diktator für 10 Jahre ernennen.
44 v. Chr.	Am 15. März wird Caesar im Senat von Marcus Iunius Brutus und Gaius Cassius Longinus mit 23 Messerstichen ermordet. Es folgen Jahre der Wirrungen und Bürgerkriege.

31 v. Chr.	Marcus Antonius, Octavian und Marcus Aemilius Lepidus bilden das Zweite Triumvirat. Anschließend schaltet Octavian seine Mitstreiter aus und wird Alleinherrscher in Rom.
19 v. Chr.	Augustus wird Consul auf Lebenszeit
8 – 6 v. Chr.	Tiberius in Germanien.
4 – 6 n. Chr.	Tiberius erneut in Germanien.
19 n. Chr.	Augustus stirbt, Tiberius wird sein Nachfolger.
37 – 41 n. Chr.	Kaiser Gaius (Caligula) regiert.
54 – 68 n. Chr.	Nero regiert als Kaiser in Rom.
68 n. Chr.	Aufstände in Gallien und Spanien. Nero begeht Selbstmord.
68 – 69 n. Chr.	Das so genannte Vierkaiserjahr (Galba, Otho, Vespanian, Vitellius)
113 – 117 n. Chr.	Krieg gegen die Parther
117 – 138 n. Chr.	Kaiser Hadrian
138 – 161 n. Chr.	Kaiser Antoninus Pius
161 – 180 n. Chr.	Kaiser Marcus Aurelius
231 – 233 n. Chr.	Krieg gegen die Perser
233 – 235 n. Chr.	Krieg gegen die Germanen am Rhein

Römische Bauwerke

Im Laufe der Geschichte haben die Römer viele beeindruckende Bauwerke geschaffen, von denen nicht wenige auch heute noch zu besichtigen sind. Römische Bauwerke finden sich nicht nur im heutigen Italien, sondern auch in Deutschland, Frankreich oder Spanien.

Amphitheater

Ein Amphitheater ist ein Rundtheater ohne Dach. Um eine runde oder ovale Arena herum steigen stufenweise die Sitzreihen an. Der Name leitet sich vom griechischen amphi" her, was so viel bedeutet wie doppelt" oder beide". Da Forscher davon ausgehen, dass Amphitheater zunächst aus zwei halbkreisförmigen Theatern bestanden, erklärt sich dieser Name.

Amphitheater waren im römischen Reich Schauplatz für große Theateraufführungen und sportliche Wettkämpfe. Aber auch Gladiatorenkämpfe wurden hier ausgetragen, bei denen meist zu Kämpfern ausgebildete Sklaven gegeneinander antreten mussten.

Amphitheater wurden im gesamten römischen Reich errichtet. In Deutschland findet man römische Amphitheater in Trier und in Xanten. In Frankreich in Arles, Grand, Lyon, Nîmes und Paris. Eines der bekanntesten Amphitheater ist das Colusseum in Rom.

Das Amphitheater in Nîmes

Aquädukte

Der Name Aquädukt ist entstanden aus den lateinischen Wörtern aqua" = Wasser und ducere" = führen, leiten. Aquädukt bedeutet also nichts anderes als Wasserleitung.

Aquädukte gab es bereits im alten Griechenland, sie wurden also nicht, wie oft angenommen, von den Römern erfunden. Trotzdem ist es richtig, dass die Römer die Ersten waren, die zum Beispiel in Rom ganze Stadtteile mit solchen Wasserleitungen versorgten. Dabei wurde das Wasser durch oberirdische Leitungen, die meist auf gewölbten Bogenstellungen geführt wurden, oft über weite Entfernungen zu seinem Bestimmungsort transportiert.

In Rom waren sogar besondere Beamte nur für den Betrieb und die Instandhaltung der Wasserleitungen zuständig. Während das Wasser in den Fernleitungen meist durch das Höhenunterschiede und Gefälle transportiert wurde, gab es in der Stadt selbst auch Wassertürme und Druckleitungen aus Blei oder Ton.

Überreste von römischen Aquädukten in Deutschland findet man zum Beispiel noch in Zahlbach bei Mainz, zwischen der Eifel und Köln (Römerkanal) und in Wiesbaden.

Römisches Aquädukt in Nîmes

Basiliken

Der Name Basilika kommt aus dem Griechischen und bedeutet ursprünglich Königshalle. Es handelte sich dabei ursprünglich um Prachtbauten, in denen große Gerichtsverhandlungen und Handelsgeschäfte abgehalten wurden. Die erste Basilika, die Basilica Porcia wurde in Rom etwa 185 v. Chr. am Forum Romanum von Cato Censorius errichtet. Später entstanden rund um das Forum Romanum weitere Basiliken, so zum Beispiel die Basilica Sempronia, die Basilica Opimii und die prunkvolle Basilica Aemilia. Im Zuge der Christianisierung wurde der Begriff Basilika dann auch auf christliche Gotteshäuser übertragen.

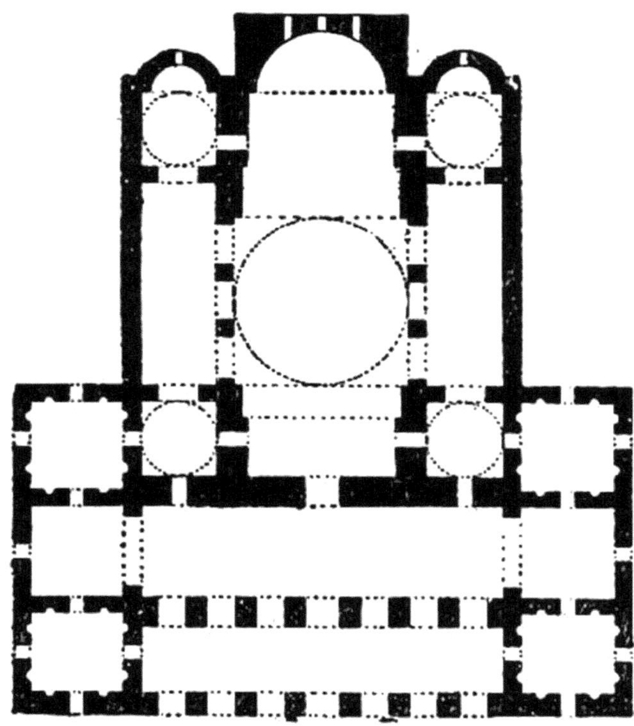

Grundriss einer Basilika

Der Circus Maximus in Rom

Der Circus Maximus war der größte Circus im alten Rom. Er fasste unglaubliche Besuchermassen. In ihm fanden über 300.000 Menschen Platz. Hier fanden unter anderem die so genannten Zirzensischen Spiele statt, aber auch Wagenrennen, Gladiatorenkämpfe und Tierkämpfe. Im Circus Maximus wurden auch viele christliche Märtyrer ermordet.

Damit die Römer auch in den Provinzen nicht auf ihren Circus verzichten mussten, wurden auch dort ähnliche Bauwerke aber in kleineren Ausmaßen errichtet. So finden sich Überreste von Circussen u.a. auch in Spanien. In Deutschland gab es einen Circus Trier.

Das Pantheon in Rom

Das Pantheon in Rom war ein allen Hauptgöttern geweihtes Heiligtum. Es handelt sich um einen überwölbten Rundbau mit über 40 Metern Durchmesser. Der dem Rundbau vorgelagerte Portikus wird von 16 aus einem Block gehauenen korinthischen Säulen getragen. Das Pantheon diente später als Vorlage für viele weitere, ähnliche Kuppelbauten, unter anderem auch für den Petersdom im Rom.

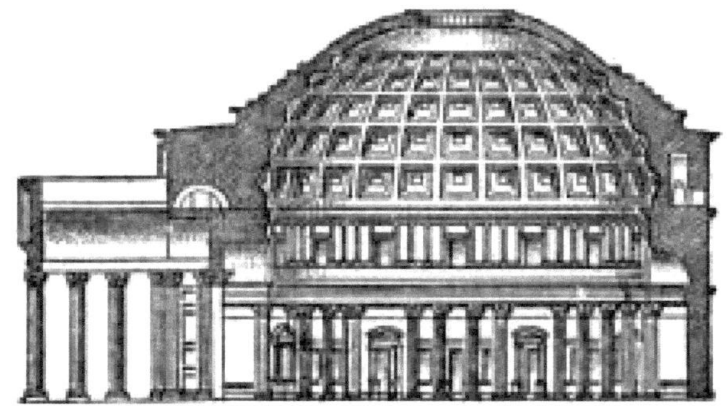

Pantheon Seitenansicht

Das Forum Romanum in Rom

Die römischen Foren waren öffentliche Plätze des wirtschaftlichen, politischen, kulturellen und religiösen Lebens. In jeder Stadt gab es solch ein Forum, wo sich die Bürger trafen und versammelten. Das Forum Romanum gilt als das erste Forum seiner Art. Der Forumsplatz wurde bereits um 400 v. Chr. als öffentlicher Platz genutzt.

Unter Kaiser Augustus wurde das Forum neu gestaltet. Es entstand ein prunkvoller Platz. Auf dem Forum Romanum befanden sich viele Tempel und andere Gebäude. Unter anderem standen hier der Tempel des Saturn, der Tempel des Romulus und der Tempel der Vesta. Der Titusbogen wurde im ersten Jahrhundert nach Christus zu Ehren des Kaisers Titus für dessen Eroberung Jerusalems errichtet. Er diente auch als Vorbild für den Arc de Triomphe in Paris.

Titus-Bogen

Das Kolosseum in Rom

Das Kolosseum (Amphitheatrum Novum, Amphitheatrum Flavium) ist das größte römische Amphitheater und gleichzeitig das größte umschlossene Gebäude der gesamten Antike.

Es wurde unter Kaiser Vespasian von 72 n. Chr. erbaut. Ursprünglich nur dreigeschossig geplant, wurde auf Wunsch von Vespasians Sohn Titus noch ein viertes Geschoss hinzugefügt.

Im Kolosseum konnten nach heutigen Berechnungen bis zu 50.000 Menschen Platz finden. Nach seiner Fertigstellung nach Überlieferung des Cassio Dio mit hunderttägigen Spielen eröffnet. Unter anderem mit Gladiatorenkämpfen, nachgestellten Seeschlachten und Tierhetzen. Dabei sollen allein 5.000 Tiere in der Arena getötet worden sein.

Das Kolosseum heute

Pont Du Gard in Nîmes

Der Pont Du Gard ist ein römisches Aquädukt in Südfrankreich. Es ist das höchste und gleichzeitig eines der am besten erhaltenen von den Römern erbaute Aquädukte. Der Pont Du Gard gehört zu den bekanntesten Sehenswürdigkeiten Frankreichs. Der Pont Du Gard gehörte zu einem fast 50 Kilometer langen Aquädukt und wurde später auch als Brücke genutzt, um den Fluss Gard (heute Gardon) zu überqueren.

Der Pont Du Gard wurde 1985 in die Liste des UNESCO-Welterbes aufgenommen.

Pont Du Gard

Die Porta Nigra in Trier

Die Porta Nigra (schwarzes Tor) ist ein ehemaliges römisches Stadttor und ist heute das Wahrzeichen der Stadt Trier. Es ist ebenfalls Teil des Weltkulturerbes der UNESCO.

Die Porta Nigra wurde etwa um 180 n. Chr. als nördlicher Zugang zur Stadt Augusta Trerevorum (dem heutigen Trier) erbaut. Die schwarze Färbung erhielt das Tor durch Verwitterung des Sandsteins.

Porta Nigra

Vollständige Vokabelliste

Die folgende Liste enthält alle wichtigen lateinischen Vokabeln, die für die Übersetzung von Texten in Schule und Studium notwendig sind. Wer diese Vokabeln beherrscht, kommt mit allen relevanten lateinischen Texten problemlos zurecht.

Vokabelliste	**Erläuterung**	**Übersetzung**
a	Zusatz: mit Abl. Wortart: P	von; von ... her
ab	Zusatz: mit Abl. Wortart: P	von; von ... her
abire	Betonung: ab-i-re Stammform: abeo abii abitum Wortart: V / Klasse: kl	weggehen
ac	Wortart: K	und; und auch; und sogar; und zwar
accedere	Betonung: ac-ce-de-re Stammform: accedo accessi accessum Wortart: V / Klasse: k	herbeikommen; sich nähern; hinzukommen; heranrücken
accidere	Betonung: ac-ci-de-re Stammform: accido accidi Wortart: V / Klasse: k	sich ereignen; geschehen; eintreten
accipere	Betonung: ac-ci-pe-re Stammform: accipio accepi acceptum Wortart: V / Klasse: m	annehmen; empfangen; bekommen; ergreifen
acer	Betonung: a-cer Zusatz: acris acre Wortart: A / Klasse: m	spitz; scharf; heftig; aufmerksam
acies	Betonung: a-ci-es Zusatz: aciei Geschlecht: f / Wortart: S / Klasse: e	Schlacht; Heer; Schärfe

ad	Zusatz: mit Akk. Wortart: P	zu; bei; an; nach
addere	Betonung: ad-de-re Stammform: addo addidi additum Wortart: V / Klasse: k	hinzufügen; hinzutun
adducere	Betonung: ad-du-ce-re Stammform: adduco adduxi adduc-tum Wortart: V / Klasse: k	heranführen; herbeibringen; holen; veranlassen
adeo	Betonung: ad-e-o Wortart: Ad	so sehr; besonders
adesse	Betonung: ad-es-se Stammform: adsum adfui Wortart: V / Klasse: kl	anwesend sein; da sein; helfen; beistehen
adhuc	Betonung: ad-huc Wortart: Ad	bisher; bis jetzt; bis heute ; noch
adicere	Betonung: ad-ji-ce-re Stammform: adicio adieci adiectum Wortart: V / Klasse: m	hinzufügen; werfen auf
adire	Betonung: ad-i-re Stammform: adeo adii aditum Wortart: V / Klasse: kl	herantreten; besuchen; bit-ten; angreifen
admittere	Betonung: ad-mit-te-re Stammform: admitto admisi admis-sum Wortart: V / Klasse: k	zulassen; hinzuziehen; bege-hen; gestatten
admovere	Betonung: ad-mo-ve-re Stammform: admoveo admovi admotum Wortart: V / Klasse: e	heranbringen; befördern; hinzuziehen; anwenden
adversus	Betonung: ad-ver-sus Zusatz: adversa adversum Wortart: A / Klasse: ao	zugewandt; entgegengesetzt; feindlich; widrig
aedes	Betonung: ae-des Zusatz: aedium Geschlecht: f / Wortart: S / Klasse:	Haus

	m	
aedes	Betonung: ae-des Zusatz: aedis Geschlecht: f / Wortart: S / Klasse: m	Tempel
aeque	Betonung: ae-kwe Wortart: Ad	gleich; ebenso
aequor	Betonung: ae-kwor / Zusatz: aequoris Geschlecht: n / Wortart: S / Klasse: k	ebene Fläche; Fläche; Meer
aequus	Betonung: ae-kwus / Zusatz: aequa aequum Wortart: A / Klasse: ao	eben; gleich; günstig; gerecht
aer	Betonung: a-er, a-e-ris / Zusatz: aeris Geschlecht: m / Wortart: S / Klasse: k	Luft
aes	Betonung: aes, ä-ris / Zusatz: aeris Geschlecht: n / Wortart: S / Klasse: k	Bronze; Erz; Kupfer; Geld
aestimare	Betonung: ae-sti-ma-re Wortart: V / Klasse: a	schätzen; meinen; beurteilen
aestus	Betonung: ae-stus / Zusatz: aestus Geschlecht: m / Wortart: S / Klasse: u	Flut; Glut; Brandung; Leidenschaft
aetas	Betonung: ae-tas / Zusatz: aetatis Geschlecht: f / Wortart: S / Klasse: k	Alter; Lebensalter; Zeitalter; Zeit
aeternus	Betonung: ae-ter-nus / Zusatz: aeterna aeternum Wortart: A / Klasse: ao	ewig; unvergänglich
aevum	Betonung: ae-vum / Zusatz: aevi Geschlecht: n / Wortart: S / Klasse: o	lange Dauer; Ewigkeit
affectus	Betonung: af-fec-tus / Zusatz: affectus Geschlecht: m / Wortart: S / Klasse:	Stimmung; Gemütsverfassung; Leidenschaft; Zuneigung

	u	
afferre	Betonung: af-fer-re Stammform: affero attuli allatum Wortart: V / Klasse: kl	herbeibringen; zufügen; beibringen; berichten
ager	Betonung: a-ger / Zusatz: agri Geschlecht: m / Wortart: S / Klasse: o	Acker; Feld; Land; Gebiet
agere	Betonung: a-ge-re Stammform: ago egi actum Wortart: V / Klasse: k	führen; (be)treiben; tun; (ver)handeln
agitare	Betonung: a-gi-ta-re Wortart: V / Klasse: a	betreiben; erwägen; überlegen
agmen	Betonung: ag-men / Zusatz: agminis Geschlecht: n / Wortart: S / Klasse: k	Heer; Heereszug; Marsch; Schar
ait	Betonung: a-it Wortart: W	sagt er
alere	Betonung: a-le-re Stammform: alo alui altum Wortart: V / Klasse: k	nähren; ernähren; fördern; aufziehen
alienus	Betonung: a-li-e-nus / Zusatz: aliena alienum Wortart: A / Klasse: ao	fremd; abgeneigt; unangemessen; unpassend
aliquando	Betonung: a-li-kwan-do Wortart: Ad	irgendwann; einmal; einst; dereinst
aliquis	Betonung: a-li-kwis / Zusatz: aliquid Wortart: Pr	jemand; etwas; irgendjemand; irgendetwas
aliter	Betonung: a-li-ter Wortart: Ad	anders; sonst
alius	Betonung: a-li-us / Zusatz: alia aliud Stammform: Pronominaladjektiv Wortart: A / Klasse: ao	ein anderer
alter	Betonung: al-ter / Zusatz: altera alterum Wortart: A / Klasse: ao	der eine (von 2); der andere; der zweite

altitudo	Betonung: al-ti-tu-do / Zusatz: altitudinis Geschlecht: f / Wortart: S / Klasse: k	Höhe; Tiefe
altus	Betonung: al-tus / Zusatz: alta altum Wortart: A / Klasse: ao	hoch; tief
amare	Betonung: a-ma-re Wortart: V / Klasse: a	lieben; gern haben
amicitia	Betonung: a-mi-ci-ti-a / Zusatz: amicitiae Geschlecht: f / Wortart: S / Klasse: a	Freundschaft
amicus	Betonung: a-mi-cus / Zusatz: amici Geschlecht: m / Wortart: S / Klasse: o	Freund; befreundet
amicus	Betonung: a-mi-cus / Zusatz: amica amicum Wortart: A / Klasse: ao	freundlich; befreundet
amittere	Betonung: a-mit-te-re Stammform: amitto amisi amissum Wortart: V / Klasse: k	loslassen; verlieren; aufgeben
amnis	Betonung: am-nis / Zusatz: amnis Geschlecht: m / Wortart: S / Klasse: m	Bach
amor	Betonung: a-mor / Zusatz: amoris Geschlecht: m / Wortart: S / Klasse: k	Liebe
an	Zusatz: mit Konjunktiv Wortart: Su	ob; ob nicht
an	Zusatz: (im direkten Fragesatz) Wortart: K	oder; oder etwa
anima	Betonung: a-ni-ma / Zusatz: animae Geschlecht: f / Wortart: S / Klasse: a	Atem; Seele; Leben
animal	Betonung: a-ni-mal / Zusatz: animalis Geschlecht: n / Wortart: S / Klasse: i	Lebewesen; Tier
animus	Betonung: a-ni-mus / Zusatz: animi	Geist; Herz; Mut; Sinn

	Geschlecht: m Wortart: S / Klasse: o	
annus	Betonung: an-nus / Zusatz: anni Geschlecht: m / Wortart: S / Klasse: o	Jahr; Jahreszeit
ante	Betonung: an-te / Zusatz: mit Akk. Wortart: P	vor
ante	Betonung: an-te / Zusatz: z.B. tribus diebus ante Stammform: Postposition Wortart: Ad	vorher; früher
ante	Betonung: an-te / Zusatz: mit Akk. Wortart: P	vor
ante	Betonung: an-te / Zusatz: z.B. tribus diebus ante Stammform: Postposition Wortart: Ad	vorher; früher
antequam	Betonung: an-te-kwam Wortart: Su	bevor
aperire	Betonung: a-pe-ri-re Stammform: aperio aperui apertum Wortart: V / Klasse: i	öffnen; eröffnen; aufdecken
apparere	Betonung: ap-pa-re-re Stammform: appareo apparui Wortart: V / Klasse: e	erscheinen; offenkundig sein
appellare	Betonung: ap-pel-la-re Wortart: V / Klasse: a	anrufen; ansprechen; nennen; bezeichnen als
aptus	Betonung: ap-tus / Zusatz: apta aptum Wortart: A / Klasse: ao	passend; geeignet
apud	Betonung: a-pud / Zusatz: mit Akk. Wortart: P	nahe bei; bei; vor
aqua	Betonung: a-kwa / Zusatz: aquae Geschlecht: f / Wortart: S / Klasse: a	Wasser; Wasserleitung
ara	Betonung: a-ra / Zusatz: arae	Altar

	Geschlecht: f / Wortart: S / Klasse: a	
arbitrari	Betonung: ar-bi-tra-ri / Zusatz: Deponens Stammform: arbitror arbitratus sum Wortart: V / Klasse: a	meinen; glauben
arbor	Betonung: ar-bor, ar-bo-ris / Zusatz: arboris Geschlecht: f / Wortart: S / Klasse: k	Baum
ardere	Betonung: ar-de-re Stammform: ardeo arsi Wortart: V / Klasse: e	brennen
argentum	Betonung: ar-gen-tum Zusatz: argenti Geschlecht: n / Wortart: S / Klasse: o	Silber; Geld
arma	Betonung: ar-ma / Zusatz: armorum Geschlecht: n / Wortart: S / Klasse: o	Geräte; Waffen
ars	Zusatz: artis Geschlecht: f / Wortart: S / Klasse: m	Kunst; Geschicklichkeit; Fertigkeit; Eigenschaft
artus	Betonung: ar-tus / Zusatz: artus Geschlecht: m / Wortart: S / Klasse: u	Gelenk; Glied; Körperteil
aspicere	Betonung: a-spi-ce-re Stammform: aspicio aspexi aspectum Wortart: V / Klasse: m	erblicken; anschauen; betrachten
at	Wortart: K	aber; jedoch; doch; dagegen
ater	Betonung: a-ter / Zusatz: atra atrum Wortart: A / Klasse: ao	schwarz; finster; unheilvoll; düster
atque	Betonung: at-kwe Wortart: K	und; und auch; und sogar; und zwar
auctor	Betonung: auc-tor / Zusatz: auctoris Geschlecht: m / Wortart: S / Klasse:	Gewährsmann; Urheber; Verfasser; Begründer

	k	
auctoritas	Betonung: auc-to-ri-tas / Zusatz: auctoritatis Geschlecht: f / Wortart: S / Klasse: k	Ermächtigung; Ansehen; Einfluss; Macht
audire	Betonung: au-di-re Stammform: audio audivi auditum Wortart: V / Klasse: i	hören; zuhören
auferre	Betonung: au-fer-re Stammform: aufero abstuli ablatum Wortart: V / Klasse: kl	wegtragen; fortreißen; rauben
augere	Betonung: au-ge-re Stammform: augeo auxi auctum Wortart: V / Klasse: e	vermehren; vergrößern; steigern
aura	Betonung: au-ra / Zusatz: aurae Geschlecht: f / Wortart: S / Klasse: a	Lufthauch; Luft
aureus	Betonung: au-re-us / Zusatz: aurea aureum Wortart: A / Klasse: ao	golden
auris	Betonung: au-ris / Zusatz: auris Geschlecht: f / Wortart: S / Klasse: m	Ohr
aurum	Betonung: au-rum / Zusatz: auri Geschlecht: n / Wortart: S / Klasse: o	Gold
aut	Zusatz: (ausschließend) Wortart: K	oder; oder aber
autem	Betonung: au-tem / Zusatz: (nachgestellt) Wortart: K	aber; jedoch; andererseits
auxilium	Betonung: au-xi-li-um / Zusatz: auxilii Geschlecht: n / Wortart: S / Klasse: o	Hilfe
barbarus	Betonung: bar-ba-rus / Zusatz: barbara barbarum	ausländisch; fremd; unzivilisiert; wild

	Wortart: A / Klasse: ao	
beatus	Betonung: be-a-tus / Zusatz: beata beatum Wortart: A / Klasse: ao	glücklich; reich; gesegnet; selig
bellum	Betonung: bel-lum / Zusatz: belli Geschlecht: n / Wortart: S / Klasse: o	Krieg
bene	Betonung: be-ne / Wortart: Ad	gut
beneficium	Betonung: be-ne-fi-ci-um / Zusatz: beneficii Geschlecht: n / Wortart: S / Klasse: o	Wohltat; Gefälligkeit
bibere	Betonung: bi-be-re / Stammform: bibo bibi Wortart: V / Klasse: k	trinken
bonum	Betonung: bo-num / Zusatz: boni Geschlecht: n / Wortart: S / Klasse: o	das Gute; das Gut; Besitz; Glück
bonus	Betonung: bo-nus / Zusatz: bona bonum Wortart: A / Klasse: ao	gut; tüchtig; anständig
bos	Zusatz: bovis / Geschlecht: m Wortart: S / Klasse: k	Rind; Ochse; Kuh
brevis	Betonung: bre-vis / Zusatz: brevis breve Wortart: A / Klasse: m	kurz
caedere	Betonung: cae-de-re / Stammform: caedo cecidi caesum Wortart: V / Klasse: k	fällen; niederschlagen; töten
caedes	Betonung: cae-des / Zusatz: caedis Geschlecht: f / Wortart: S / Klasse: m	Morden; Ermordung; Schlachten; Blutbad
caelum	Betonung: cae-lum / Zusatz: caeli Geschlecht: n / Wortart: S / Klasse: o	Himmel; Luft; Wetter; Klima

campus	Betonung: cam-pus / Zusatz: campi Geschlecht: m / Wortart: S / Klasse: o	Feld; freier Platz
canere	Betonung: ca-ne-re / Stammform: cano cecini Wortart: V / Klasse: k	singen; erklingen; spielen; blasen
canis	Betonung: ca-nis / Zusatz: canis Geschlecht: m / Wortart: S / Klasse: m	Hund
capere	Betonung: ca-pe-re / Stammform: capio cepi captum Wortart: V / Klasse: m	fassen; nehmen; erobern; bergreifen
capillus	Betonung: ca-pil-lus / Zusatz: capilli Geschlecht: m / Wortart: S / Klasse: o	Haar
caput	Betonung: ca-put / Zusatz: capitis Geschlecht: n / Wortart: S / Klasse: k	Kopf; Oberhaupt; Hauptstadt
carere	Betonung: ca-re-re / Zusatz: m. Abl. Stammform: careo carui / Wortart: V / Klasse: e	nicht haben; entbehren; vermissen; frei sein
carmen	Betonung: car-men / Zusatz: carmi-nis Geschlecht: n / Wortart: S / Klasse: k	Spruch; Gedicht; Lied; Gesang
carus	Betonung: ca-rus / Zusatz: cara carum Wortart: A / Klasse: ao	lieb; wert; teuer; wertvoll
castra	Betonung: ca-stra / Zusatz: castro-rum Geschlecht: n / Wortart: S / Klasse: o	Lager; Kriegslager; Feldlager
casus	Betonung: ca-sus / Zusatz: casus Geschlecht: m / Wortart: S / Klasse: u	Fall; Zufall; Lage; Wechsel
causa	Betonung: cau-sa / Zusatz: causae Geschlecht: f / Wortart: S / Klasse: a	Grund; Ursache; Streitsache; Prozess

cavere	Betonung: ca-we-re / Stammform: caveo cavi cautum Wortart: V / Klasse: e	sich hüten; sich in acht nehmen vor; Vorsorge treffen; sich absichern
cedere	Betonung: ce-de-re / Stammform: cedo cessi cessum Wortart: V / Klasse: k	gehen; weichen; nachgeben
censere	Betonung: cen-se-re / Stammform: censeo censui censum Wortart: V / Klasse: e	schätzen; meinen; beantragen; beschließen
centum	Betonung: cen-tum / Zusatz: indekl. Wortart: A / Klasse: u	hundert
cernere	Betonung: cer-ne-re / Stammform: cerno crevi Wortart: V / Klasse: k	scheiden; entscheiden; wahrnehmen; erkennen
certamen	Betonung: cer-ta-men / Zusatz: certaminis Geschlecht: n / Wortart: S / Klasse: k	Wettkampf; Wettstreit; Kampf
certe	Betonung: cer-te / Wortart: Ad	sicherlich; gewiss
certus	Betonung: cer-tus / Zusatz: certa certum Wortart: A / Klasse: ao	Sicher; gewiss
cessare	Betonung: ces-sa-re / Wortart: V / Klasse: a	zögern; nachlassen; untätig sein; rasten
ceterum	Betonung: ce-te-rum / Wortart: Ad	im übrigen; übrigens; außerdem; aber
cibus	Betonung: ci-bus / Zusatz: cibi Geschlecht: m / Wortart: S / Klasse: o	Speise; Essen; Futter; Nahrung
circa	Betonung: cir-ca / Zusatz: mit Akk. / Wortart: P	um ...; herum
circa	Betonung: cir-ca / Wortart: Ad	rings
circum	Betonung: cir-cum / Wortart: Ad	rings
cito	Betonung: ci-to / Zusatz: = celeriter / Wortart: Ad	schnell; rasch

civis	Betonung: ci-wis / Zusatz: civis Geschlecht: m / Wortart: S / Klasse: m	Bürger
civitas	Betonung: ci-wi-tas / Zusatz: civitatis Geschlecht: f / Wortart: S / Klasse: k	Bürgerschaft; Bürgerrecht; Gemeinde; Stamm
clamor	Betonung: cla-mor / Zusatz: clamoris Geschlecht: m / Wortart: S / Klasse: k	Geschrei; Lärm
clarus	Betonung: cla-rus / Zusatz: clara clarum Wortart: A / Klasse: ao	klar; hell; berühmt
classis	Betonung: clas-sis / Zusatz: classis Geschlecht: f / Wortart: S / Klasse: m	Bürgerklasse; Stand; Klasse; Flotte
claudere	Betonung: clau-de-re Stammform: claudo clausi clausum Wortart: V / Klasse: k	schließen; abschließen; einschließen
cogere	Betonung: co-ge-re Stammform: cogo coegi coactum Wortart: V / Klasse: k	zusammenziehen; versammeln; zwingen
cogitare	Betonung: co-gi-ta-re / Wortart: V / Klasse: a	denken; nachdenken; überlegen; beabsichtigen
cognoscere	Betonung: cog-no-sce-re Stammform: cognosco cognovi cognitum Wortart: V / Klasse: k	kennen lernen; erkennen; erfahren; wahrnehmen
cohors	Betonung: co-hors / Zusatz: cohortis Stammform: (ca. 600 Mann) / Geschlecht: f Wortart: S / Klasse: m	Kohorte; Gefolge
colere	Betonung: co-le-re / Stammform: colo colui cultum Wortart: V / Klasse: k	bebauen / pflegen; verehren; besuchen

collocare	Betonung: col-lo-ca-re / Wortart: V / Klasse: a	aufstellen; errichten; platzieren; vermieten
collum	Betonung: col-lum / Zusatz: colli Geschlecht: n / Wortart: S / Klasse: o	Hals
color	Betonung: co-lor / Zusatz: coloris Geschlecht: m / Wortart: S / Klasse: k	Farbe
columna	Betonung: co-lum-na / Zusatz: columnae Geschlecht: f / Wortart: S / Klasse: a	Säule
coma	Betonung: co-ma / Zusatz: comae Geschlecht: f / Wortart: S / Klasse: a	Haar; Mähne; Laub
comes	Betonung: co-mes / Zusatz: comitis Geschlecht: m / Wortart: S / Klasse: k	Begleiter; Gefährte
committere	Betonung: com-mit-te-re Stammform: committo commisi commissum Wortart: V / Klasse: k	veranstalten; begehen; beginnen; anvertrauen
communis	Betonung: com-mu-nis / Zusatz: communis commune Wortart: A / Klasse: m	gemeinsam; allgemein
componere	Betonung: com-po-ne-re Stammform: compono composui compositum Wortart: V / Klasse: k	zusammenlegen; verfassen; ordnen; beenden
concedere	Betonung: con-ce-de-re Stammform: concedo concessi concessum Wortart: V / Klasse: k	nachgeben; überlassen; zugestehen; erlauben
condere	Betonung: con-de-re Stammform: condo condidi conditum Wortart: V / Klasse: k	erbauen / gründen; verwahren; (ver)bergen
conferre	Betonung: con-fer-re	zusammentragen; verglei-

	Stammform: confero contuli collatum Wortart: V / Klasse: kl	chen
coniunx	Betonung: con-junx / Zusatz: coniugis Geschlecht: f / Wortart: S / Klasse: k	Ehefrau; Gattin
coniunx	Betonung: con-junx / Zusatz: coniugis Geschlecht: m / Wortart: S / Klasse: k	Ehemann; Gatte
consilium	Betonung: con-si-li-um / Zusatz: consilii Geschlecht: n / Wortart: S / Klasse: o	Rat(sversamm-lung) / Einsicht; Absicht / Plan
consistere	Betonung: con-si-ste-re Stammform: consisto constiti Wortart: V / Klasse: k	zusammentreten; sich aufstellen; Halt machen; Halt finden
conspicere	Betonung: con-spi-ce-re Stammform: conspicio conspexi conspectum Wortart: V / Klasse: m	erblicken; wahrnehmen
constare	Betonung: con-sta-re Stammform: consto constiti Wortart: V / Klasse: a	feststehen; bestehen; bekannt sein; kosten
constituere	Betonung: con-sti-tu-e-re Stammform: constituo constitui constitutum Wortart: V / Klasse: k	aufstellen; feststellen; festsetzen; beschließen
consul	Betonung: con-sul (höchster Beamter) Zusatz: consulis / Geschlecht: m / Wortart: S / Klasse: k	Konsul
consulere	Betonung: con-su-le-re / Zusatz: mit Akk. Stammform: consulo consului consultum Wortart: V / Klasse: k	um Rat fragen; beraten; beschließen

contemnere	Betonung: con-tem-ne-re Stammform: contemno contempsi contemptum Wortart: V / Klasse: k	verachten
contendere	Betonung: con-ten-de-re Stammform: contendo contendi contentum Wortart: V / Klasse: k	sich anstrengen; eilen; kämpfen; behaupten
contentus	Betonung: con-ten-tus / Zusatz: contenta contentum Wortart: A / Klasse: ao	zufrieden
continere	Betonung: con-ti-ne-re Stammform: contineo continui contentum Wortart: V / Klasse: e	festhalten; einschließen; umfassen; behalten
contingere	Betonung: con-tin-ge-re Stammform: contingo contigi contactum Wortart: V / Klasse: k	berühren; gelingen
contra	Betonung: con-tra / Zusatz: m. Akk. / Wortart: P	gehen
contra	Betonung: con-tra / Wortart: Ad	dagegen
convenire	Betonung: con-we-ni-re Stammform: convenio conveni conventum Wortart: V / Klasse: i	Zusammenkomm-en; vereinbart werden; sich einigen
convertere	Betonung: con-ver-te-re Stammform: converto converti conversum Wortart: V / Klasse: k	umwenden; (sich) hinwenden; verändern; verwandeln
copia	Betonung: co-pi-a / Zusatz: copiae Geschlecht: f / Wortart: S / Klasse: a	Menge / Fülle; Vorrat / Möglichkeit
copiae	Betonung: co-pi-ae / Zusatz: copiarum Geschlecht: f / Wortart: S / Klasse: a	Truppen; Vorräte; Mittel / Reichtum
cornu	Betonung: cor-nu / Zusatz: cornus	Horn; Heeresflügel

	Geschlecht: n / Wortart: S / Klasse: u	
corona	Betonung: co-ro-na / Zusatz: coronae Geschlecht: f / Wortart: S / Klasse: a	Kranz; Krone
corpus	Betonung: cor-pus / Zusatz: corporis Geschlecht: n / Wortart: S / Klasse: k	Körper; Leichnam
crassitudo	Betonung: cras-si-tu-do / Zusatz: crassitudinis Geschlecht: f / Wortart: S / Klasse: k	Dicke; Dichtheit
credere	Betonung: cre-de-re Stammform: credo credidi creditum Wortart: V / Klasse: k	anvertrauen; glauben
crescere	Betonung: cre-sce-re / Stammform: cresco crevi Wortart: V / Klasse: k	wachsen; steigen; zunehmen
crimen	Betonung: cri-men / Zusatz: criminis Geschlecht: n / Wortart: S / Klasse: k	Beschuldigung; Verbrechen; Anklage; Prozess
culpa	Betonung: cul-pa / Zusatz: culpae Geschlecht: f / Wortart: S / Klasse: a	Schuld
cultus	Betonung: cul-tus / Zusatz: cultus Geschlecht: m / Wortart: S / Klasse: u	Pflege; Lebensweise; Verehrung; Bildung
cum	Zusatz: mit Abl. / Wortart: P	mit; in Begleitung von; gemeinsam mit
cum	Zusatz: m. Ind. / Wortart: Su	zu der Zeit als; jedes Mal wenn; als plötzlich; indem
cum	Zusatz: mit Konj. / Wortart: Su	als / weil; während / obgleich
cum	Zusatz: mit Abl. / Wortart: P	mit; in Begleitung von; gemeinsam mit
cuncti	Betonung: cunc-ti / Zusatz: cunctae cuncta Wortart: A / Klasse: ao	alle
cunctus	Betonung: cunc-tus / Zusatz: cuncta	ganz; gesamt

	cunctum Wortart: A / Klasse: ao	
cupere	Betonung: cu-pe-re / Stammform: cupio cupivi cupitum Wortart: V / Klasse: m	begehren; wünschen; wollen; verlangen
cupiditas	Betonung: cu-pi-di-tasusatz: cupiditatis / Geschlecht: f Wortart: S / Klasse: k	Begierde; Gier; Verlangen; Leidenschaft
cur	Wortart: Ad	warum
cum	Zusatz: mit Konj. / Wortart: Su	als / weil / während; obgleich
cura	Betonung: cu-ra / Zusatz: curae Geschlecht: f / Wortart: S / Klasse: a	Sorge; Pflege
curare	Betonung: cu-ra-re / Wortart: V / Klasse: a	sorgen für; besorgen; pflegen; sich kümmern
currere	Betonung: cur-re-re / Stammform: curro cucurri cursum Wortart: V / Klasse: k	laufen; rennen; eilen
currus	Betonung: cur-rus / Zusatz: currus Geschlecht: m / Wortart: S / Klasse: u	Wagen
cursus	Betonung: cur-sus / Zusatz: cursus Geschlecht: m / Wortart: S / Klasse: u	Lauf / Laufbahn; Bahn / Kurs
custos	Betonung: cu-stos / Zusatz: custodis Geschlecht: m / Wortart: S / Klasse: k	Wächter; Beschützer
damnare	Betonung: dam-na-re / Zusatz: mit Gen. Wortart: V / Klasse: a	verurteilen wegen; verurteilen zu
damnum	Betonung: dam-num / Zusatz: damni Geschlecht: n / Wortart: S / Klasse: o	Schaden; Verlust; Nachteil; Niederlage
dare	Betonung: da-re / Stammform: do dedi datum	geben

	Wortart: V / Klasse: a	
de	Zusatz: mit Abl. / Wortart: P	von ... herab; von ... her; über / von
dea	Betonung: de-a / Zusatz: deae Geschlecht: f / Wortart: S / Klasse: a	Göttin
debere	Betonung: de-be-re / Stammform: debeo debui debitum Wortart: V / Klasse: e	müssen; verdanken; schulden; sollen
decernere	Betonung: de-cer-ne-re Stammform: decerno decrevi decretum Wortart: V / Klasse: k	entscheiden; beschließen
decet	Betonung: de-cet / Zusatz: (mit Infinitiv) Stammform: decet decuit / Wortart: W	es gehört sich; es ziemt sich
decus	Betonung: de-cus / Zusatz: decoris Geschlecht: n / Wortart: S / Klasse: k	Zierde; Schmuck; Würde
deducere	Betonung: de-du-ce-re Stammform: deduco deduxi deductum Wortart: V / Klasse: k	wegführen; hinführen; geleiten; ableiten
deesse	Betonung: de-es-se / Stammform: desum defui Wortart: V / Klasse: kl	fehlen; mangeln; abwesend sein; im Stich lassen
defendere	Betonung: de-fen-de-re Stammform: defendo defendi defensum Wortart: V / Klasse: k	wegstoßen; abwehren; verteidigen
deferre	Betonung: de-fer-re / Stammform: defero detuli delatum Wortart: V / Klasse: kl	wegbringen; hinbringen; überbringen; melden
deficere	Betonung: de-fi-ce-re Stammform: deficio defeci defectum Wortart: V / Klasse: m	abnehmen; schwinden; im Stich lassen; versagen

deicere	Betonung: de-ji-ce-re Stammform: deicio deieci deiectum Wortart: V / Klasse: m	hinabwerfen; umstürzen; verschlagen
deinde	Betonung: de-in-de / Wortart: Ad	dann / darauf; ferner / zweitens
delectare	Betonung: de-lec-ta-re / Wortart: V / Klasse: a	erfreuen; unterhalten
denique	Betonung: de-ni-kwe / Wortart: Ad	zuletzt / endlich; schließlich
dens	Zusatz: dentis / Geschlecht: m / Wortart: S / Klasse: m	Zahn
deserere	Betonung: de-se-re-re Stammform: desero deserui desertum Wortart: V / Klasse: k	im Stich lassen; verlassen; aufgeben
desiderare	Betonung: de-si-de-ra-re Wortart: V / Klasse: a	ersehnen; vermissen; verlangen
desinere	Betonung: de-si-ne-re Stammform: desino desii desitum / Wortart: V / Klasse: k	ablassen von; aufhören mit
detrahere	Betonung: de-tra-he-re Stammform: detraho detraxi detractum Wortart: V / Klasse: k	herabziehen; wegziehen; wegschleppen; herabsetzen
deus	Betonung: de-us / Zusatz: dei Geschlecht: m / Wortart: S / Klasse: o	Gott; Gottheit
dexter	Betonung: dex-ter / Zusatz: dextra dextrum Wortart: A / Klasse: ao	rechts / glücklich; günstig / passend
dextera	Betonung: dex-te-ra / Zusatz: dexterae Geschlecht: f / Wortart: S / Klasse: a	die rechte Hand; die Rechte
dicere	Betonung: di-ce-re / Stammform: dico dixi dictum Wortart: V / Klasse: k	sagen

dictum	Betonung: dic-tum / Zusatz: dicti Geschlecht: n / Wortart: S / Klasse: o	Aussage; Äußerung; Wort; Ausspruch
dies	Betonung: di-es / Zusatz: diei Geschlecht: m / Wortart: S / Klasse: e	Tag; Termin (f)
differre	Betonung: dif-fer-re Stammform: differo distuli dilatum Wortart: V / Klasse: kl	aufschieben; verschieben; sich unterscheiden; verbreiten
difficilis	Betonung: dif-fi-ci-lis / Zusatz: difficilis difficile Wortart: A / Klasse: m	schwierig; schwer
digitus	Betonung: di-gi-tus / Zusatz: digiti Geschlecht: m / Wortart: S / Klasse: o	Finger
dignus	Betonung: dig-nus (mit Abl.) / Zusatz: digna dignum Wortart: A / Klasse: ao	würdig; wert
dimittere	Betonung: di-mit-te-re Stammform: dimitto dimisi dimissum Wortart: V / Klasse: k	aussenden; wegschicken; entlassen; aufgeben
discedere	Betonung: dis-ce-de-re Stammform: discedo discessi discessum Wortart: V / Klasse: k	auseinandergehen; weggehen; verschwinden
discere	Betonung: dis-ce-re / Stammform: disco didici Wortart: V / Klasse: k	lernen; erfahren
disponere	Betonung: dis-po-ne-re Stammform: dispono disposui dispositum Wortart: V / Klasse: k	verteilen; aufstellen; ordnen; einrichten
diu	Betonung: di-u / Zusatz: diutius diutissime / Wortart: Ad	lange
diversus	Betonung: di-ver-sus	entgegengesetzt; verschie-

	Zusatz: diversa diversum Wortart: A / Klasse: ao	den; feindlich
dives	Betonung: di-wes / Zusatz: 3x dives, Gen: divitis Wortart: A / Klasse: k	reich; gottesgesegnet
dividere	Betonung: di-wi-de-re / Stamm-form: divido divisi divisum Wortart: V / Klasse: k	trennen; teilen
divitiae	Betonung: di-vi-ti-ae / Zusatz: divi-tiarum Geschlecht: f / Wortart: S / Klasse: a	Reichtum; Schätze
docere	Betonung: do-ce-re / Zusatz: mit Akk. Stammform: doceo docui doctum / Wortart: V / Klasse: e	lernen; unterrichten; unter-weisen; beibringen
dolere	Betonung: do-le-re Stammform: doleo dolui Wortart: V / Klasse: e	Schmerzempfinden; bedau-ern; betrübt sein; leiden
dolor	Betonung: do-lor / Zusatz: doloris Geschlecht: m / Wortart: S / Klasse: k	Schmerz
domina	Betonung: do-mi-na / Zusatz: domi-nae Geschlecht: f / Wortart: S / Klasse: a	Herrin
domus	Betonung: do-mus / Zusatz: domus Geschlecht: f / Wortart: S / Klasse: u	Haus
donare	Betonung: do-na-re / Wortart: V / Klasse: a	schenken; beschenken
donec	Betonung: do-nec / Zusatz: (dum-donec-quoad) Wortart: Su	solange; solange als; solange bis; bis
donum	Betonung: do-num / Zusatz: doni Geschlecht: n / Wortart: S / Klasse: o	Geschenk; Gabe
dubitare	Betonung: du-bi-ta-re	zweifeln; Bedenken tragen;

	Wortart: V / Klasse: a	zögern
dubius	Betonung: du-bi-us Zusatz: dubia dubium Wortart: A / Klasse: ao	zweifelhaft; bedenklich; unsicher
ducere	Betonung: du-ce-re Stammform: duco duxi ductum Wortart: V / Klasse: k	ziehen; führen; meinen
dulcis	Betonung: dul-cis Zusatz: dulcis dulce Wortart: A / Klasse: m	süß; lieblich; angenehm
dum	Zusatz: mit Konj. / Wortart: Su	wenn nur; wofern nur; bis; damit inzwischen
duo	Betonung: du-o / Zusatz: duae duo Wortart: A / Klasse: ao	zwei
durus	Betonung: du-rus / Zusatz: dura durum Wortart: A / Klasse: ao	hart; hartherzig
dux	Zusatz: ducis Geschlecht: m Wortart: S / Klasse: k	Führer; Anführer; Befehlshaber
ecce	Betonung: ec-ce Wortart: I	siehe da!; da! / bitte!; schaut her!
edere	Betonung: e-de-re Stammform: edo edidi editum Wortart: V Klasse: k	herausgeben; hervorbringen; vollbringen; veranstalten
efferre	Betonung: ef-fer-re Stammform: effero extuli elatum Wortart: V Klasse: kl	heraustragen; hervorbringen; hervorheben; rühmen
efficere	Betonung: ef-fi-ce-re Stammform: efficio effeci effectum Wortart: V Klasse: m	hervorbringen; bewirken; herstellen; fertig stellen

effugere	Betonung: ef-fu-ge-re / Zusatz: mit Akk. Stammform: effugio effugi / Wortart: V / Klasse: m	entfliehen; entkommen
ego	Betonung: e-go / Wortart: Pr	ich
egregius	Betonung: e-gre-gi-us / Zusatz: egregia egregium Wortart: A / Klasse: ao	hervorragend; ausgezeichnet; vorzüglich
emere	Betonung: e-me-re / Stammform: emo emi emptum Wortart: V / Klasse: k	kaufen
enim	Betonung: e-nim / Zusatz: (nachgestellt) / Wortart: K	nämlich; denn; allerdings
eo	Betonung: e-o / Wortart: Ad	dahin; dorthin; dadurch; deshalb
eques	Betonung: e-kwes / Zusatz: equitis Geschlecht: m / Wortart: S / Klasse: k	Reiter; Ritter
equus	Betonung: e-kwus / Zusatz: equi Geschlecht: m / Wortart: S / Klasse: o	Pferd
ergo	Betonung: er-go / Wortart: Ad	deshalb; also; folglich
eripere	Betonung: e-ri-pe-re / Stammform: eripio eripui ereptum Wortart: V / Klasse: m	entreißen; retten
errare	Betonung: er-ra-re / Wortart: V / Klasse: a	irren; sich irren; umherirren
esse	Betonung: es-se / Stammform: sum fui futurum Wortart: V / Klasse: kl	sein; vorhanden sein; bestehen; existieren
et	Wortart: K	und / auch / sogar; und tatsächlich
etiam	Betonung: et-jam / Wortart: K	und / sogar; noch
etiamsi	Betonung: et-jam-si / Wortart: Su	auch wenn; wenn auch;

		obwohl
evenire	Betonung: e-we-ni-re Stammform: evenio eveni eventum Wortart: V / Klasse: i	herauskommen; ablaufen; sich ereignen
ex	Zusatz: mit Abl. / Wortart: P	aus; von ... her; seit
excipere	Betonung: ex-ci-pe-re Stammform: excipio excepi exceptum Wortart: V / Klasse: m	aufnehmen; ausnehmen; empfangen
excutere	Betonung: ex-cu-te-re Stammform: excutio excussi excussum Wortart: V / Klasse: m	herausschütteln; heraustreiben; abwerfen
exemplum	Betonung: ex-em-plum / Zusatz: exempli Geschlecht: n / Wortart: S / Klasse: o	Beispiel; Vorbild
exercere	Betonung: ex-er-ce-re Stammform: exerceo exercui exercitum Wortart: V / Klasse: e	üben; ausüben; trainieren; plagen
exercitus	Betonung: ex-er-ci-tus / Zusatz: exercitus Geschlecht: m / Wortart: S / Klasse: u	Heer
exigere	Betonung: ex-i-ge-re Stammform: exigo exegi exactum Wortart: V / Klasse: k	heraustreiben; fordern; verbringen; vollenden
exiguus	Betonung: ex-i-gu-us Zusatz: exigua exiguum Wortart: A / Klasse: ao	klein; gering; wenig; winzig
exire	Betonung: ex-i-re / Stammform: exeo exii exitum Wortart: V / Klasse: kl	herausgehen; ausziehen
existimare	Betonung: ex-i-sti-ma-re Wortart: V / Klasse: a	einschätzen; meinen; halten für

exitus	Betonung: ex-i-tus Zusatz: exitus Geschlecht: m Wortart: S / Klasse: u	Ausgang; Ergebnis; Ende; Tod
expedire	Betonung: ex-pe-di-re Wortart: V / Klasse: i	losmachen; erledigen; herbeischaffen; förderlich
experiri	Betonung: ex-pe-ri-ri Zusatz: Deponens Stammform: experior expertus sum Wortart: V / Klasse: i	versuchen; erproben; prüfen; erleben
explicare	Betonung: ex-pli-ca-re Wortart: V / Klasse: a	entfalten; erlösen; erklären
exponere	Betonung: ex-po-ne-re Stammform: expono exposui expositum Wortart: V / Klasse: e	ausstellen; auseinandersetzen; darstellen; darlegen
exsilium	Betonung: ex-si-li-um / Zusatz: exsilii Geschlecht: n / Wortart: S / Klasse: o	Verbannung
exspectare	Betonung: ex-spec-ta-re / Wortart: V / Klasse: a	Ausschau halten nach; erwarten; warten auf; abwarten
exstinguere	Betonung: ex-stin-gwe-re Stammform: exstinguo exstinxi exstinctum Wortart: V / Klasse: k	auslöschen; vernichten; vertilgen; ausrotten
exter	Betonung: ex-ter / Zusatz: extera exterum Wortart: A / Klasse: ao	auswärtig; ausländisch
exterus	Betonung: ex-te-rus / Zusatz: extera exterum Wortart: A / Klasse: ao	auswärtig; ausländisch
extra	Betonung: ex-tra / Zusatz: mit Akk. / Wortart: P	außerhalb von; außer
facere	Betonung: fa-ce-re / Stammform: facio feci factum	tun; machen

	Wortart: V /Klasse: m	
facies	Betonung: fa-ci-es / Zusatz: faciei Geschlecht: f / Wortart: S / Klasse: e	Gesicht; Gestalt; Aussehen
facilis	Betonung: fa-ci-lis Zusatz: facilis facile Wortart: A / Klasse: m	machbar; leicht; mühelos; umgänglich
facinus	Betonung: fa-ci-nus Zusatz: facinoris Geschlecht: n / Wortart: S / Klasse: k	Tat; Handlung; Untat; Verbrechen
factum	Betonung: fac-tum Zusatz: facti Geschlecht: n / Wortart: S / Klasse: o	Handlung; Tat; Tatsache
fallere	Betonung: fal-le-re Stammform: fallo fefelli Wortart: V / Klasse: k	täuschen; enttäuschen; betrügen
falsus	Betonung: fal-sus Zusatz: falsa falsum Wortart: A / Klasse: ao	falsch; eitel; nichtig
fama	Betonung: fa-ma Zusatz: famae Geschlecht: f / Wortart: S / Klasse: a	Gerücht; Ruf; guter Ruf; Kunde
familia	Betonung: fa-mi-li-a / Zusatz: familiae Geschlecht: f / Wortart: S / Klasse: a	Familie; Hausgemeinschaft
fateri	Betonung: fa-te-ri / Zusatz: Deponens Stammform: fateor fassus sum Wortart: V / Klasse: e	gestehen; eingestehen; bekennen
fatum	Betonung: fa-tum Zusatz: fati Geschlecht: n / Wortart: S / Klasse: o	Götterspruch; Schicksal; Geschick; Los
fax	Zusatz: facis / Geschlecht: f / Wortart: S / Klasse: k	Fackel

felix	Betonung: fe-lix Zusatz: 3x felix, Gen: felicis / Wortart: A / Klasse: m	glücklich; glückbringend; erfolgreich
femina	Betonung: fe-mi-na / Zusatz: feminae Geschlecht: f / Wortart: S / Klasse: a	Frau
fera	Betonung: fe-ra / Zusatz: ferae Geschlecht: f / Wortart: S / Klasse: a	wildes Tier
fere	Betonung: fe-re / Zusatz: (nachgestellt) / Wortart: Ad	fast; etwa; beinahe; ungefähr
ferre	Betonung: fer-re Stammform: fero tuli latum Wortart: V / Klasse: kl	tragen; bringen; ertragen
ferrum	Betonung: fer-rum / Zusatz: ferri Geschlecht: n / Wortart: S / Klasse: o	Eisen; Schwert; Waffe
ferus	Betonung: fe-rus / Zusatz: fera ferum Wortart: A / Klasse: ao	wild; ungezähmt
ferus	Betonung: fe-rus / Zusatz: fera ferum Wortart: A / Klasse: ao	wild; ungezähmt
fides	Betonung: fi-des / Zusatz: fidei Geschlecht: f / Wortart: S / Klasse: e	Treue; Glauben; Vertrauen; Schutz
fieri	Betonung: fi-e-ri Zusatz: Semideponens Stammform: fio factus sum Wortart: V / Klasse: kl	werden; geschehen; gemacht werden; gebaut werden
figere	Betonung: fi-ge-re / Stammform: figo fixi fixum Wortart: V / Klasse: k	anheften; befestigen
filia	Betonung: fi-li-a / Zusatz: filiae Geschlecht: f / Wortart: S / Klasse: a	Tochter
filius	Betonung: fi-li-us /Zusatz: filii Geschlecht: m / Wortart: S / Klasse:	Sohn

	o	
fines	Betonung: fi-nes / Zusatz: finium Geschlecht: m / Wortart: S / Klasse: m	Gebiet; Grenzen
fingere	Betonung: fin-ge-re Stammform: fingo finxi fictum Wortart: V / Klasse: k	erfinden; erdichten; bilden; gestalten
finis	Betonung: fi-nis Zusatz: finis Geschlecht: m /Wortart: S / Klasse: m	Grenze; Ende; Ziel
flamma	Betonung: flam-ma Zusatz: flammae Geschlecht: f / Wortart: S / Klasse: a	Flamme; Feuer; Glut
flectere	Betonung: flec-te-re Stammform: flecto flexi flexum Wortart: V / Klasse: k	biegen; beugen; wenden; umstimmen
flere	Betonung: fle-re / Stammform: fleo flevi fletum Wortart: V / Klasse: e	weinen; beweinen
fluctus	Betonung: fluc-tus Zusatz: fluctus Geschlecht: m / Wortart: S / Klasse: u	Fließen; Flut; Welle; Strö-mung
fluere	Betonung: flu-e-re / Stammform: fluo fluxi Wortart: V / Klasse: k	fließen; strömen
flumen	Betonung: flu-men / Zusatz: fluminis Geschlecht: n / Wortart: S / Klasse: k	Fluss; Strom
fons	Zusatz: fontis / Geschlecht: m Wortart: S / Klasse: m	Quelle; Ursache
foramen	Betonung: fo-ra-men Zusatz: foraminis Geschlecht: n / Wortart: S / Klasse: k	Loch; Öffnung; Gang
foris	Betonung: fo-ris / Zusatz: foris	Tür; Türflügel

	Geschlecht: f / Wortart: S / Klasse: m	
forma	Betonung: for-ma Zusatz: formae Geschlecht: f / Wortart: S / Klasse: a	Gestalt; Form; Schönheit; Aussehen
forte	Betonung: for-te / Wortart: Ad	zufällig
fortis	Betonung: for-tis Zusatz: fortis forte Wortart: A / Klasse: m	stark; tapfer; mutig
fortuna	Betonung: for-tu-na Zusatz: fortunae Geschlecht: f / Wortart: S / Klasse: a	Glück; Schicksal; Lage
forum	Betonung: fo-rum / Zusatz: fori Geschlecht: n / Wortart: S / Klasse: o	Markt; Marktplatz; Stadtplatz; Öffentlichkeit
frangere	Betonung: fran-ge-re Zusatz: transitiv Stammform: frango fregi fractum Wortart: V / Klasse: k	brechen; zerbrechen; erweichen; entmütigen
frater	Betonung: fra-ter / Zusatz: fratris Geschlecht: m / Wortart: S / Klasse: k	Bruder
fretum	Betonung: fre-tum / Zusatz: freti Geschlecht: n / Wortart: S / Klasse: o	Meerenge
frigus	Betonung: fri-gus / Zusatz: frigoris Geschlecht: n / Wortart: S / Klasse: k	Kälte
frons	Zusatz: frontis / Geschlecht: f / Wortart: S / Klasse: m	Stirn; Gesicht; Front; Vorderseite
frustra	Betonung: fru-stra / Wortart: Ad	vergeblich; umsonst
fuga	Betonung: fu-ga Zusatz: fugae / Geschlecht: f / Wortart: S / Klasse: a	Flucht; Scheu
fugere	Betonung: fu-ge-re / Stammform: fugio fugi	fliehen; meiden

	Wortart: V / Klasse: m	
fundere	Betonung: fun-de-re / Stammform: fundo fudi fusum Wortart: V / Klasse: k	gießen; ausgießen; zerstreuen; vertreiben
funus	Betonung: fu-nus / Zusatz: funeris Geschlecht: n / Wortart: S / Klasse: k	Beerdigung; Bestattung; Untergang
furor	Betonung: fu-ror / Zusatz: furoris Geschlecht: m / Wortart: S / Klasse: k	Wut; Raserei; Wahnsinn
gaudere	Betonung: gau-de-re / Zusatz: Semideponens Stammform: gaudeo gavisus sum Wortart: V / Klasse: e	sich freuen
gaudium	Betonung: gau-di-um / Zusatz: gaudii Geschlecht: n / Wortart: S / Klasse: o	Freude; Vergnügen
gens	Zusatz: gentis Geschlecht: f / Wortart: S / Klasse: m	Volk; Stamm; Familie; Geschlecht
genus	Betonung: ge-nus Zusatz: generis Geschlecht: n / Wortart: S / Klasse: k	Geschlecht; Art; Gattung; Abstammung
gerere	Betonung: ge-re-re Stammform: gero gessi gestum Wortart: V Klasse: k	tragen; führen; ausführen; tun
gignere	Betonung: gig-ne-re Stammform: gigno genui genitum Wortart: V / Klasse: k	erzeugen; gebären; hervorbringen; schaffen
gladius	Betonung: gla-di-us / Zusatz: gladii Geschlecht: m / Wortart: S / Klasse: o	Schwert
gloria	Betonung: glo-ri-a / Zusatz: gloriae Geschlecht: f / Wortart: S / Klasse: a	Ehre

gradus	Betonung: gra-dus Zusatz: gradus Geschlecht: m / Wortart: S / Klasse: u	Schritt; Stufe; Rang; Grad
gratia	Betonung: gra-ti-a / Zusatz: gratiae Geschlecht: f / Wortart: S / Klasse: a	Dank; Gunst; Beliebtheit; Ansehen
gratus	Betonung: gra-tus Zusatz: grata gratum Wortart: A / Klasse: ao	angenehm; willkommen; dankbar; beliebt
gravis	Betonung: gravis Zusatz: gravis grave Wortart: A / Klasse: m	schwer; schwierig; wichtig; würdig
grex	Zusatz: gregis Geschlecht: f / Wortart: S / Klasse: k	Herde; Schar
habere	Betonung: ha-be-re Stammform: habeo habui habitum Wortart: V / Klasse: e	haben; halten (für); besitzen
haerere	Betonung: hae-re-re Stammform: haereo haesi Wortart: V / Klasse: e	hängen bleiben; festsitzen; anhaften
haud	Wortart: Ad	nicht
herba	Betonung: her-ba / Zusatz: herbae Geschlecht: f / Wortart: S / Klasse: a	Kraut
hic	Zusatz: haec hoc Wortart: Pr	dieser; der
hic	Wortart: Ad	hier
hiems	Betonung: hi-ems Zusatz: hiemis Geschlecht: f / Wortart: S / Klasse: k	Winter; Kälte; Unwetter
hinc	Wortart: Ad	von hier
hodie	Betonung: ho-di-e / Wortart: Ad	heute
homo	Betonung: ho-mo / Zusatz: hominis Geschlecht: m / Wortart: S / Klasse: k	Mensch; Mann

honestus	Betonung: ho-ne-stus Zusatz: honesta honestum Wortart: A / Klasse: ao	ehrenvoll; anständig; angesehen
honor	Betonung: ho-nor Zusatz: honoris Geschlecht: m / Wortart: S / Klasse: k	Ehre; Ehrenamt; Ansehen; Würde
hora	Betonung: ho-ra / Zusatz: horae Geschlecht: f / Wortart: S / Klasse: a	Stunde; Zeit
hostis	Betonung: ho-stis / Zusatz: hostis Geschlecht: m / Wortart: S / Klasse: m	Feind; Fremder
huc	Wortart: Ad	hierher
humanus	Betonung: hu-ma-nus Zusatz: humana humanum Wortart: A / Klasse: ao	menschlich; gebildet; Menschenfreund-lich
humor	Betonung: hu-mor / Zusatz: humoris Geschlecht: m / Wortart: S / Klasse: k	Feuchtigkeit
humus	Betonung: hu-mus / Zusatz: humi Geschlecht: f / Wortart: S / Klasse: o	Erdboden; Erde; Vergänglichkeit
iacere	Betonung: ja-ce-re / Stammform: iaceo iacui Wortart: V / Klasse: e	liegen; darniederliegen
iactare	Betonung: jac-ta-re / Wortart: V Klasse: a	schleudern; werfen; rühmen; prahlen
iam	Wortart: Ad	schon; gleich; jetzt; bereits
ictus	Betonung: ic-tus / Zusatz: ictus Geschlecht: m / Wortart: S / Klasse: u	Schlag; Stoß; Hieb
idem	Betonung: i-dem Zusatz: eadem idem Wortart: Pr	derselbe; eben dieser; der gleiche
ideo	Betonung: id-e-o Wortart: Ad	deshalb; deswegen

igitur	Betonung: i-gi-tur Wortart: Ad	also; folglich
ignis	Betonung: ig-nis / Zusatz: ignis Geschlecht: m / Wortart: S / Klasse: m	Feuer
ignotus	Betonung: i-gno-tus / Zusatz: ignota ignotum Wortart: A / Klasse: ao	unbekannt
ille	Betonung: il-le Zusatz: illa illud / Wortart: Pr	dieser; jener
illic	Betonung: il-lic Wortart: Ad	dort; dabei
imago	Betonung: i-ma-go / Zusatz: imaginis Geschlecht: f / Wortart: S / Klasse: k	Bild; Abbild
imber	Betonung: im-ber / Zusatz: imbris Geschlecht: m / Wortart: S / Klasse: k	Regen
immo	Betonung: im-mo Wortart: Ad	ja gewiss; nein vielmehr; im Gegenteil
immortalis	Betonung: im-mor-ta-lis / Zusatz: immortalis immortale Wortart: A / Klasse: m	unsterblich
impedire	Betonung: im-pe-di-re Stammform: impedio impedivi impeditum Wortart: V / Klasse: i	hindern; verhindern; behindern; auf den Füßen stehen
impellere	Betonung: im-pel-le-re Stammform: impello impuli impulsum Wortart: V / Klasse: k	anstoßen; antreiben; veranlassen
imperare	Betonung: im-pe-ra-re Wortart: V / Klasse: a	befehlen; anordnen; beherrschen
imperator	Betonung: im-pe-ra-tor / Zusatz: imperatoris Geschlecht: m / Wortart: S / Klasse:	Feldherr; Befehlshaber; Kaiser

	k	
imperium	Betonung: im-pe-ri-um / Zusatz: imperii Geschlecht: n / Wortart: S / Klasse: o	Oberbefehl; Reich; Herrschaft; Macht
implere	Betonung: im-ple-re Stammform: impleo implevi impletum Wortart: V / Klasse: e	anfüllen; erfüllen; vollbringen
imponere	Betonung: im-po-ne-re Stammform: impono imposui impositum Wortart: V / Klasse: k	legen in; setzen auf; auferlegen; einsetzen
in	Zusatz: mit Abl. / Wortart: P	in; an; auf; bei
in	Zusatz: mit Akk. / Wortart: P	in (hinein); an; auf (zu); gegen
incertus	Betonung: in-cer-tus / Zusatz: incerta incertum Wortart: A / Klasse: ao	ungewiss; unsicher
incidere	Betonung: in-ci-de-re Stammform: incido incidi Wortart: V / Klasse: k	hineinfallen; stoßen auf; geraten in; sich ereignen
incipere	Betonung: in-ci-pe-re Stammform: incipio coepi inceptum Wortart: V / Klasse: m	anfangen; beginnen
inde	Betonung: in-de / Wortart: Ad	von dort; von da an; darauf; daher
infelix	Betonung: in-fe-lix / Zusatz: 3x infelix, Gen: infelicis Wortart: A / Klasse: m	unglücklich
inferre	Betonung: in-fer-re / Stammform: infero intuli illatum Wortart: V / Klasse: kl	hineintragen; zufügen
ingenium	Betonung: in-ge-ni-um / Zusatz: ingenii Geschlecht: n / Wortart: S / Klasse:	Anlage; Begabung; Geist; Talent

	o	
ingens	Betonung: in-gens / Zusatz: 3x in-gens, Gen: ingentis Wortart: A / Klasse: m	ungeheuer; riesig; gewaltig
ingratus	Betonung: in-gra-tus Zusatz: ingrata ingratum Wortart: A / Klasse: ao	undankbar; unangenehm; unwillkommen; unlieb
initium	Betonung: in-i-ti-um initii Geschlecht: n / Wortart: S / Klasse: o	Eingang; Anfang; Beginn
iniuria	Betonung: in-ju-ri-a / Zusatz: iniuri-ae Geschlecht: f / Wortart: S / Klasse: a	Unrecht; Ungerechtigkeit; Kränkung
inquam	Betonung: in-kwam / Wortart: W	sage ich; sagte ich
inquit	Betonung: in-kwit / Wortart: W	sagt er; sagte er
integer	Betonung: in-te-ger / Zusatz: integra integrum Wortart: A / Klasse: ao	unberührt; unversehrt
intellegere	Betonung: in-tel-le-ge-re Stammform: intellego intellexi intellectum Wortart: V / Klasse: k	erkennen; einsehen; verste-hen; bemerken
inter	Betonung: in-ter Zusatz: mit Akk. / Wortart: P	zwischen; unter; während
interesse	Betonung: in-ter-es-se / Zusatz: mit Dat. Stammform: intersum interfui Wortart: V / Klasse: kl	dazwischen sein; dabeisein; teilnehmen an
interficere	Betonung: in-ter-fi-ce-re Stammform: interficio interfeci interfectum Wortart: V / Klasse: m	vernichten; töten
interim	Betonung: in-te-rim / Wortart: Ad	inzwischen; unterdessen
intra	Betonung: in-tra / Zusatz: mit Akk. / Wortart: P	innerhalb

intrare	Betonung: in-tra-re / Wortart: V / Klasse: a	hineingehen; eintreten; betreten
invenire	Betonung: in-we-ni-re Stammform: invenio inveni inven-tum Wortart: V / Klasse: i	kommen auf; finden; erfin-den; entdecken
invidia	Betonung: in-vi-di-a / Zusatz: invidi-ae Geschlecht: f / Wortart: S / Klasse: a	Neid; Missgunst; Hass
invitus	Betonung: in-vi-tus Zusatz: invita invitum Wortart: A / Klasse: ao	widerwillig; unwillig; gegen den Willen; ungern
ipse	Betonung: ip-se Zusatz: ipsa ipsum / Wortart: Pr	selbst; persönlich; genau; direkt
ira	Betonung: i-ra Zusatz: irae / Geschlecht: f / Wort-art: S / Klasse: a	Zorn
irasci	Betonung: i-ra-sci / Zusatz: Depo-nens Stammform: irascor iratus sum / Wortart: V / Klasse: k	zornig werden; zornig sein; zürnen
iratus	Betonung: i-ra-tus Zusatz: irata iratum / Wortart: A / Klasse: ao	erzürnt; zornig; aufgebracht
ire	Betonung: i-re Stammform: eo ii itum / Wortart: V / Klasse: kl	gehen
is	Zusatz: ea id / Wortart: Pr	er sie es; der; dieser; derjeni-ge
iste	Betonung: is-te Zusatz: ista istud / Wortart: Pr	dieser da; der da
istic	Betonung: is-tic / Wortart: Ad	dort da
ita	Betonung: i-ta / Wortart: Ad	so; auf diese Weise
itaque	Betonung: i-ta-kwe / Wortart: Ad	daher; deshalb

item	Betonung: i-tem / Wortart: Ad	ebenso; auch; gleichfalls
iter	Betonung: i-ter / Zusatz: itineris Geschlecht: n / Wortart: S / Klasse: k	Weg; Marsch; Reise; Aufbruch
iterum	Betonung: i-te-rum / Wortart: Ad	wiederum; zum 2. Male; noch einmal; nochmals
iubere	Betonung: ju-be-re / Zusatz: (mit Akk.) Stammform: iubeo iussi iussum Wortart: V / Klasse: e	befehlen; auffordern; anordnen; (tun) lassen
iudex	Betonung: ju-dex / Zusatz: iudicis Geschlecht: m / Wortart: S / Klasse: k	Richter
iudicare	Betonung: ju-di-ca-re Wortart: V / Klasse: a	urteilen; beurteilen; richten; entscheiden
iudicium	Betonung: ju-di-ci-um Zusatz: iudicii Geschlecht: n / Wortart: S / Klasse: o	Urteil; Gericht; Meinung
iugum	Betonung: ju-gum / Zusatz: iugi Geschlecht: n / Wortart: S / Klasse: o	Joch; Bergrücken
iungere	Betonung: jun-ge-re / Stammform: iungo iunxi iunctum Wortart: V / Klasse: k	verbinden; vereinigen
ius	Zusatz: iuris / Geschlecht: n / Wortart: S / Klasse: k	Recht
iustus	Betonung: ju-stus Zusatz: iusta iustum Wortart: A / Klasse: ao	gerecht; rechtmäßig; legal
iuvare	Betonung: ju-wa-re Zusatz: mit Akk. Stammform: iuvo iuvi iutum / Wortart: V / Klasse: a	unterstützen; fördern; helfen; erfreuen
iuvenis	Betonung: ju-ve-nis / Zusatz: iuvenis Geschlecht: m / Wortart: S / Klasse:	junger Mann; jung

	m	
iuvenis	Betonung: ju-ve-nis / Zusatz: iuvenis iuvene Wortart: A / Klasse: m	jung
labi	Betonung: la-bi / Zusatz: Deponens Stammform: labor lapsus sum Wortart: V / Klasse: k	sinken; gleiten; fallen
labor	Betonung: la-bor Zusatz: laboris Geschlecht: m / Wortart: S / Klasse: k	Arbeit; Mühe; Anstrengung; Not
laborare	Betonung: la-bo-ra-re Wortart: V / Klasse: a	arbeiten; sich anstrengen; sich abmühen; leiden an
lacrima	Betonung: la-cri-ma / Zusatz: lacri-mae Geschlecht: f / Wortart: S / Klasse: a	Träne
laedere	Betonung: lae-de-re Stammform: laedo laesi laesum Wortart: V / Klasse: k	stoßen; verletzen; schädigen; kränken
laetus	Betonung: lae-tus / Zusatz: laeta laetum Wortart: A / Klasse: ao	froh; fröhlich; heiter; ver-gnügt
lapis	Betonung: la-pis / Zusatz: lapidis Geschlecht: m / Wortart: S / Klasse: k	Stein
latere	Betonung: la-te-re / Stammform: lateo latui Wortart: V / Klasse: e	verborgen sein; sich verste-cken; im Stillen leben
latus	Betonung: la-tus / Zusatz: lata latum Wortart: A / Klasse: ao	weit; breit; ausgedehnt
latus	Betonung: la-tus / Zusatz: lateris Geschlecht: n / Wortart: S / Klasse: k	Seite; Flanke
laus	Zusatz: laudis Geschlecht: f / Wortart: S / Klasse: k	Lob; Ruhm
legatus	Betonung: le-ga-tus / Zusatz: legati	Gesandter; Offizier; Unter-

	Geschlecht: m / Wortart: S / Klasse: o	händler; Bevollmächt;
legere	Betonung: le-ge-re Stammform: lego legi lectum Wortart: V / Klasse: k	lesen; auswählen; sammeln
legio	Betonung: le-gi-o (ca. 6000 Soldaten) Zusatz: legionis / Geschlecht: f / Wortart: S / Klasse: k	Legion
lentus	Betonung: len-tus / Zusatz: lenta lentum Wortart: A / Klasse: ao	langsam; träge; gelassen
levis	Betonung: le-vis / Zusatz: levis leve Wortart: A / Klasse: m	leicht; leichtsinnig; geringfügig; angenehm
lex	Zusatz: legis / Geschlecht: f / Wortart: S / Klasse: k	Gesetz
liber	Betonung: li-ber / Zusatz: libri Geschlecht: m / Wortart: S / Klasse: o	Buch; Schriftstück
liber	Betonung: li-ber Zusatz: libera liberum / Wortart: A / Klasse: ao	frei
liberi	Betonung: li-be-ri / Zusatz: liberorum Geschlecht: m / Wortart: S / Klasse: o	Kinder
libertas	Betonung: li-ber-tas / Zusatz: libertatis Geschlecht: f / Wortart: S / Klasse: k	Freiheit
libet	Betonung: li-bet / Wortart: W	es beliebt; es gefällt
libido	Betonung: li-bi-do / Zusatz: libidinis Geschlecht: f / Wortart: S / Klasse: k	Lust; Begrierde; Verlangen; Willkür
licet	Betonung: li-cet / Stammform: licuit / Wortart: W	es ist erlaubt
limen	Betonung: li-men / Zusatz: liminis	Schwelle; Haus; Grenze

	Geschlecht: n / Wortart: S / Klasse: k	
lingua	Betonung: lin-gwa / Zusatz: linguae Geschlecht: f / Wortart: S / Klasse: a	Zunge; Sprache; Rede
littera	Betonung: lit-te-ra / Zusatz: litterae Geschlecht: f / Wortart: S / Klasse: a	Buchstabe
litus	Betonung: li-tus / Zusatz: litoris Geschlecht: n / Wortart: S / Klasse: k	Strand; Küste; Meeresufer
loca	Betonung: lo-ca / Zusatz: locorum Geschlecht: n / Wortart: S / Klasse: o	Gegend; Gelände; Stellen
locus	Betonung: lo-cus / Zusatz: loci Geschlecht: m / Wortart: S / Klasse: o	Ort; Platz; Stelle
longus	Betonung: lon-gus / Zusatz: longa longum Wortart: A / Klasse: ao	lang; weit; lange; langweilig
loqui	Betonung: lo-kwi / Zusatz: Deponens Stammform: loquor locutus sum Wortart: V / Klasse: k	sprechen; sagen; reden
ludere	Betonung: lu-de-re / Stammform: ludo lusi lusum Wortart: V / Klasse: k	spielen; scherzen
lux	Zusatz: lucis / Geschlecht: f / Wortart: S / Klasse: k	Licht; Helligkeit
maestus	Betonung: mae-stus Zusatz: maesta maestum / Wortart: A / Klasse: ao	traurig
magis	Betonung: ma-gis / Wortart: Ad	mehr; eher; lieber
magnitudo	Betonung: ma-gni-tu-do / Zusatz: magnitudinis Geschlecht: f / Wortart: S / Klasse: k	Größe
magnus	Betonung: mag-nus Zusatz: magna magnum / Wortart: A / Klasse: ao	groß; stark; bedeutend

maiores	Betonung: ma-jo-res / Zusatz: maio-rum Geschlecht: m / Wortart: S / Klasse: k	Vorfahren; Ahnen
male	Betonung: ma-le / Wortart: Ad	schlecht; schlimm
malle	Betonung: mal-le / Stammform: malo malui Wortart: V / Klasse: kl	lieber wollen; vorziehen
malus	Betonung: ma-lus / Zusatz: mala malum Wortart: A / Klasse: ao	schlecht; böse
manere	Betonung: ma-ne-re Stammform: maneo mansi Wortart: V / Klasse: e	bleiben; warten; erwarten
manus	Betonung: ma-nus Zusatz: manus Geschlecht: f / Wortart: S / Klasse: u	Hand; Handvoll; Schar
mare	Betonung: ma-re / Zusatz: maris Geschlecht: n / Wortart: S / Klasse: i	Meer
maritus	Betonung: ma-ri-tus / Zusatz: mariti Geschlecht: m / Wortart: S / Klasse: o	Ehemann; Ehegatte
mater	Betonung: ma-ter / Zusatz: matris Geschlecht: f / Wortart: S / Klasse: k	Mutter
materia	Betonung: ma-te-ri-a Zusatz: materiae Geschlecht: f / Wortart: S / Klasse: a	Stoff; Material; Baustoff; Bauholz
medius	Betonung: me-di-us / Zusatz: media medium Wortart: A / Klasse: ao	mitten; der mittlere
meminisse	Betonung: me-mi-nis-se / Zusatz: mit Gen. Stammform: resultatives Perfekt / Wortart: W	gedenken; denken an; sich erinnern an
memorare	Betonung: me-mo-ra-re	in Erinnerung bringen; er-

	Wortart: V / Klasse: a	wähnen
memoria	Betonung: me-mo-ri-a / Zusatz: memoriae Geschlecht: f / Wortart: S / Klasse: a	Erinnerung; Gedächtnis; Überlieferung; Zeit
mens	Zusatz: mentis Geschlecht: f / Wortart: S / Klasse: m	Geist; Sinn; Verstand; Gesinnung
metuere	Betonung: me-tu-e-re / Stammform: metuo metui Wortart: V / Klasse: k	fürchten; sich fürchten
metus	Betonung: me-tus / Zusatz: metus Geschlecht: m / Wortart: S / Klasse: u	Furcht
meus	Betonung: me-us Zusatz: mea meum / Wortart: A / Klasse: ao	mein
miles	Betonung: mi-les / Zusatz: militis Geschlecht: m / Wortart: S / Klasse: k	Soldat; Krieger
milia	Betonung: mi-li-a Zusatz: milium / Wortart: S / Klasse: m	Tausende; -tausend
mille	Betonung: mil-le / Zusatz: indekl. / Wortart: A / Klasse: u	tausend
mirari	Betonung: mi-ra-ri / Zusatz: Deponens Stammform: miror miratus sum / Wortart: V / Klasse: a	sich wundern; bewundern
mirus	Betonung: mi-rus / Zusatz: mira mirum Wortart: A / Klasse: ao	wunderbar; erstaunlich; sonderbar
miscere	Betonung: mi-sce-re Stammform: misceo miscui mixtum Wortart: V / Klasse: e	mischen; verwirren
miser	Betonung: mi-ser / Zusatz: misera	elend arm unglücklich

	miserum Wortart: A / Klasse: ao	
mittere	Betonung: mit-te-re Stammform: mitto misi missum Wortart: V / Klasse: k	schicken; senden; lassen; loslassen
modo	Betonung: mo-do / Wortart: Ad	eben; erst; gerade; nur
modus	Betonung: mo-dus Zusatz: modi Geschlecht: m / Wortart: S / Klasse: o	Art; Art und Weise; Maß; Menge
moenia	Betonung: moe-ni-a / Zusatz: moenium Geschlecht: n / Wortart: S / Klasse: m	Stadtmauer; Befestigung
mollis	Betonung: mol-lis / Zusatz: mollis molle Wortart: A / Klasse: m	weich; mild; sanft; angenehm
monere	Betonung: mo-ne-re Stammform: moneo monui monitum Wortart: V / Klasse: e	erinnern; ermahnen; ermuntern; warnen
mons	Zusatz: montis Geschlecht: m / Wortart: S / Klasse: m	Berg; Hügel
mora	Betonung: mo-ra Zusatz: morae Geschlecht: f / Wortart: S / Klasse: a	Aufschub; Verzögerung; Verzug; Aufenthalt
morari	Betonung: mo-ra-ri / Zusatz: Deponens Stammform: moror moratus sum Wortart: V / Klasse: a	Halt machen; sich aufhalten; verweilen; verzögern
morbus	Betonung: mor-bus Zusatz: morbi / Geschlecht: m / Wortart: S / Klasse: o	Krankheit
mori	Betonung: mo-ri / Zusatz: Deponens Stammform: morior mortuus sum	sterben

	Wortart: V / Klasse: m	
mors	Zusatz: mortis / Geschlecht: f / Wortart: S / Klasse: m	Tod
mortalis	Betonung: mor-ta-lis Zusatz: mortalis mortale / Wortart: A / Klasse: m	sterblich
mos	Zusatz: moris Geschlecht: m / Wortart: S / Klasse: k	Sitte; Brauch; Art und Weise
motus	Betonung: mo-tus / Zusatz: motus Geschlecht: m / Wortart: S / Klasse: u	Bewegung; Erregung
movere	Betonung: mo-ve-re / Stammform: moveo movi motum Wortart: V / Klasse: e	bewegen; veranlassen
mox	Wortart: Ad	bald; dann
multitudo	Betonung: mul-ti-tu-do / Zusatz: multitudinis Geschlecht: f / Wortart: S / Klasse: k	Menge; Masse; große Anzahl
multo	Betonung: mul-to Zusatz: beim Komparativ Wortart: Ad	um vieles; viel; bei weitem
multum	Betonung: mul-tum / Wortart: Ad	viel; oft; sehr
multus	Betonung: mul-tus / Zusatz: multa multum Wortart: A / Klasse: ao	viel; zahlreich
mundus	Betonung: mun-dus / Zusatz: mundi Geschlecht: m / Wortart: S / Klasse: o	Welt
munus	Betonung: mu-nus / Zusatz: muneris Geschlecht: n / Wortart: S / Klasse: k	Aufgabe; Amt; Pflicht; Geschenk
murus	Betonung: mu-rus Zusatz: muri / Geschlecht: m / Wortart: S / Klasse: o	Mauer

mutare	Betonung: mu-ta-re Wortart: V / Klasse: a	verändern; wechseln; verwandeln
nam	Wortart: K	denn; nämlich
nasci	Betonung: na-sci / Zusatz: Deponens Stammform: nascor natus sum / Wortart: V / Klasse: k	geboren werden; entstehen
natura	Betonung: na-tu-ra / Zusatz: naturae Geschlecht: f / Wortart: S / Klasse: a	Natur; Wesen; Beschaffenheit
natus	Betonung: na-tus / Zusatz: nata natum Wortart: A / Klasse: ao	geboren; alt
navis	Betonung: na-vis / Zusatz: navis Geschlecht: f / Wortart: S / Klasse: m	Schiff
ne	Zusatz: mit Konj.(in Hauptsätzen) / Wortart: K	nicht; dass nur nicht; hoffentlich nicht
ne	Zusatz: m. Konj. / Wortart: Su	dass nicht; damit nicht
nec	Wortart: K	und nicht; aber nicht; auch nicht; nicht einmal
necessarius	Betonung: ne-ces-sa-ri-us Zusatz: necessaria necessarium Wortart: A / Klasse: ao	notwendig; verwandt; befreundet; nahe stehend
necesse est	Betonung: ne-ces-se est Zusatz: (unpers. Ausdruck) / Wortart: W	es ist notwendig; es ist nötig
necessitas	Betonung: ne-ces-si-tas Zusatz: necessitatis Geschlecht: f / Wortart: S / Klasse: k	Notwendigkeit; Zwangslage; Bedrängnis; Verhängnis
negare	Betonung: ne-ga-re Wortart: V / Klasse: a	verneinen; abstreiten; ablehnen; verweigern
negotium	Betonung: neg-o-ti-um Zusatz: negotii Geschlecht: n / Wortart: S / Klasse: o	Beschäftigung; Geschäft; Tätigkeit; Aufgabe

nemo	Betonung: ne-mo Zusatz: Dativ: nemini / Wortart: Pr	niemand; keiner
nemus	Betonung: ne-mus / Zusatz: nemoris Geschlecht: n / Wortart: S / Klasse: k	Hain; Wald
neque	Betonung: ne-kwe / Wortart: K	und nicht; aber nicht; auch nicht; nicht einmal
nescire	Betonung: ne-sci-re Stammform: nescio nescivi nesci-tum Wortart: V / Klasse: i	nicht wissen
ni (=nisi)	Wortart: Su	wenn nicht; außer wenn
niger	Betonung: ni-ger / Zusatz: nigra nigrum Wortart: A / Klasse: ao	schwarz dunkel
nihil	Betonung: ni-hil / Zusatz: Nom. und Akk. / Wortart: Pr	nichts
nimis	Betonung: ni-mis / Wortart: Ad	sehr; zu sehr; allzu
nimium	Betonung: ni-mi-um / Zusatz: = nimis / Wortart: Ad	zu sehr; außerordentlich
nisi	Betonung: ni-si / Wortart: Su	wenn nicht; außer (wenn); nur
nobilis	Betonung: no-bi-lis Zusatz: nobilis nobile / Wortart: A / Klasse: m	berühmt; vornehm; adelig; edel
nocere	Betonung: no-ce-re / Stammform: noceo nocui nocitum Wortart: V / Klasse: e	schaden
nolle	Betonung: nol-le / Stammform: nolo nolui Wortart: V / Klasse: kl	nicht wollen
nomen	Betonung: no-men, no-mi-nis Zusatz: nominis / Geschlecht: n / Wortart: S / Klasse: k	Name
non	Wortart: Ad	nicht

nondum	Betonung: non-dum / Wortart: Ad	noch nicht
nos	Wortart: Pr	wir; uns
noscere	Betonung: no-sce-re Stammform: nosco novi notum Wortart: V / Klasse: k	kennen lernen; erkennen; erfahren
noster	Betonung: no-ster / Zusatz: nostra nostrum Wortart: A / Klasse: ao	unser
nostri	Betonung: no-stri / Zusatz: nostrorum Geschlecht: m / Wortart: S / Klasse: o	die Unseren; unsere Leute
notus	Betonung: no-tus / Zusatz: nota notum Wortart: A / Klasse: ao	bekannt
novus	Betonung: no-vus / Zusatz: nova novum Wortart: A / Klasse: ao	neu
nox	Zusatz: noctis / Geschlecht: f / Wortart: S / Klasse: m	Nacht
nubes	Betonung: nu-bes Zusatz: nubis / Geschlecht: f / Wortart: S / Klasse: m	Wolke
nudus	Betonung: nu-dus Zusatz: nuda nudum / Wortart: A / Klasse: ao	nackt; bloß; entb ößt
nullus	Betonung: nul-lus, nul-li-us / Zusatz: nulla nullum Stammform: Pronominaladj. Gen: nullius,Dat: nul Wortart: A / Klasse: ao	kein; keiner
numen	Betonung: nu-men / Zusatz: numinis Geschlecht: n / Wortart: S / Klasse: k	Wink; Wille; Macht; Gottheit
numerare	Betonung: nu-me-ra-re / Wortart: V / Klasse: a	zählen; aufzählen; auszahlen

numerus	Betonung: nu-me-rus Zusatz: numeri / Geschlecht: m / Wortart: S / Klasse: o	Zahl; Anzahl; Reihe; Rang
numquam	Betonung: num-kwam / Wortart: Ad	niemals
nunc	Wortart: Ad	jetzt; nun
o	Zusatz: Ausruf / Wortart: I	oh
obicere	Betonung: ob-ji-ce-re / Stammform: obicio obieci obiectum Wortart: V / Klasse: m	entgegenhalten; entgegen; vorwerfen
obstare	Betonung: ob-sta-re Stammform: obsto obstiti Wortart: V / Klasse: a	entgegenstehen; hinderlich sein; hindern
occidere	Betonung: oc-ci-de-re Stammform: occido occidi occisum Wortart: V / Klasse: k	niederhauen; töten; fällen
occupare	Betonung: oc-cu-pa-re Wortart: V Klasse: a	einnehmen; besetzen; erfassen; beschäftigen
occurrere	Betonung: oc-cur-re-re Stammform: occurro occurri occursum Wortart: V / Klasse: k	entgegenlaufen; entgegentreten; begegnen
oculus	Betonung: o-cu-lus / Zusatz: oculi Geschlecht: m / Wortart: S / Klasse: o	Auge
odisse	Betonung: o-dis-se Zusatz: resultatives Perfekt / Wortart: W	hassen
odium	Betonung: o-di-um / Zusatz: odii Geschlecht: n / Wortart: S / Klasse: o	Hass
offerre	Betonung: of-fer-re Stammform: offero obtuli oblatum Wortart: V / Klasse: kl	entgegenbringen; zeigen; anbieten
officium	Betonung: of-fi-ci-um	Pflicht; Aufgabe; Dienst; Amt

	Zusatz: officii Geschlecht: n Wortart: S / Klasse: o	
olim	Betonung: o-lim Wortart: Ad	einst; derzeit
omittere	Betonung: o-mit-te-re Stammform: omitto omisi omissum Wortart: V Klasse: k	loslassen; aufgeben; einstel-len; unterlassen
omnis	Betonung: om-nis Zusatz: omnis omne Wortart: A / Klasse: m	jeder; ganz; alle
onus	Betonung: o-nus / Zusatz: oneris Geschlecht: n / Wortart: S / Klasse: k	Last; Ladung
opera	Betonung: o-pe-ra / Zusatz: operae Geschlecht: f / Wortart: S / Klasse: a	Arbeit; Mühe
opes	Betonung: o-pes Zusatz: opum Geschlecht: f Wortart: S / Klasse: k	Mittel; Reichtum; Streitkräf-te; Macht
oportet	Betonung: o-por-tet Zusatz: (mit A.c.I.) Stammform: oportuit / Wortart: W	es gehört sich; es ist nötig; man muss
oppidum	Betonung: op-pi-dum Zusatz: oppidi / Geschlecht: n / Wortart: S / Klasse: o	Stadt; fester Ort
opprimere	Betonung: op-pri-me-re Stammform: opprimo oppressi oppressum Wortart: V Klasse: k	unterwerfen; bedrängen; überfallen; überwältigen
ops	Zusatz: opis Geschlecht: f Wortart: S Klasse: k	Macht; Kraft; Hilfe; Mittel
optare	Betonung: op-ta-re	wählen; wünschen

	Wortart: V / Klasse: a	
opus	Betonung: o-pus Zusatz: operis Geschlecht: n Wortart: S / Klasse: k	Werk; Arbeit; Mühe; Schanz-arbeit
ora	Betonung: o-ra Zusatz: orae / Geschlecht: f / Wort-art: S / Klasse: a	Küste
orare	Betonung: o-ra-re Wortart: V Klasse: a	bitten/ erbitten; beten; reden
oratio	Betonung: o-ra-ti-o Zusatz: orationis Geschlecht: f Wortart: S / Klasse: k	Rede; Redeweise; Sprache; Gebet
orbis	Betonung: or-bis Zusatz: orbis Geschlecht: m / Wortart: S / Klasse: m	Kreis; Erdkreis; Welt
ordo	Betonung: or-do/ Zusatz: ordinis Geschlecht: m Wortart: S / Klasse: k	Reihe / Ordnung; Stand; Klasse
oriri	Betonung: o-ri-ri Zusatz: Deponens Stammform: orior ortus sum Wortart: V / Klasse: i	sich erheben; aufgehen; entstehen; beginnen
os	Zusatz: oris Geschlecht: n / Wortart: S / Klasse: k	Mund; Gesicht
ostendere	Betonung: os-ten-de-re Stammform: ostendo ostendi ost-entatum Wortart: V / Klasse: k	entgegenstrecken; zeigen; erklären
otium	Betonung: o-ti-um Zusatz: otii Geschlecht: n Wortart: S / Klasse: o	Muße; Ruhe; Freizeit; Frieden

par	Zusatz: 3x par, Gen: paris Wortart: A Klasse: m	gleich; angemessen; ebenbürtig
parare	Betonung: pa-ra-re Wortart: V Klasse: a	bereiten; erwerben; verschaffen; vorhaben
paratus	Betonung: pa-ra-tus Zusatz: parata paratum Wortart: A Klasse: ao	bereit; fertig; entschlossen; gerüstet
parcere	Betonung: par-ce-re Zusatz: mit Dat. Stammform: parco peperci temperatum Wortart: V / Klasse: k	sparen; schonen; verschonen; Mitleid haben mit
parens	Betonung: pa-rens, pa-ren-tis Zusatz: parentis / Geschlecht: m / Wortart: S / Klasse: k	Vater
parentes	Betonung: pa-ren-tes Zusatz: parentum /Geschlecht: m / Wortart: S / Klasse: k	Eltern
parere	Betonung: pa-re-re Stammform: pario peperi partum Wortart: V Klasse: m	erzeugen; hervorbringen; gewinnen; erwerben
pariter	Betonung: pa-ri-ter Wortart: Ad	gleichermaßen; ebenso; angemessen
pars	Zusatz: partis Geschlecht: f Wortart: S Klasse: m	Teil; Seite; Gegend; Richtung
parum	Betonung: pa-rum / Wortart: Ad	zu wenig
parvus	Betonung: par-vus Zusatz: parva parvum / Wortart: A / Klasse: ao	klein; gering
pater	Betonung: pa-ter	Vater

	Zusatz: patris / Geschlecht: m / Wortart: S / Klasse: k	
patere	Betonung: pa-te-re Stammform: pateo patui / Wortart: V / Klasse: e	offen stehen; sich erstrecken
pati	Betonung: pa-ti Stammform: patior passus sum Wortart: V Klasse: m	leiden; erdulden; zulassen; lassen
patria	Betonung: pa-tri-a Zusatz: patriae Geschlecht: f / Wortart: S / Klasse: a	Heimat; Vaterland; Vater-stadt
patrius	Betonung: pa-tri-us Zusatz: patria patrium Wortart: A Klasse: ao	väterlich; heimatlich; ererbt; patrizisch
pauci	Betonung: pau-ci Zusatz: paucae pauca Wortart: A / Klasse: ao	wenige; nur wenige; einige
paulo	Betonung: pau-lo Wortart: Ad	ein wenig; etwas
paupertas	Betonung: pau-per-tas / Zusatz: paupertatis Geschlecht: f / Wortart: S / Klasse: k	Armut; Not
pax	Betonung: pax, pa-cis / Zusatz: pacis Geschlecht: f / Wortart: S / Klasse: k	Friede
peccare	Betonung: pec-ca-re Wortart: V / Klasse: a	einen Fehler machen; ver-kehrt machen; sündigen
pectus	Betonung: pec-tus / Zusatz: pectoris Geschlecht: n / Wortart: S / Klasse: k	Brust
pecunia	Betonung: pe-cu-ni-a / Zusatz: pe-cuniae Geschlecht: f / Wortart: S / Klasse: a	Geld; Vermögen
pecus	Betonung: pe-cus, pe-co-ris / Zusatz: pecoris	Vieh

	Geschlecht: n / Wortart: S / Klasse: k	
pellere	Betonung: pel-le-re Stammform: pello pepuli pulsum Wortart: V Klasse: k	schlagen; stoßen; treiben; vertreiben
pendere	Betonung: pen-de-re Stammform: pendo pependi pensum Wortart: V Klasse: k	abwiegen; erwägen; zahlen; büßen
pendere	Betonung: pen-de-re Stammform: pendeo pependi Wortart: V / Klasse: e	hängen; herabhängen; schweben
per	Zusatz: mit Akk. Wortart: P	durch; durch ... hindurch
perducere	Betonung: per-du-ce-re Stammform: perduco perduxi perductum Wortart: V Klasse: k	hinführen; veranlassen; anlegen; fortsetzen
perferre	Betonung: per-fer-re Stammform: perfero pertuli perlatum Wortart: V Klasse: kl	überbringen; durchführen; fertig bringen; ertragen
perficere	Betonung: per-fi-ce-re Stammform: perficio perfeci perfectum Wortart: V Klasse: m	vollenden; ausführen; vollbringen; fertig stellen
periculum	Betonung: pe-ri-cu-lum / Zusatz: periculi Geschlecht: n / Wortart: S / Klasse: o	Gefahr; Risiko
perire	Betonung: per-i-re 7 Stammform: pereo perii peritum Wortart: V / Klasse: kl	zugrunde gehen; umkommen

permittere	Betonung: per-mit-te-re Stammform: permitto permisi permissum Wortart: V Klasse: k	überlassen; anvertrauen; gestatten; erlauben
perpetuus	Betonung: per-pe-tu-us Zusatz: perpetua perpetuum Wortart: A Klasse: ao	ununterbrochen; ewig; dauernd; lebenslänglich
pertinere	Betonung: per-ti-ne-re Stammform: pertineo pertinui pertentum Wortart: V Klasse: e	sich beziehen auf; sich erstrecken; sich ausdehnen; gehören zu
pervenire	Betonung: per-we-ni-re Stammform: pervenio perveni perventum Wortart: V 7 Klasse: i	gelangen; hinkommen; geraten in
pes	Zusatz: pedis / Geschlecht: m / Wortart: S / Klasse: k	Fuß
petere	Betonung: pe-te-re / Stammform: peto petivi petitum Wortart: V / Klasse: k	streben nach; erbitten; losgehen auf; angreifen
philosophia	Betonung: phi-lo-so-phi-a / Zusatz: philosophiae Geschlecht: f / Wortart: S / Klasse: a	Philosophie Weisheitslehre
placere	Betonung: pla-ce-re / Stammform: placeo placui placitum / Wortart: V / Klasse: e	gefallen
plebs	Zusatz: plebis / Geschlecht: f / Wortart: S / Klasse: k	Volk; Menge Bürgerstand Unterschicht
plenus	Betonung: ple-nus (mit Gen.) / Zusatz: plena plenum Wortart: A / Klasse: ao	voll von; reich an
poena	Betonung: poe-na / Zusatz: poenae Geschlecht: f / Wortart: S / Klasse: a	Strafe; Pein

pondus	Betonung: pon-dus / Zusatz: ponde-ris Geschlecht: n / Wortart: S / Klasse: k	Gewicht; Schwere
ponere	Betonung: po-ne-re Stammform: pono posui positum Wortart: V / Klasse: k	legen; stellen; setzen
populus	Betonung: po-pu-lus / Zusatz: populi Geschlecht: m / Wortart: S / Klasse: o	Menge; Volk
porta	Betonung: por-ta / Zusatz: portae Geschlecht: f / Wortart: S / Klasse: a	Tor; Tür; Pforte
portus	Betonung: por-tus / Zusatz: portus Geschlecht: m / Wortart: S / Klasse: u	Hafen
poscere	Betonung: po-sce-re / Zusatz: mit dopp. Akk. Stammform: posco poposci / Wort-art: V / Klasse: k	fordern; verlangen
posse	Betonung: pos-se Stammform: possum potui Wortart: V Klasse: kl	können; fähig sein; mächtig sein; in der Lage sein
post	Zusatz: nach Abl. Stammform: Postposition Wortart: Ad	danach; später; hinterher
post	Zusatz: m. Akk. Wortart: P	hinter; nach
postea	Betonung: po-ste-a Wortart: Ad	danach; später
posterus	Betonung: po-ste-rus Zusatz: postera posterum Wortart: A / Klasse: ao	der folgende; nachfolgend; später
postquam	Betonung: post-kwam Zusatz: mit Ind. Perf. / Wortart: Su	nachdem; seitdem
potens	Betonung: po-tens / Zusatz: 3x	mächtig; stark

	potens, Gen: potentis Wortart: A / Klasse: m	
potestas	Betonung: po-te-stas Zusatz: potestatis Geschlecht: f Wortart: S / Klasse: k	Fähigkeit; Möglichkeit; Macht; Amtsgewalt
potius	Betonung: po-ti-us Wortart: Ad	eher; lieber
praebere	Betonung: prae-be-re Stammform: praebeo praebui prae-bitum Wortart: V Klasse: e	gewähren; geben; zeigen; erweisen
praeceps	Betonung: prae-ceps Zusatz: 3x praeceps, Gen: praecipitis Wortart: A Klasse: k	kopfüber; steil; hastig; über-stürzt
praeceptum	Betonung: prae-cep-tum Zusatz: praecepti Geschlecht: n / Wortart: S / Klasse: o	Vorschrift; Befehl; Lehre
praeda	Betonung: prae-da / Zusatz: prae-dae Geschlecht: f / Wortart: S / Klasse: a	Beute
praemium	Betonung: prae-mi-um Zusatz: praemii Geschlecht: n Wortart: S / Klasse: o	Vorteil; Belohnung; Preis; Lohn
praesens	Betonung: prae-sens / Zusatz: 3x praesens, Gen: praesentis / Wort-art: A / Klasse: m	anwesend; gegenwärtig
praesidium	Betonung: prae-si-di-um Zusatz: praesidii Geschlecht: n Wortart: S / Klasse: o	Schutz; Besatzung; Posten; Hilfe
praestare	Betonung: prae-sta-re Stammform: praesto praestiti	überlegen sein; leiten; ge-währen; zeigen

	Wortart: V Klasse: a	
praeter	Betonung: prae-ter Zusatz: mit Akk. / Wortart: P	vorbei an; außer
praeterea	Betonung: prae-ter-e-a / Wortart: Ad	außerdem
precari	Betonung: pre-ca-ri Zusatz: Deponens / Wortart: V / Klasse: a	bitten; anflehen
preces	Betonung: pre-ces / Zusatz: precum Geschlecht: f / Wortart: S / Klasse: k	Bitten; Gebet
premere	Betonung: pre-me-re Stammform: premo pressi pressum Wortart: V / Klasse: k	drücken; bedrängen; drängen; unterdrücken
pretium	Betonung: pre-ti-um Zusatz: pretii Geschlecht: n / Wortart: S / Klasse: o	Preis; Belohnung; Wert; Geld
prex	Zusatz: precis Geschlecht: f / Wortart: S / Klasse: k	Bitte; Gebet
primum	Betonung: pri-mum Wortart: Ad	zuerst / erstens; zum ersten Mal; anfangs
primus	Betonung: pri-mus Zusatz: prima primum / Wortart: A / Klasse: ao	der erste; der vornehmste
princeps	Betonung: prin-ceps / prin-ci-pis Zusatz: 3x princeps, Gen: principis Wortart: A / Klasse: k	erster; angesehenster; führender
princeps	Betonung: prin-ceps, prin-ci-pis Zusatz: principis Geschlecht: m Wortart: S / Klasse: k	Führer; führender Mann; Fürst; Erster
principium	Betonung: prin-ci-pi-um Zusatz: principii Geschlecht: n / Wortart: S / Klasse:	Anfang; Beginn; Grundlage

	o	
prior	Betonung: pri-or Zusatz: prior prius Wortart: A / Klasse: k	früher; eher; vorzüglicher
prius	Betonung: pri-us Wortart: Ad	eher; früher; vorher
privatus	Betonung: pri-va-tus#Zusatz: privata privatum Wortart: A Klasse: ao	privat; persönlich; ohne Staatsamt; vor
pro	Zusatz: mit Abl. Wortart: P	vor; für; anstatt; im Verhältnis zu
probare	Betonung: pro-ba-re Wortart: V Klasse: a	prüfen; billigen; beweisen
procul	Betonung: pro-cul Wortart: Ad	fern; von fern; in der Ferne; weit weg
prodesse	Betonung: prod-es-se Stammform: prosum profui Wortart: V / Klasse: kl	nützen; helfen; nützlich sein
proelium	Betonung: proe-li-um Zusatz: proelii Geschlecht: n / Wortart: S / Klasse: o	Kampf; Gefecht; Schlacht
proficisci	Betonung: pro-fi-ci-sci Zusatz: Deponens Stammform: proficiscor profectus sum Wortart: V / Klasse: k	sich aufmachen; aufbrechen; marschieren; reisen
prohibere	Betonung: pro-hi-be-re / Zusatz: mit Inf. oder ne Stammform: prohibeo prohibui prohibitum Wortart: V / Klasse: e	fernhalten; abwehren; (ver)hindern
promittere	Betonung: pro-mit-te-re Stammform: promitto promisi pro-	versprechen

	missum Wortart: V / Klasse: k	
prope	Betonung: pro-pe / Wortart: Ad	beinahe; fast; nahezu; in der Nähe
prope	Betonung: pro-pe Zusatz: mit Akk. Wortart: P	bei; nahe bei; in der Nähe von
properare	Betonung: pro-pe-ra-re Wortart: V Klasse: a	eilen; sich beeilen; herbei-eilen
proprius	Betonung: pro-pri-us Zusatz: propria proprium Wortart: A Klasse: ao	eigen; eigentümlich; spezi-fisch; charakteristisch
propter	Betonung: prop-ter Zusatz: mit Akk. / Wortart: P	wegen; infolge
provincia	Betonung: pro-win-ci-a Zusatz: provinciae / Geschlecht: f / Wortart: S / Klasse: a	Provinz; Amt
publicus	Betonung: pub-li-cus / Zusatz: publi-ca publicum Wortart: A / Klasse: ao	staatlich; öffentlich; alle betreffend
pudere	Betonung: pu-de-re / Wortart: V / Klasse: e	sich schämen
pudor	Betonung: pu-dor Zusatz: pudoris Geschlecht: m Wortart: S / Klasse: k	Scham; Scheu; Ehrgefühl; Anstand
puella	Betonung: pu-el-la Zusatz: puellae / Geschlecht: f / Wortart: S / Klasse: a	Mädchen
puer	Betonung: pu-er Zusatz: pueri Geschlecht: m / Wortart: S / Klasse: o	Junge; Kind; Diener; Sklave

pugna	Betonung: pug-na / Zusatz: pugnae Geschlecht: f / Wortart: S / Klasse: a	Kampf; Schlacht
pugnare	Betonung: pug-na-re / Wortart: V / Klasse: a	kämpfen
pulcher	Betonung: pul-cher Zusatz: pulchra pulchrum / Wortart: A / Klasse: ao	schön
purus	Betonung: pu-rus Zusatz: pura purum / Wortart: A / Klasse: ao	rein; echt
putare	Betonung: pu-ta-re Wortart: V Klasse: a	meinen; glauben; berechnen; halten für
qua	Wortart: Ad	wo; wohin; wie
quaerere	Betonung: kwae-re-re Stammform: quaero quaesivi quae-situm Wortart: V Klasse: k	zu erfahren suchen; versu-chen; fragen; zu gewinnen suchen
qualis	Betonung: kwalis Zusatz: qualis quale Wortart: A / Klasse: m	wie beschaffen; was für ein; von welcher Art
quam	Zusatz: mit Komparativ Wortart: K	als; wie
quam	Wortart: Pr	wie; wie sehr
quamquam	Betonung: kwam-kwam Zusatz: mit Ind. / Wortart: Su	obgleich; obwohl
quamvis	Betonung: kwam-vis Zusatz: mit Konjunktiv Wortart: Su	wie sehr auch; mag auch; wenn auch noch so
quantum	Betonung: kwan-tum Wortart: Ad	wie viel; wieweit
quantus	Betonung: kwan-tus Zusatz: quanta quantum Wortart: A / Klasse: ao	wie viel; wie groß; so groß wie

quare	Betonung: kwa-re Zusatz: (mögl. rel. Satzanschluss) Wortart: Ad	wodurch/ dadurch; weshalb; deshalb
quasi	Betonung: kwa-si Zusatz: m. Konj. / Wortart: Su	wie wenn; als ob
quattuor	Betonung: kwat-tu-or Zusatz: indekl. / Wortart: A / Klasse: u	vier
que	Zusatz: (-que angehängt) / Wortart: K	und
quemadmodum	Betonung: kwem-ad-mo-dum Wortart: Ad	auf welche Weise; wie
queri	Betonung: kwe-ri Zusatz: Deponens Stammform: queror questus sum Wortart: V / Klasse: k	klagen über; beklagen; sich beklagen; sich beschweren
qui	Zusatz: quae quod Wortart: Pr	welcher welche welches; wer was; der die das
quia	Betonung: kwi-a Zusatz: mit Ind. / Wortart: Su	weil; da
quicumque	Betonung: kwi-cum-kwe Zusatz: quaecumque quodcumque Wortart: Pr	wer auch immer; jeder der; alle die; alles was
quidam	Betonung: kwi-dam (adjektivisch) Zusatz: quaedam quoddam Wortart: Pr	ein gewisser; ein bestimmter; einige; manche
quidem	Betonung: kwi-dem Wortart: K	zwar / aber; jedenfalls; frei-lich
quies	Betonung: kwi-es / Zusatz: quietis Geschlecht: f / Wortart: S / Klasse: k	Ruhe; Erholung
quin	Wortart: Ad	warum nicht
quin	Zusatz: mit Konj Wortart: Su	der, die, das nicht; dass (nicht); ohne dass
quinque	Betonung: kwin-kwe / Zusatz: in-	fünf

	dekl. / Wortart: Pr	
quippe	Betonung: kwip-pe Wortart: Ad	freilich; natürlich; allerdings; ja
quis	Zusatz: quid Wortart: Pr	wer; irgendwer; was; irgendetwas
quisquam	Betonung: kwis-kwam Zusatz: quicquam Stammform: nach Verneinungen und in Fragen Wortart: Pr	jemand; etwas; irgendjemand; irgendetwas
quisque	Betonung: kwis-kwe Zusatz: quaeque quodque Wortart: Pr	ein jeder; alle; gerade
quisquis	Betonung: kwis-kwis Zusatz: quidquid Wortart: Pr	wer auch immer; jeder der; alle die; alles was
quo	Wortart: Pr	wodurch?; womit?; um wieviel?; wohin?
quod	Zusatz: m. Ind. Wortart: Su	weil; dass; die Tatsache, dass
quomodo	Betonung: kwo-mo-do Wortart: Ad	wie; auf welche Weise
quondam	Betonung: kwon-dam Wortart: Ad	einst; dereinst
quoniam	Betonung: kwon-jam Zusatz: mit Ind. Wortart: Su	da ja; weil ja; da nun
quoque	Betonung: kwo-kwe / Zusatz: (nachgestellt) / Wortart: K	auch
quotiens	Betonung: kwo-ti-ens Wortart: Ad	wie oft; so oft wie
rapere	Betonung: ra-pe-re Stammform: rapio rapui raptum Wortart: V Klasse: m	rauben; reißen; wegraffen; schleppen

rarus	Betonung: ra-rus Zusatz: rara rarum / Wortart: A / Klasse: ao	selten; vereinzelt
ratio	Betonung: ra-ti-o Zusatz: rationis Geschlecht: f Wortart: S / Klasse: k	Berechnung; Art und Weise; Vernunft; Überlegung
ratis	Betonung: ra-tis / Zusatz: ratis Geschlecht: f / Wortart: S / Klasse: m	Floß
recens	Betonung: re-cens Zusatz: 3x recens, Gen: recentis / Wortart: A / Klasse: m	neu; frisch
recipere	Betonung: re-ci-pe-re Stammform: recipio recepi recep-tum Wortart: V / Klasse: m	aufnehmen; zurücknehmen; wieder bekommen
recte	Betonung: rec-te Wortart: Ad	geradeaus; zu Recht; richtig
rectus	Betonung: rec-tus Zusatz: recta rectum Wortart: A / Klasse: ao	gerade; richtig; recht
reddere	Betonung: red-de-re Stammform: reddo reddidi reddi-tum Wortart: V Klasse: k	zurückgeben; wiedergeben; bringen; machen zu
redire	Betonung: red-i-re / Stammform: redeo redii reditum Wortart: V Klasse: kl	zurückkehren; zurückgehen; hingelangen
referre	Betonung: re-fer-re Stammform: refero rettuli relatum Wortart: V Klasse: kl	zurückbringen; bringen; berichten; erzählen
regere	Betonung: re-ge-re Stammform: rego rexi rectum	lenken; richten; leiten; regie-ren

	Wortart: V Klasse: k	
regio	Betonung: re-gi-o Zusatz: regionis Geschlecht: f / Wortart: S / Klasse: k	Richtung; Gegend; Gebiet
regius	Betonung: re-gi-us / Zusatz: regia regium / Wortart: A / Klasse: ao	königlich
regnum	Betonung: reg-num Zusatz: regni Geschlecht: n Wortart: S / Klasse: o	Regierung; Königtum; Königreich; Königsherrschaft
relinquere	Betonung: re-lin-kwe-re Stammform: relinquo reliqui relictum Wortart: V / Klasse: k	verlassen; zurücklassen; übriglassen
reliquus	Betonung: re-li-kwus / Zusatz: reliqua reliquum Wortart: A / Klasse: ao	übrig; künftig
remittere	Betonung: re-mit-te-re Stammform: remitto remisi remissum Wortart: V Klasse: k	zurückschicken; nachlassen; vernachlässigen; erlassen
reperire	Betonung: re-pe-ri-re Stammform: reperio repperi repertum Wortart: V / Klasse: i	finden; entdecken; wiedergewinnen
repetere	Betonung: re-pe-te-re Stammform: repeto repetivi repetitum Wortart: V / Klasse: k	zurückfordern; zurückholen; wiederholen
reri	Betonung: re-ri / Zusatz: Deponens Stammform: reor ratus sum / Wortart: V / Klasse: e	meinen; berechnen
res	Zusatz: rei Geschlecht: f Wortart: S	Sache; Ding; Besitz; Lage

	Klasse: e	
res publica	Betonung: res pub-li-ca Zusatz: rei publicae Wortart: W	Staat(sgeschäfte); Gemeinde; Politik; Republik
respicere	Betonung: re-spi-ce-re Stammform: respicio respexi re-spectum Wortart: V Klasse: m	zurückblicken; sich umschau-en; berücksichtigen; Rück-sicht nehmen auf
respondere	Betonung: re-spon-de-re Stammform: respondeo respondi responsum Wortart: V / Klasse: e	antworten; entsprechen; übereinstimmen
retinere	Betonung: re-ti-ne-re Stammform: retineo retinui reten-tum Wortart: V / Klasse: e	festhalten; zurückhalten; behalten
reus	Betonung: re-us / Zusatz: rei Geschlecht: m / Wortart: S / Klasse: o	Angeklagter
reverti	Betonung: re-ver-ti / Zusatz: Semi-deponens Stammform: revertor reverti / Wortart: V / Klasse: k	zurückkehren
revocare	Betonung: re-wo-ca-re Wortart: V / Klasse: a	zurückrufen; zurückholen
rex	Zusatz: regis Geschlecht: m / Wortart: S / Klasse: k	König; Herrscher
ridere	Betonung: ri-de-re Stammform: rideo risi risum Wortart: V Klasse: e	lachen; auslachen; sich lustig machen über
ripa	Betonung: ri-pa / Zusatz: ripae Geschlecht: f / Wortart: S / Klasse: a	Ufer
rogare	Betonung: ro-ga-re	bitten; erbitten; fragen

	Wortart: V Klasse: a	
ruere	Betonung: ru-e-re Stammform: ruo rui Wortart: V / Klasse: k	stürzen; eilen; stürmen
rumpere	Betonung: rum-pe-re Stammform: rumpo rupi ruptum Wortart: V Klasse: k	brechen; zerbrechen; zerreißen; unterbrechen
rursus	Betonung: rur-sus Wortart: Ad	wieder; andererseits; rückwärts
sacer	Betonung: sa-cer Zusatz: sacra sacrum Wortart: A / Klasse: ao	heilig; geweiht; verflucht
sacrum	Betonung: sa-crum Zusatz: sacri Geschlecht: n Wortart: S / Klasse: o	Heiligtum; Opfer; Gottesdienst; Kult
saeculum	Betonung: sae-cu-lum Zusatz: saeculi Geschlecht: n / Wortart: S / Klasse: o	Zeitalter; Jahrhundert; Regierungszeit
saepe	Betonung: sae-pe Zusatz: saepius saepissime / Wortart: Ad	oft
saevus	Betonung: sae-vus Zusatz: saeva saevum Wortart: A / Klasse: ao	wütend; wild; grimmig
salus	Betonung: sa-lus Zusatz: salutis Geschlecht: f Wortart: S / Klasse: k	Wohlergehen; Gesundheit; Rettung; Gruß
sanctus	Betonung: sanc-tus Zusatz: sancta sanctum Wortart: A / Klasse: ao	heilig; unverletzlich; ehrwürdig
sanguis	Betonung: san-gwis, san-gwi-nis /	Blut

	Zusatz: sanguinis Geschlecht: m / Wortart: S / Klasse: k	
sanus	Betonung: sa-nus / Zusatz: sana sanum Wortart: A / Klasse: ao	heil; gesund
sapiens	Betonung: sa-pi-ens / Zusatz: 3x sapiens, Gen: sapientis Wortart: A / Klasse: m	weise
sapientia	Betonung: sa-pi-en-ti-a / Zusatz: sapientiae Geschlecht: f / Wortart: S / Klasse: a	Weisheit; Einsicht
satis	Betonung: sa-tis / Wortart: Ad	genug
saxum	Betonung: sa-xum / Zusatz: saxi Geschlecht: n / Wortart: S / Klasse: o	Stein; Fels
scelus	Betonung: sce-lus / Zusatz: sceleris Geschlecht: n / Wortart: S / Klasse: k	Verbrechen
scilicet	Betonung: sci-li-cet / Wortart: Ad	selbstverständlich; natürlich; d.h.
scire	Betonung: sci-re Stammform: scio scivi scitum Wortart: V / Klasse: i	wissen; kennen; verstehen
scribere	Betonung: scri-be-re / Stammform: scribo scripsi scriptum Wortart: V / Klasse: k	schreiben; beschreiben
securus	Betonung: se-cu-rus / Zusatz: secura securum Wortart: A / Klasse: ao	sorlos; sicher
sed	Wortart: K	aber; sondern
sedere	Betonung: se-de-re / Stammform: sedeo sedi sessum Wortart: V / Klasse: e	sitzen
sedes	Betonung: se-des / Zusatz: sedis Geschlecht: f / Wortart: S / Klasse:	Sitz; Wohnsitz

	m	
semel	Betonung: se-mel / Wortart: Ad	einmal
semen	Betonung: se-men Zusatz: seminis / Geschlecht: n / Wortart: S / Klasse: k	Same
semper	Betonung: sem-per / Wortart: Ad	immer
senatus	Betonung: se-na-tus Zusatz: senatus Geschlecht: m / Wortart: S / Klasse: u	Rat; Senat; Senatsversamm-lung
senex	Betonung: se-nex / Zusatz: 3x senex, Gen: senis Wortart: A / Klasse: m	alt
senex	Betonung: se-nex / Zusatz: senis Geschlecht: m / Wortart: S / Klasse: k	Greis; alter Mann; alt
sensus	Betonung: sen-sus Zusatz: sensus Geschlecht: m / Wortart: S / Klasse: u	Empfindung; Gefühl; Ver-stand; Sinn
sententia	Betonung: sen-ten-ti-a Zusatz: sententiae Geschlecht: f Wortart: S / Klasse: a	Meinung; Ansicht; Satz; An-trag
sentire	Betonung: sen-ti-re Stammform: sentio sensi sensum Wortart: V Klasse: i	fühlen; merken; meinen; gesinnt sein
sequi	Betonung: se-kwi / Zusatz: (Depo-nens, mit Akk.) Stammform: sequor secutus sum / Wortart: V / Klasse: k	folgen
serere	Betonung: se-re-re / Stammform: sero serui sertum Wortart: V / Klasse: k	aneinander reihen; verknüp-fen

serere	Betonung: se-re-re / Stammform: sero sevi satum Wortart: V / Klasse: k	säen; pflanzen
sermo	Betonung: ser-mo / Zusatz: sermo-nis Geschlecht: m / Wortart: S / Klasse: k	Gespräch; Rede; Sprache
servare	Betonung: ser-va-re Wortart: V Klasse: a	behüten; bewahren; retten
servus	Betonung: ser-vus / Zusatz: servi Geschlecht: m / Wortart: S / Klasse: o	Sklave; Diener
seu	Zusatz: = sive Wortart: K	oder; oder wenn
si	Wortart: Su	wenn; falls; ob
sic	Wortart: Ad	so
sidus	Betonung: si-dus Zusatz: sideris Geschlecht: n / Wortart: S / Klasse: k	Sternbild; Gegend; Himmel
signum	Betonung: sig-num Zusatz: signi Geschlecht: n Wortart: S / Klasse: o	Zeichen; Feldzeichen; Signal; Statue
silva	Betonung: sil-va / Zusatz: silvae Geschlecht: f / Wortart: S / Klasse: a	Wald
similis	Betonung: si-mi-lis / Zusatz: similis simile Wortart: A / Klasse: m	ähnlich; ähnlich wie
simul	Betonung: si-mul Wortart: Ad	zugleich; gleichzeitig
sine	Betonung: si-ne / Zusatz: mit Abl. / Wortart: P	ohne
sinere	Betonung: si-ne-re Stammform: sino sivi situm	lassen; zulassen; dulden; erlauben

	Wortart: V Klasse: k	
singuli	Betonung: sin-gu-li Zusatz: singulae singula Wortart: A / Klasse: ao	einzeln; je einer
sinus	Betonung: si-nus Zusatz: sinus Geschlecht: m Wortart: S / Klasse: u	Bogen; Bucht; Bausch; Brust
sive	Betonung: si-we / Wortart: K	oder; oder wenn
socius	Betonung: so-ci-us Zusatz: socii Geschlecht: m Wortart: S / Klasse: o	Gefährte; Kamerad; Bundes-genosse; Verbündeter
sol	Zusatz: solis / Geschlecht: m / Wortart: S / Klasse: k	Sonne
solere	Betonung: so-le-re Zusatz: Semideponens Stammform: soleo solitus sum / Wortart: V / Klasse: e	gewohnt sein; pflegen; ge-wöhnlich tun
solum	Betonung: so-lum / Zusatz: soli Geschlecht: n / Wortart: S / Klasse: o	Boden
solum	Betonung: so-lum Wortart: Ad	allein; nur
solus	Betonung: so-lus / Zusatz: sola solum Stammform: Pronominaladjektiv / Wortart: A / Klasse: ao	allein
solvere	Betonung: sol-ve-re Stammform: solvo solvi solutum Wortart: V / Klasse: k	lösen; zahlen; (Anker) lichten
somnus	Betonung: som-nus / Zusatz: somni Geschlecht: m / Wortart: S / Klasse: o	Schlaf

soror	Betonung: so-ror / Zusatz: sororis Geschlecht: f / Wortart: S / Klasse: k	Schwester
sors	Zusatz: sortis / Geschlecht: f / Wort-art: S / Klasse: m	Los; Schicksal; Orakel
spargere	Betonung: spar-ge-re Stammform: spargo sparsi sparsum Wortart: V Klasse: k	ausstreuen; besprengen; verteilen; vergeuden
spatium	Betonung: spa-ti-um Zusatz: spatii Geschlecht: n Wortart: S / Klasse: o	Raum; Strecke; Abstand; Zeitraum
species	Betonung: spe-ci-es Zusatz: speciei Geschlecht: f Wortart: S / Klasse: e	Aussehen; Erscheinung; Gestalt; Art
spectare	Betonung: spec-ta-re Wortart: V / Klasse: a	betrachten; schauen
sperare	Betonung: spe-ra-re Wortart: V / Klasse: a	hoffen; erwarten
spes	Zusatz: spei Geschlecht: f / Wortart: S / Klasse: e	Hoffnung; Erwartung
spiritus	Betonung: spi-ri-tus Zusatz: spiritus Geschlecht: m Wortart: S / Klasse: u	Hauch; Seele; Geist; Gesin-nung
stare	Betonung: sta-re / Stammform: sto steti / Wortart: V / Klasse: a	stehen
statim	Betonung: sta-tim Wortart: Ad	sofort; auf der Stelle
statuere	Betonung: sta-tu-e-re Stammform: statuo statui statutum Wortart: V / Klasse: k	aufstellen; festsetzen; be-schließen
stultus	Betonung: stul-tus Zusatz: stulta stultum / Wortart: A /	töricht; dumm

	Klasse: ao	
suadere	Betonung: swa-de-re Stammform: suadeo suasi suasum Wortart: V / Klasse: e	raten; empfehlen; zureden
sub	Zusatz: mit Abl. Wortart: P	unter; unten an
sub	Zusatz: mit Akk. Wortart: P	unter; unter ... hin
subire	Betonung: sub-i-re Stammform: subeo subii subitum Wortart: V Klasse: kl	daruntergehen; auf sich nehmen; ertragen; nahe herangehen an
subito	Betonung: su-bi-to / Wortart: Ad	plötzlich
sui	Zusatz: suorum Geschlecht: m Wortart: S Klasse: o	die Seinen; seine Leute; seine Angehörigen
sui	Betonung: su-i Zusatz: Gen. des Reflexiv-Pron. / Wortart: Pr	seiner; ihrer
sumere	Betonung: su-me-re Stammform: sumo sumpsi sumptum Wortart: V Klasse: k	nehmen; ergreifen; verbrau-chen; benutzen
summa	Betonung: sum-ma Zusatz: summae Geschlecht: f Wortart: S / Klasse: a	höchste Stelle; Hauptpunkt; Summe; Gesamtheit
super	Betonung: su-per Zusatz: mit Akk. (wohin?) Wortart: P	oberhalb; über; über ... hi-naus; zu ... hin
superare	Betonung: su-pe-ra-re Wortart: V Klasse: a	überragen; übertreffen; besiegen; übrig sein
superesse	Betonung: su-per-es-	übrig sein; überflüssig sein;

	se,supersum,superfui Stammform: supersum superfui Wortart: V Klasse: kl	überlegen sein; überleben
superi	Betonung: su-pe-ri / Zusatz: super-orum Geschlecht: m / Wortart: S / Klasse: o	die Götter; die Himmelsgötter
superus	Betonung: su-pe-rus / Zusatz: supera superum Wortart: A / Klasse: ao	oben; oberer
supplicium	Betonung: sup-pli-cium Zusatz: supplicii Geschlecht: n / Wortart: S / Klasse: o	Hinrichtung; Todesstrafe; Buße
supra	Betonung: su-pra Zusatz: mit Akk. Wortart: P	oberhalb; über ... hinaus; über ... hin
surgere	Betonung: sur-ge-re Stammform: surgo surrexi surrectum Wortart: V / Klasse: k	sich erheben; aufstehen; aufrichten
sustinere	Betonung: sus-ti-ne-re Stammform: sustineo sustinui sustentum Wortart: V / Klasse: e	tragen; ertragen; aushalten
suus	Betonung: su-us Zusatz: sua suum / Wortart: A / Klasse: ao	sein; ihr
tacere	Betonung: ta-ce-re / Stammform: taceo tacui Wortart: V / Klasse: e	schweigen; verschweigen
talis	Betonung: ta-lis Zusatz: talis tale Wortart: A Klasse: m	so beschaffen; solch ein; so ein; derartig
tam	Wortart: Ad	so; so sehr

tamen	Betonung: ta-men Wortart: Ad	gleichwohl; dennoch; doch; trotzdem
tamquam	Betonung: tam-kwam Wortart: Ad	wie; gewissermaßen; sozusagen; zum Beispiel
tandem	Betonung: tan-dem Wortart: Ad	endlich; schließlich; zuletzt; denn eigentlich
tangere	Betonung: tan-ge-re / Stammform: tango tetigi tactum Wortart: V / Klasse: k	berühren; anrühren
tantum	Betonung: tan-tum Wortart: Ad	nur
tantum	Betonung: tan-tum Wortart: Ad	nur; soviel
tantus	Betonung: tan-tus Zusatz: tanta tantum / Wortart: A / Klasse: ao	so groß; so viel
tectum	Betonung: tec-tum / Zusatz: tecti Geschlecht: n / Wortart: S / Klasse: o	Dach; Haus
tegere	Betonung: te-ge-re Stammform: tego texi tectum Wortart: V Klasse: k	decken; bedecken; schützen; verbergen
tellus	Betonung: tel-lus / Zusatz: telluris Geschlecht: f / Wortart: S / Klasse: k	Erde
telum	Betonung: te-lum / Zusatz: teli Geschlecht: n / Wortart: S / Klasse: o	Geschoss; Waffe
temperare	Betonung: tem-pe-ra-re Zusatz: mit Akk. Wortart: V Klasse: a	das rechte Maß festsetzen; mäßigen; ordnen; leiten
tempestas	Betonung: tem-pe-stas Zusatz: tempestatis Geschlecht: f	Unwetter; Sturm; Wetter; Zeitabschnitt

	Wortart: S / Klasse: k	
templum	Betonung: tem-plum Zusatz: templi / Geschlecht: n / Wortart: S / Klasse: o	Heiligtum; Tempel
temptare	Betonung: temp-ta-re Wortart: V Klasse: a	betasten; versuchen; angrei-fen
tempus	Betonung: tem-pus, tem-po-ris / Zusatz: temporis Geschlecht: n / Wortart: S / Klasse: k	Zeit; Umstände
tendere	Betonung: ten-de-re Stammform: tendo tetendi tentum Wortart: V Klasse: k	dehnen; spannen; strecken; streben
tenebrae	Betonung: te-ne-brae / Zusatz: tenebrarum Geschlecht: f / Wortart: S / Klasse: a	Finsternis; Dunke heit
tener	Betonung: te-ner Zusatz: tenera tenerum Wortart: A / Klasse: ao	zart; fein; empfindsam
tenere	Betonung: te-ne-re / Stammform: teneo tenui tentum Wortart: V / Klasse: e	halten; festhalten
tenuis	Betonung: te-nu-is Zusatz: tenuis tenue Wortart: A Klasse: m	dünn; zart; schwach; fein
tergum	Betonung: ter-gum / Zusatz: tergi Geschlecht: n / Wortart: S / Klasse: o	Rücken
terra	Betonung: ter-ra / Zusatz: terrae Geschlecht: f / Wortart: S / Klasse: a	Erde; Land
terrere	Betonung: ter-re-re / Stammform: terreo terrui territum Wortart: V / Klasse: e	schrecken; erschrecken

tertius	Betonung: ter-ti-us / Zusatz: tertia tertium / Wortart: A / Klasse: m	der dritte
testis	Betonung: te-stis / Zusatz: testis Geschlecht: m / Wortart: S / Klasse: k	Zeuge
timere	Betonung: ti-me-re Stammform: timeo timui Wortart: V Klasse: e	fürchten; befürchten; sich fürchten; sich scheuen
timor	Betonung: ti-mor / Zusatz: timoris Geschlecht: m / Wortart: S / Klasse: k	Furcht; Angst
tollere	Betonung: tol-le-re Stammform: tollo sustuli sublatum Wortart: V Klasse: kl	aufheben; beseitigen; erheben; wegnehmen
torquere	Betonung: tor-kwe-re Stammform: torqueo torsi tortum Wortart: V / Klasse: e	drehen; foltern; quälen
torus	Betonung: to-rus / Zusatz: tori Geschlecht: m Wortart: S / Klasse: o	Bett; Bahre; Wulst
tot	Zusatz: indekl. / Wortart: Pr	so viele
totus	Betonung: to-tus, to-ti-us / Zusatz: tota totum Stammform: Pronominaladj. Gen: totius, Dat: toti Wortart: A / Klasse: ao	ganz
tractare	Betonung: trac-ta-re Wortart: V Klasse: a	behandeln; handhaben; bearbeiten; verhandeln
tradere	Betonung: tra-de-re Stammform: trado tradidi traditum Wortart: V Klasse: k	übergeben; überliefern; anvertrauen; verraten
trahere	Betonung: tra-he-re	ziehen; schleppen; ausdeh-

	Stammform: traho traxi tractum Wortart: V / Klasse: k	nen
transferre	Betonung: trans-fer-re Stammform: transfero transtuli translatum Wortart: V Klasse: kl	hinübertragen; hinüberbringen; übertragen; verlegen
transire	Betonung: trans-i-re Stammform: transeo transii transitum Wortart: V / Klasse: kl	überschreiten; vorübergehen; hinübergehen
tres	Zusatz: tres tria / Wortart: A / Klasse: m	drei
tribunus	Betonung: tri-bu-nus Zusatz: tribuni Geschlecht: m / Wortart: S / Klasse: o	Tribun; hoher Offizier; Bezirksleiter
tu	Wortart: Pr	du
tueri	Betonung: tue-ri Zusatz: Deponens Stammform: tueor tuitus sum Wortart: V / Klasse: e	betrachten; beschützen; sichern; sorgen für
tum	Wortart: Ad	da; damals; dann; darauf
tunc	Wortart: Ad	damals; da; dann; darauf
turba	Betonung: tur-ba Zusatz: turbae Geschlecht: f Wortart: S / Klasse: a	Menge; Verwirrung; Lärm; Getümmel
turpis	Betonung: tur-pis Zusatz: turpis turpe Wortart: A / Klasse: m	hässlich; schändlich; schlecht
tuus	Betonung: tu-us / Zusatz: tua tuum / Wortart: A / Klasse: ao	dein
tuus	Betonung: tu-us / Zusatz: tua tuum / Wortart: A / Klasse: ao	dein

ubi	Betonung: u-bi Zusatz: m. Ind. / Wortart: Su	sobald; sobald als
ubi	Betonung: u-bi / Wortart: Pr	wo
ubi	Betonung: u-bi / Wortart: Pr	wo
ubi	Betonung: u-bi / Zusatz: m. Ind. (Wortart: Su	sobald; sobald als
ullus	Betonung: ul-lus / Zusatz: ulla ullum Stammform: Pronominaladjektiv Wortart: Ad / Klasse: ao	ein; irgendein
ultimus	Betonung: ul-ti-mus Zusatz: ultima ultimum Wortart: A / Klasse: ao	äußerster; letzter; entferntes- ter
ultro	Betonung: ul-tro Wortart: Ad	obendrein; von selbst; freiwil- lig; noch dazu
umbra	Betonung: um-bra / Zusatz: umbrae Geschlecht: f / Wortart: S / Klasse: a	Schatten
umquam	Betonung: um-kwam / Wortart: Ad	jemals
unda	Betonung: un-da / Zusatz: undae Geschlecht: f / Wortart: S / Klasse: a	Woge; Welle; Flut
unde	Betonung: un-de Wortart: Pr	von wo; woher
unde?	Betonung: un-de Zusatz: Fragepronomen / Wortart: Pr	von wo?; woher?
undique	Betonung: un-di-kwe Wortart: Ad	von überall her; von allen Seiten; auf allen Seiten
unus	Betonung: u-nus, u-ni-us Zusatz: una unum Stammform: Pronominaladj.: Gen: unius, Dat: uni Wortart: A / Klasse: ao	einer; ein; ein einziger; allein
urbs	Zusatz: urbis Geschlecht: f Wortart: S / Klasse: m	Stadt; Großstadt; Rom

urere	Betonung: u-re-re Stammform: uro ussi ustum Wortart: V / Klasse: k	brennen; verbrennen; entflammen
usque	Betonung: us-kwe Wortart: Ad	an jedem Punkt; in einem fort; ohne Unterbrechung
usque ad	Betonung: us-kwe ad / Zusatz: mit Akk. / Wortart: P	bis zu
usus	Betonung: u-sus Zusatz: usus Geschlecht: m Wortart: S / Klasse: u	Gebrauch; Nutzen; Übung; Erfahrung
ut	Zusatz: m. Konj. Wortart: Su	dass; damit; so dass; wenn auch
ut	Zusatz: mit Ind. Wortart: Su	wie; auf welche Weise; sobald
ut	Zusatz: mit Ind. Wortart: Su	wie; auf welche Weise; sobald
uterque	Betonung: u-ter-kwe / Zusatz: utraque utrumque Wortart: A / Klasse: ao	jeder von beiden; beide
uti	Betonung: u-ti / Zusatz: mit Abl. Stammform: utor usus sum Wortart: V / Klasse: k	gebrauchen; benutzen; haben
utilis	Betonung: u-ti-lis Zusatz: utilis utile Wortart: A / Klasse: m	nützlich; brauchbar; vorteilhaft
utrum ... an	Betonung: u-trum an Zusatz: indirekte Doppelfrage / Wortart: Su	ob ... oder
utrum ... an	Betonung: u-trum an Zusatz: direkte Doppelfrage / Wortart: F	... oder; oder
uxor	Betonung: u-xor Zusatz: uxoris Geschlecht: f / Wortart: S / Klasse: k	Gattin; Ehefrau

vacare	Wortart: V Klasse: a	leer sein; frei sein; Muße haben
vacuus	Betonung: wa-cu-us Zusatz: vacua vacuum / Wortart: A / Klasse: ao	leer
valere	Betonung: wa-le-re Stammform: valeo valui Wortart: V / Klasse: e	stark sein; gesund sein; Einfluss haben; gelten
validus	Betonung: wa-li-dus Zusatz: valida validum Wortart: A / Klasse: ao	stark; gesund; kräftig
varius	Betonung: wa-ri-us Zusatz: varia varium Wortart: A Klasse: ao	bunt; mannigfaltig; verschieden; vielfältig
vastus	Betonung: va-stus Zusatz: vasta vastum Wortart: A Klasse: ao	leer; wüst; verwüstet; öde
vates	Betonung: wa-tes Zusatz: vatis Geschlecht: m Wortart: S / Klasse: m	Prophet; Seher; Sänger; Dichter
ve	Zusatz: -ve angehängt (vgl. vel) / Wortart: K	oder
vehere	Betonung: we-he-re / Zusatz: (transitiv) Stammform: veho vexi vectum / Wortart: V / Klasse: k	fahren; ziehen
vel	Betonung: (v = log. „oder“ in der Math.) Zusatz: (nicht ausschließend) Wortart: K	oder; oder auch; oder vielmehr; zum Beispiel
velle	Betonung: wel-le Stammform: volo volui / Wortart: V / Klasse: kl	wollen

velut	Betonung: we-lut Wortart: Ad	wie; gleich wie; als ob; wie z.B.
venenum	Betonung: we-ne-num / Zusatz: veneni Geschlecht: n / Wortart: S / Klasse: o	Gift
venire	Betonung: we-ni-re / Stammform: venio veni ventum Wortart: V / Klasse: i	kommen
ventus	Betonung: wen-tus / Zusatz: venti Geschlecht: m / Wortart: S / Klasse: o	Wind
verbum	Betonung: wer-bum / Zusatz: verbi Geschlecht: n / Wortart: S / Klasse: o	Wort
vereri	Betonung: we-re-ri Zusatz: Deponens Stammform: vereor veritus sum Wortart: V / Klasse: e	sich scheuen; achten; verehren; fürchten
vero	Betonung: we-ro Wortart: Ad	vollends; aber; jedoch; wirklich
vertere	Betonung: wer-te-re Stammform: verto verti versum Wortart: V / Klasse: k	wenden; umwenden; drehen
verum	Betonung: we-rum / Zusatz: veri Geschlecht: n / Wortart: S / Klasse: o	Wahrheit; das Wahre
verum	Betonung: we-rum Wortart: K	aber; jedoch
verus	Betonung: we-rus Zusatz: vera verum Wortart: A / Klasse: ao	wahr; echt; richtig
vester	Betonung: we-ster / Zusatz: vestra vestrum Wortart: A / Klasse: ao	euer

vestigium	Betonung: we-sti-gi-um / Zusatz: vestigii Geschlecht: n Wortart: S / Klasse: o	Spur; Standort; Stelle
vestis	Betonung: we-stis Zusatz: vestis Geschlecht: f / Wortart: S / Klasse: m	Kleid; Bekleidung; Gewand
vetare	Betonung: ve-ta-re / Stammform: veto vetui vetitum Wortart: V / Klasse: a	verbieten; nicht gestatten
vetus	Betonung: we-tus / Zusatz: 3x vetus, Gen: veteris Wortart: A / Klasse: k	alt
via	Betonung: wi-a Zusatz: viae Geschlecht: f / Wortart: S / Klasse: a	Weg; Straße; Methode
victor	Betonung: wic-tor / Zusatz: victoris Geschlecht: m / Wortart: S / Klasse: k	Sieger; siegreich
victoria	Betonung: wic-to-ri-a Zusatz: victoriae / Geschlecht: f / Wortart: S / Klasse: a	Sieg
videre	Betonung: wi-de-re Stammform: video vidi visum / Wortart: V / Klasse: e	sehen
vincere	Betonung: win-ce-re / Stammform: vinco vici victum Wortart: V / Klasse: k	siegen; besiegen
vinculum	Betonung: win-cu-lum Zusatz: vinculi Geschlecht: n / Wortart: S / Klasse: o	Fessel; Band; Gefängnis
vinum	Betonung: wi-num / Zusatz: vini Geschlecht: n / Wortart: S / Klasse: o	Wein

vir	Zusatz: viri Geschlecht: m / Wortart: S / Klasse: o	Mann
virgo	Betonung: wir-go / Zusatz: virginis Geschlecht: f Wortart: S / Klasse: k	junges Mädchen; Jungfrau
virtus	Betonung: wir-tus Zusatz: virtutis Geschlecht: f Wortart: S / Klasse: k	Männlichkeit; Tapferkeit; Leistung; Tüchtigkeit
vis	Zusatz: vim vi Geschlecht: f Wortart: S Klasse: i	Kraft; Gewalt; Macht; Menge
vita	Betonung: wi-ta / Zusatz: vitae Geschlecht: f / Wortart: S / Klasse: a	Leben
vitare	Betonung: wi-ta-re / Wortart: V / Klasse: a	meiden/vermeiden; aus dem Wege gehen
vitium	Betonung: wi-ti-um / Zusatz: vitii Geschlecht: n / Wortart: S / Klasse: o	Fehler; Laster
vivere	Betonung: wi-ve-re / Stammform: vivo vixi victum Wortart: V / Klasse: k	leben
vocare	Betonung: wo-ca-re / Wortart: V / Klasse: a	rufen; nennen
voluntas	Betonung: wo-lun-tas Zusatz: voluntatis Geschlecht: f Wortart: S / Klasse: k	Wollen; Wille; Absicht; Zustimmung
voluptas	Betonung: wo-lup-tas Zusatz: voluptatis Geschlecht: f / Wortart: S / Klasse: k	Vergnügen; Lust; Genuss
vos	Wortart: Pr	ihr; euch
votum	Betonung: wo-tum Zusatz: voti	Gelübde; Gebet; Gelöbnis; Wunsch

	Geschlecht: n Wortart: S / Klasse: o	
vox	Zusatz: vocis Geschlecht: f / Wortart: S / Klasse: k	Stimme; Wort
vulgus	Betonung: wul-gus Zusatz: vulgi Geschlecht: n Wortart: S / Klasse: o	Masse; Menge; Volk; Pöbel
vulnus	Betonung: wul-nus / Zusatz: vulneris Geschlecht: n / Wortart: S / Klasse: k	Wunde
vultus	Betonung: wul-tus Zusatz: vultus Geschlecht: m / Wortart: S / Klasse: u	Gesicht(s-ausdruck); Miene

Kontakt

Haben Sie Fragen oder Anmerkungen zum Buch? Wir freuen uns sehr darauf, von Ihnen zu hören.

Wenn Ihnen das Buch gefallen hat, freuen wir uns natürlich auch immer sehr über eine positive Bewertung bei Ihrem Buchhändler. Für einen kleinen Verlag sind solche Bewertungen ganz besonders wichtig.

Schon im Voraus vielen Dank dafür!

Bitte senden Sie Fragen, Vorschläge oder Kritik an:

info@zebrabuch.de

oder direkt an den Autor:

frank.callies@zebrabuch.de

Wenn Sie uns per herkömmlichem Brief kontaktieren wollen, können Sie das natürlich auch gerne tun. Hier ist unsere Postadresse:

Zebrabuch – callies & knüsting GbR

Stichwort: Latein

Auf dem Kamp 15

51645 Gummersbach

Über den Autor

Frank Callies ist Diplompädagoge und hat an der Universität zu Köln zusätzlich ein Deutschstudium abgeschlossen. Er arbeitet als freier Autor und Publizist.

Frank Callies ist Experte für alles, was mit dem Thema Lernen zu tun hat. Er ist unter anderem der Autor einiger der ersten kommerziell erfolgreichen Computerlernprogramme im deutschsprachigen Raum. Schon bevor er an der Universität zu Köln sein Diplom ablegte, entwickelte er – noch als Student - Lernsysteme für Siemens und die Volkswagen AG.

Frank Callies hat bereits eine Vielzahl von Publikationen in Form von Büchern und elektronischen Medien veröffentlicht. Allein von seinem „Grundschul-Superbuch“, das im Franzis-Verlag erschienen ist, wurden bis heute mehrere Hunderttausend Exemplare verkauft. Mehrere seiner Publikationen wurden bereits in andere Sprachen übersetzt. Unter anderem ins Englische, Französische und Niederländische.

Sein aktueller Titel "Latein - Training für das Latinum" erfreut sich bei Schülern, Studenten und Lehrern größter Beliebtheit und erhält von allen Seiten großes Lob.

Weitere Titel aus unserem Verlagsprogramm

Zeichensetzung Komplett

Regeln – Beispielsätze – Fehlerquellen

von Ferdinand Graf

Achtsamkeit kann man lernen!

Wie Sie durch Achtsamkeit glücklicher und gesünder werden!

von Alexander Stern

Selbstbewusstsein kann man lernen!

Tipps & Tricks für mehr Selbstsicherheit

von Alexander Stern

Keine Angst vor Prüfungen!

Tipps & Tricks gegen Prüfungsangst

von Alexander Stern

Depressionen

Erkennen – verstehen – überwinden

von Alexander Stern

Das große Angstbuch

Angst & Panik verstehen und überwinden

von Alexander Stern

Viele weitere Titel finden Sie unter:

www.zebrabuch.de